Edgar K. Geffroy

Ich will nach oben

Glück ist ein System
Brechen Sie zuerst alle Regeln

Die Deutsche Bibliothek – CIP-Einheitsaufnahme

Geffroy, Edgar K.:
Ich will nach oben: Glück ist ein System. Brechen Sie zuerst alle Regeln /
Edgar K. Geffroy. – 2. Auflage - Landsberg/Lech : mi, Verl. Moderne Industrie, 2000
ISBN 3-478-38420-6

2. Auflage 2000

© 2000 verlag moderne industrie AG, 86895 Landsberg/Lech
http://www.mi-verlag.de

Alle Rechte, insbesondere das Recht der Vervielfältigung und Verbreitung sowie der Übersetzung, vorbehalten. Kein Teil des Werkes darf in irgendeiner Form (durch Fotokopie, Mikrofilm oder ein anderes Verfahren) ohne schriftliche Genehmigung des Verlages reproduziert oder unter Verwendung elektronischer Systeme gespeichert, verarbeitet, vervielfältigt oder verbreitet werden.
Umschlaggestaltung: Farenholtz – Büro für Gestaltung, Landsberg
Satz: abc Media-Services GmbH, Buchloe
Druck: Druckerei Himmer, Augsburg
Bindearbeiten: Thomas, Augsburg
Printed in Germany: 380 420/040001
ISBN 3-478-38420-6

Widmung

Ich widme dieses Buch allen Menschen, die nach oben wollen. Meine Vision ist: Erfolg zu demokratisieren.

Menschen auf der ganzen Welt können ihr Leben selbst gestalten. Es ist ein Aufruf zur Eigenverantwortung und zum Aufbruch in eine neue Zeit.

Ich widme dieses Buch auch meiner Frau Barbara, die nun ein ganzes Jahrzehnt an meiner Seite gestanden und für unsere Ideale gekämpft hat. Sie ging oft an die Grenzen ihrer Gesundheit und ist trotzdem eine fantastische Mutter, Ratgeberin und Partnerin.

Unser Leben ist Business. Ich hoffe, dass es mir eines Tages doch gelingt, von der Freizeitseite des Lebens ein Stückchen mehr abzuschneiden. Dann werden wir – so hoffe ich – einen kleinen Beitrag zum Wohl der Gemeinschaft geleistet haben.

Inhaltsverzeichnis

Danksagung 9
Vorwort: An alle, die nach oben wollen 13

1. Kapitel Die Idee für Ihren Erfolg 15
2. Kapitel Die Chance Ihres Erfolges 21
3. Kapitel Das Geheimnis Ihres
               unvorstellbaren Wachstums 33
4. Kapitel Die Inszenierung Ihres Erfolges 53
               Psychologie 57
               Persönlichkeit 63
               Inszenierung 67
               Life-planning 70
               Geben und nehmen 81
               Scheitern 82
               Coach 84
5. Kapitel Die Konzeption Ihres Erfolges 87
               Fähigkeit und Kompetenz 87
               Verblüffung und Innovation 95
               Vernetzung und Verschmelzung 104
               Beziehung und Partnerschaft 106
               Einzigartigkeit und Konzentration 113
               Anziehungskraft und Positionierung 120
               Timing und Wandlung 123
6. Kapitel Die Durchsetzung Ihres Erfolges 129
               Widerstände 129
               Allianzen 133
               Führung 134
               Verkaufen und Präsentieren 160
               Vermarkten 167

Ich will nach oben

	Clienting	170
	Trendthesen	172
	Die Clienting-Philosophie	178
	Internet	181
	Knowledge	183
7. Kapitel	**Das Geheimnis Ihres Lebenserfolges**	187
	Ich-Du-Beziehung	190
	Berufserfolg	191
	Gemeinschaft	192
	Vermächtnis	193
	Sinn des Lebens	194

Der Autor Edgar K. Geffroy 197

Literaturverzeichnis 201

Stichwortverzeichnis 203

Danksagung

Wir sind in einem Jahrtausend der neuen Ideen und Chancen. Ohne Menschen, die sie umsetzen, sind Ideen nur Gedankenblitze. Sie kennen vielleicht meinen Satz: „Tolle Idee, machen wir auch nicht." Eine ganze Menge Menschen habe ich kennen gelernt, die Ideen tatsächlich in Chancen umgesetzt haben. Von ihnen habe ich viel gelernt. Es sind Vordenker dabei, aber auch Macher. Es sind Querdenker genauso wie Controller. Von allen kann man lernen.

Für dieses Buch haben viele Menschen die Patenschaft übernommen, ohne sich dessen bewusst zu sein. Es sind die Menschen, denen ich in den letzten 20 Jahren begegnet bin. Die mir geholfen haben auf dem Weg nach oben. Bewusst oder unbewusst. Sie alle zu erwähnen würde tatsächlich ein eigenes Buch füllen. Einige Menschen haben aber gerade in der letzten Zeit erheblich Einfluss auf mich gehabt. Ihnen möchte ich persönlich danken. Ohne die Ideen dieser Partner wäre weder das Buch entstanden noch umsetzbar gewesen. Keiner gewinnt alleine.

Für das Gelingen dieses Buches sind ebenfalls eine ganze Menge Menschen verantwortlich.

Mit dem Dank an diese möchte ich anfangen.

Zuerst einmal danke ich wieder einmal meiner Frau Barbara, die bereits sehr frühzeitig die Idee hatte, dass Karriere und Business in einem Buch beschrieben werden müssen. Und zwar so, dass es für jeden umsetzbar wird.

Meinem Bruder Ralf Geffroy danke ich, dass er einen sicheren Job aufgegeben hat und mit allem Elan und einer unwahrscheinlichen Energie den weiteren Aufbau unserer Firmen unterstützt. Wenn er mir nicht den Rücken freigehalten hätte, wäre dieses Buch nicht geschrieben worden.

Meiner persönlichen Referentin Kirsten Stehling danke ich für ihren unermüdlichen Einsatz beim Entstehen dieses Buches und bei der Bewältigung schier unlösbarer Aufgaben, die sie dann doch gelöst hat. Erst seitdem sie da ist, hat der Begriff Service auch bei uns eine völlig neue Qualität bekommen.

Frau Birgit Groll, meiner Lektorin, danke ich für die Überarbeitung und die vielen Anregungen, die dadurch entstanden sind.

Frau Andrea Zetzsche, Programmleitung Marketing und Verkauf beim verlag moderne industrie, dafür, dass sie von Anfang an wieder an mich geglaubt hat, dass auch dieses Buch ein Erfolg wird. Sie war am Anfang überzeugter als ich selbst.

Nicole Lindgens danke ich für das Schreiben und erste Korrigieren des Buches. Von ihr bekam ich das erste Lob. Und sie schrieb es mir aus vollem Herzen. Sie schrieb: „Als ich diese Texte las, zog mein ganzes Leben an mir vorbei. Mit allen Höhen und Tiefen."

Besonderer Dank gebührt auch Alfred J. Kremer, Vertriebsvorstand der Firma Rothmann & Cie. AG. Da wir jeden Tag miteinander telefonieren, sind viele Erfahrungen aus unserer gemeinsamen Arbeit bei Rothmann in dieses Buch eingeflossen.

Rüdiger Wolff und Hans O. Mahn danke ich für die Chance, mit allen anderen gemeinsam die Erfolgsstory Rothmann schreiben zu dürfen. Denn wirklich glaubwürdig ist man nur dann, wenn man die eigenen Thesen auch selbst lebt und umsetzt.

Dem Aufsichtsratsvorsitzenden Eduard Unzeitig der Albis Leasing AG und dem Aufsichtsratsvorsitzenden Olaf Mahn der Rothmann & Cie. AG danke ich für Ideen in der täglichen Praxis eines Aufsichtsrats.

Die Coaches von Rothmann sind verantwortlich für die Umsetzung der Konzeption vor Ort. Viele Anregungen aus der Praxis für die Praxis bekam ich von den Herren Friedrich Baur, Jürgen Böhmler, Armin J. Korb und Jürgen Paul sowie vom Innendienstteam Sybille Hörl und Alexander W. Werner.

Die entscheidenden Impulsgeber für mein Konzept sind unsere Kunden. Es sind unsere Partner. Ihnen verdanken wir alles. Ohne unsere Partner ist alles nur Theorie. Sie haben es umgesetzt. Sie haben an uns geglaubt und haben dadurch die Rothmann-Erfolgsstory erst ermöglicht. Sie sind der entscheidende Schlüssel für alles.

Ausdrücklich danken möchte ich insbesondere unseren langjährigen Partnern. Allen voran Herrn Wolfgang Lein von der Eminence in Berlin. Er gehörte mit seinem Team zu den ersten Partnern und zählt auch heute zu unseren erfolgreichsten. Ganz konsequent hat er mit seinen engagierten Mitarbeitern die Clienting-Idee umgesetzt und beispielsweise als einer der ersten Kundenpartys eingeführt. Kunden stehen im Mittelpunkt. Das ist die gelebte Welt von Wolfgang Lein und seinen Mitarbeitern.

Mein Dank geht auch an Detlef Tilgenkamp, Inhaber der Firma BVG, der durch seine direkte und faire Art zu jedem Zeitpunkt ein echter Partner ist.

Die Liste kann fast mit jedem ergänzt werden, der unser Partner ist. Denn ich habe von allen gelernt.

Besonders erwähnen möchte ich noch die Herren Robert Siwczyk und Freddy Riemel sowie Karl Stocker, Jürgen Maier, Volker Sahr und Robert Kottermaier, Hartmut Wiech, Hans Geringer, Michael Thormann und Raimond Hachtel. Seit Jahren sind sie faire und engagierte Partner unserer Idee, Menschen in den Mittelpunkt zu stellen.

Danken möchte ich auch Bruno Tönnes und seiner Frau Sevall für einige anregende Ideen, die in dieses Buch eingeflossen sind.

Danken möchte ich auch Klaus Bätge und seiner Frau für die positiven Ideen und Anregungen, die sie zu diesem Buch beigesteuert haben.

Ohne Wolfgang Mewes, den Gründer der EKS-Lehre wäre dieses Buch gar nicht erst möglich gewesen. Erst die Umsetzung der EKS-Strategie ermöglichte mir meine Karriere.

Michael Lammersdorf, heute Geschäftsführer der EKS, danke ich für einige der Ideen, die auch in diesem Buch stehen.

Habe ich jemanden vergessen? Sehen Sie es mir bitte nach.

Ihr Edgar K. Geffroy

Vorwort:
An alle, die nach oben wollen

Was schreibt man als Vorwort seines neunten Buches? Hat man mit den acht vorhergehenden nicht alles bereits geschrieben? Offensichtlich nicht. Die ersten vier Bücher beschäftigten sich mit dem Verkauf, die nächsten mit dem Kunden, dem Marketing und dem Unternehmensmanagement. Es war ein langer Weg, bis ich begriff, dass der private und der berufliche Erfolg zusammengehören.

Die nächste Idee: Ich habe viele Fehler gemacht auf dem Weg nach oben. Müssen alle die gleichen Fehler machen? Offensichtlich nicht. Es entsteht eine neue Erfolgskultur. Die Menschen nehmen ihr Leben mehr und mehr selbst in die Hand. Sie verlassen sich nicht mehr auf andere Menschen oder auf ihre Firmen, in denen sie angestellt sind. Sie fühlen sich für ihr eigenes Leben und ihren eigenen Erfolg selbst verantwortlich. Das vor uns liegende Jahrzehnt ist das Jahrzehnt der Selbstverantwortung. Für jeden von uns. Entscheidend wird nur sein, was man daraus macht.

In den 20 Jahren meiner Business-Karriere habe ich auch eine ganze Menge gelernt. Einerseits war es glücklicherweise bezahltes Lernen als Berater. So konnte ich einer ganzen Menge Unternehmen einiges abschauen. Die Ergebnisse und Auswirkungen finden Sie in diesem Buch. Auf der anderen Seite lernte ich auch durch meine eigenen Unternehmen sehr viel. Heute würde ich vieles anders machen. Kostolany sagte einmal: „49 Prozent meiner Entscheidungen waren falsch, 51 Prozent waren richtig. Von den 2 Prozent kann ich leben." Er bringt Erfahrungen treffend auf den Punkt. Denn keiner der Elite ist nonstop nach oben gekommen. Viele haben es eher mit einer Berg- und Talbahn verglichen.

Entscheidend war für mich letztendlich die Erkenntnis, dass für die Karriere und für das Business die gleichen Strategien existieren. Der Erfolg eines Menschen und der Erfolg eines Geschäfts haben die gleichen Grundlagen. Also kann es jeder für sich nutzen und umsetzen, der nach oben will. Wer ist die Zielgruppe für dieses Buch? Einfach gesagt: Jeder, der nach oben will, im Alter von 15 Jahren bis 65 Jahren. Vor kurzem lernte ich einen jungen Mann im Alter von 19 Jahren kennen, der mit 15 Jahren eine Werbeagentur aufgebaut hat, mit 17 Jahren bereits seine erste Million verdient hatte und mit 19 Jahren seine Agentur mit rund 2 Millionen DM verkauft hatte. Jetzt will er die Welt erobern. Wechseln wir von der Zielgruppe zur Interessengruppe für dieses Buch, so ist die Definition eindeutig. Es sind alle Herausforderer. Es sind Menschen, die Herausforderungen lieben und die etwas bewegen wollen.

Sie werden feststellen: Es wird einen eindeutigen Trend geben – den Trend zu einer neuen Form des Erfolgs. Erfolg ist nicht mehr einseitig. Heute ist Erfolg im Beruf kombinierbar mit einem spannenden Leben – privat wie beruflich. Man könnte fast sagen: Business ist alles. Denn heute sind schon junge Aufsteiger ausgesprochene Business-Profis. Das gesamte Instrumentarium oder jedenfalls vieles davon ist in diesem Buch abrufbereit.

Das ist das Ziel dieses Buches. Business ist alles. Nach oben wollen viele. Sie haben sich dafür entschieden. Ich wünsche Ihnen Erfolg. Willkomen im Club der Herausforderer.

Ihr Edgar K. Geffroy
www.geffroy.de

P.S. Empfehlen Sie mich weiter?

1. Kapitel
Die Idee für Ihren Erfolg

Wollen Sie nach oben? Ich meine, wollen Sie wirklich nach oben? Wollen Sie Karriere machen? Oder wollen Sie zum Shootingstar mit Ihrem Unternehmen werden?

Einzig und allein Sie entscheiden darüber, ob das wirklich Ihre Absicht ist. Wenn dem so ist, ist dieses Buch genau das richtige für Sie, denn es beinhaltet meine Erfahrungen aus zwanzig Jahren Aufstieg und Unternehmensberatung. Ich gehe davon aus, dass das vor uns liegende Jahrhundert ein Jahrhundert der Selbstverantwortung werden wird, in dem die Menschen den meisten Erfolg haben werden, die ihr Leben selbst in die Hand nehmen und ihren Erfolg meistern.

Aber Vorsicht. Meine Erfahrungen haben gezeigt, dass keiner alleine gewinnt. Für wirklich sensationelle Erfolge, Aufstiege und Wachstumshorizonte wird die Fähigkeit entscheidend sein, die Balance zu finden zwischen dem eigenen Egoismus und dem Menschlichsein.

Ich werde immer gefragt, ob es einen gemeinsamen Nenner für Erfolg gibt. Natürlich weiß ich, dass der Inhalt dieses Buches nicht alle Probleme auf dem Weg nach oben vom Tisch bringt. Vielleicht muss man die Frage auch etwas anders stellen: Gibt es einen genetischen Code, von dem sich alles andere ableiten lässt? Einen Schlüssel, mit dem man Erfolge plötzlich viel besser verstehen, und, noch wichtiger, im Voraus planen kann? Gibt es eine Keimzelle, aus der heraus alles wachsen kann?

Ich habe mir über Monate hinweg sehr viele Gedanken gemacht. Das Angebot an Erfolgslehren ist überwältigend. Aber gibt es noch etwas, was bisher nicht beachtet worden ist? Ich bin jetzt davon überzeugt, dass es eine *Glück ist ein System* Erfolgsgrundlage gibt, aus der sich alles ableiten lässt, die allerdings bisher so nicht in Verbindung gebracht worden ist mit den Regeln des Erfolges. Der genetische Code heißt: Glück ist ein Sys-

Ich will nach oben

tem. Das ist der Schlüssel zu Ihrem Erfolg. Beobachten Sie einmal, was über erfolgreiche Menschen gesagt wird. Ich bin überzeugt, dass Sie da sehr häufig den Satz hören: „Er hat Glück gehabt" oder „Sie hat Glück gehabt". Das ist immer die einfachste Lösung, denn das bedeutet, dass man selber nur Pech gehabt hat und deshalb nicht oben an der Spitze steht.

Glück ist ein System. Das bedeutet zu erkennen, dass alle Menschen die gleichen Chancen haben, denn wir sind alle kraft unserer Geburt mit dem gleichen Millionensystem an Gehirnzellen ausgestattet worden.

Glück ist ein System, das Sie selbst organisieren können. Natürlich wird derjenige, der dieses Geheimnis nicht kennt und lieber klar, sachlich und faktisch alles erklärt haben möchte, die Schultern zucken. Machen Sie sich nichts daraus: Wenn Sie zur Elite gehören wollen, sollten Sie das ignorieren.

Glück ist ein System, das Sie selbst organisieren können

Glück ist ein System. Das bedeutet auch, Strukturen zu erkennen, die andere gar nicht sehen wollen.

Brechen Sie zuerst alle Regeln. Das gilt für Ihre persönliche Karriere genauso wie für Ihr Unternehmen. Marktführer haben sich nicht an die Regeln des Marktes gehalten und sie dadurch neu definiert. Wenn ich das auch bezüglich meiner eigenen Entwicklung rückblickend betrachten darf, so kann ich heute bestätigen, dass meine größten Erfolge ausnahmslos Regelbrüche gewesen sind. Dass dies nicht einfach sein wird, erfahren Sie in diesem Buch. Da gibt es bereits berühmte Vorbilder wie den Gründer von Sony, der sagte: „Folgen Sie niemals der Idee eines anderen". Ich frage mich, ob es schon einmal so bewusst und deutlich auf den Punkt gebracht worden ist: Halten Sie sich an die Regeln, sind Sie zur Bedeutungslosigkeit verdammt. Jede Marktlücke ist ein Regelbruch, den es vorher nicht gegeben hat. Grenzen werden überschritten, indem man einen neuen Trend setzt. Schauen Sie sich die Titel meiner Bücher an und Sie werden feststellen, dass die Bestseller ausschließlich „Trendbrüche" signalisieren. Mich ärgert allerdings nur, dass mir das selbst erst jetzt bewusst

Brechen Sie zuerst alle Regeln

Halten Sie sich an die Regeln, sind Sie zur Bedeutungslosigkeit verdammt

1. Die Idee für Ihren Erfolg

geworden ist. Umso größer ist die Chance für Sie, sofort richtig durchzustarten.

Glück ist ein System – brechen Sie zuerst alle Regeln.

Wir leben mitten in einer Revolution. Es ist die Revolution von einer Industriegesellschaft hin zu einer Wissensgesellschaft. Deshalb wird in fünf Jahren keine oder so gut wie keine von den wirtschaftlichen Spielregeln und den Erfolgsspielregeln noch so sein, wie vor fünfzig Jahren. Anders ausgedrückt: Es bleibt kein Stein mehr auf dem anderen. Keiner wird in Zukunft mehr so arbeiten können, wie es im abgeschlossenen Jahrhundert der Fall gewesen ist. Viele haben deshalb Ängste vor der neuen Zeit, denn es ist eine Zeit der völlig neuen Spielregeln. Glauben Sie mir, diese Ängste sind unbegründet. Sie leben in der besten Zeit, in der Sie leben können. Jetzt.

Es bleibt kein Stein mehr auf dem anderen

Sie leben in der besten Zeit, in der Sie leben können: jetzt

Jetzt können Sie die Spielregeln Ihres Lebens verändern. Sie können zu Erfolgshorizonten gelangen, die in der Vergangenheit nicht einmal historisch möglich gewesen sind. Sie selbst sind allerdings der Schlüssel. Und Ihre Fähigkeit, mit sich und den Menschen umzugehen. Ich sehe deshalb auch dieses vor uns liegende Jahrhundert als ein Jahrhundert der Wiederentdeckung des Menschen und der Menschlichkeit. Und das aus durchaus egoistischem Grunde. Denn wenn Sie dafür sorgen, dass es anderen gut geht, wird es auch Ihnen gut gehen. Ich möchte Hoffnung machen mit diesem Buch, dass der Einzelne in der Lage sein wird, sein eigenes Leben zu bestimmen, Erfolgshorizonte ungeahnten Ausmaßes zu erreichen und trotzdem einen positiven Beitrag zur Gemeinschaft zu leisten. Erfolg ist auch in der Gemeinschaft möglich, nicht nur außerhalb.

Insofern könnte die erste einfache Formel heißen: Glauben Sie an sich und glauben Sie an andere. Nur ganz so einfach ist der Aufstieg an die Spitze natürlich nicht. Mit diesem Buch erhalten Sie nach meiner Überzeugung allerdings ein Handwerkszeug für Ihren Weg nach oben. Sie sind der Schlüssel zum Erfolg, denn Sie müssen es umsetzen. Um die Bedeutung des Aufstiegs nach oben deutlich zu

Glauben Sie an sich und glauben Sie an andere

17

Ich will nach oben

machen, habe ich für Sie einmal ins Internet geschaut und bei amazon.de alle Themenbereiche wie Erfolg, Führung, Management, Organisation und ähnliche zusammengetragen, die in Büchern ihren Beitrag zum Thema Erfolg leisten. Was schätzen Sie, wie viele Titel abrufbereit sind? Es sind rund 22.000 Bücher mit geschätzten vier Millionen Seiten, die sich mit diesem Dauerbrenner beschäftigen. Sie alle zu lesen, würde wahrscheinlich ein ganzes Leben lang dauern. Einen Teil davon können Sie sich sicherlich sparen; ich würde Ihnen allerdings empfehlen, regelmäßig Bücher zum Thema Erfolg zu lesen, denn ich nehme mit diesem Buch nicht in Anspruch, alle, aber auch wirklich alle entscheidenden Spielregeln des Erfolges abdecken zu können.

Allerdings sind die hier beschriebenen Ideen Grundlage meines eigenen Aufstiegs gewesen und damit keine Theorie, sondern gelebte Praxis. Ich bin überzeugt davon, dass es ewige Gesetze des Erfolges gibt – die Inhalte ändern sich, die Gesetze sind allerdings ewig, weil es nach meiner Überzeugung die Gesetze der Natur sind, und die Naturgesetze können wir nicht in Frage stellen. Dieses Buch ist ein Dankeschön-Buch an alle, die mich seit 20 Jahren kennen. Auch die Idee zu diesem Buch kam von meinen Partnern und Kunden, die den Vorschlag machten, mein komprimiertes Wissen über den Aufstieg in einem Buch zu formulieren und einen Extrakt zu bilden aus den vielen Erfolgsthesen der letzten Zeit. Meinen Aufstieg verdanke ich wesentlich meinen Kunden, Partnern und den Menschen, die an mich geglaubt haben, was manchmal nicht so einfach war. Sie alle aufzuzählen, sprengt den Rahmen dieses Buches, allein meine persönliche Telefonliste umfasst 1.850 Menschen. Ich werde in diesem Buch Beispiele nennen von Menschen, denen ich viel verdanke, und von Menschen, die sich als Blockaden für meinen Aufstieg erwiesen haben. Betrachten Sie dieses Buch bitte als einen Grundkurs für Ihren Lebenserfolg. Der Aufstieg nach oben ist – zu Ende gedacht – auch nur eine Zwischenetappe. Denn was passiert danach?

Dem Geheimnis Ihres Lebenserfolges ist deshalb auch der letzte Teil dieses Buches gewidmet. Genießen Sie auch diesen Teil, wissend, dass die meisten die spannende Zeit, in der sie mehr aus

> *Die ewigen Gesetze des Erfolges sind die Gesetze der Natur*

ihrem eigenen Leben machen, erst noch vor sich haben. Vielleicht wissen Sie bereits, wie viel Zeit Sie haben, um anzufangen; falls nicht, darf ich es Ihnen sagen: 72 Stunden. Wenn Sie nicht innerhalb der nächsten 72 Stunden anfangen, etwas zu verändern, wird Ihre Bereitschaft zum Wandel gen Null sinken. Dann wird der Satz gelten, den mir Seminarteilnehmer eines Konzerns nach einem zweitägigen Workshop auch einmal sagten: „Tolle Ideen, Herr Geffroy, machen wir auch nicht." Dafür ist dieses Buch mit seinen Inhalten zu schade.

Fangen Sie sofort an! Betrachten Sie dieses Buch als Arbeitsbuch. Lesen Sie es auf keinen Fall nur einmal, lesen Sie es immer wieder, streichen Sie Textstellen an, kopieren Sie Dinge heraus, schreiben Sie sich Ihre Kommentare daneben. Wenn Sie eine Verhaltensänderung erreichen wollen, müssen Sie es dreißig Tage konsequent tun, dann behalten Sie 90 Prozent des Gelesenen. Und tun Sie sich selbst noch einen Gefallen, ich meine es ernst: Kaufen Sie dieses Buch mehrfach, am besten gleich drei- oder viermal, und schenken Sie dieses Buch Ihrem Freund, Ihrer Freundin oder Frau oder Ihrem Mann. Denn Sie erreichen eine Verhaltensänderung nur, wenn Sie auch die Menschen, mit denen Sie zusammen sind, zu Ihren Verbündeten auf dem Weg in eine neue Zeit machen. Deshalb ist dieses Buch kein Buch zum Verleihen – es ist Ihr eigenes Erfolgsbuch und je mehr Menschen um Sie herum dieses Buch als ihr eigenes Erfolgsbuch akzeptieren, umso größer sind Ihre Chancen, nach oben zu kommen.

Damit wir uns nicht missverstehen: Nicht jeder hat die gleichen Ziele, was das Obensein betrifft. Darüber bin ich mir im Klaren. Für viele Menschen ist das Millionenvermögen das erstrebenswerte Ziel, um an die Spitze zu kommen – für manche Anerkennung, Akzeptanz für das, was sie tun. Daher ist auch die Leistung der Frau, die als erste Astronautin eine Shuttle-Expedition im Weltall leitet, genauso ein Baustein auf dem Weg nach oben. Fangen Sie jetzt an, denn dieses Buch ist ein Angebot zu einem Dialog. Es ist eine Aufforderung zum Dialog per Internet auf unserer Homepage www.geffroy.de. Wir möchten Sie unterstützen und einen Dialog mit Ihnen und all den Menschen initiieren, die sich mit der Umsetzung dieses Buches beschäftigen werden. Wir möchten der Mitorganisator Ihres Erfolges werden. Deshalb werden Sie Zusatzhinweise zu diesem Buch, vertiefende Informationen, Checklisten abrufbereit auf unseren Internetseiten finden und einen E-Mail-Newsletterdienst, der Sie unterstützt. Melden Sie sich an. Ich weiß: Keiner gewinnt alleine, denn es ist unsere gemeinsame Chance, Ihren Weg nach oben ein Stück gemeinsam zu gehen. Wir wollen Ihr Portal sein. Schauen Sie ins Internet, es wird dort eine ganze Menge passieren.

Dieses Buch ist auch ein Partnerangebot, denn ich möchte die nächste Auflage dieses Buches gemeinsam mit Ihnen überarbeiten. Ja, Sie haben richtig verstanden, es ist ein Angebot für ein gemeinsames Buch. Denn ich will nichts übersehen, ich will die Erfahrungen möglichst vieler Menschen auf dem Weg nach oben in das Buch integrieren. Ihr Beitrag von Erfolgsbeispielen wird damit Bestandteil unserer Gesamtidee sein, dass Glück ein System ist. Es gilt Erfahrungen zu teilen. Interessanterweise ist Wissen das einzige Gut, das sich nicht abnutzt, sondern sich durch die Benutzung sogar vermehrt. Lassen Sie uns gemeinsames Wissensmanagement praktizieren.

Zum Start dieses Buches wird es bereits Geffroy TV als Internetangebot auf unserer Homepage geben. Auch hier planen wir den Ausbau mit Videobeiträgen von erfolgreicher Umsetzung.

Sie sind nicht allein, das ist mein Ziel. Immer wenn es mir im Laufe der letzten 20 Jahre schlecht ging, habe ich festgestellt, dass mir Menschen fehlten, die hätten helfen können. Keiner ist eine einsame Insel des Erfolges, selbst wenn er oder sie es einem noch so glaubhaft machen will.

Lassen Sie mich noch einen Satz zum Wort „Erfolg" sagen, das Amazon alleine mit 833 Titeln auflistet: Für mich ist Erfolg ein vernetztes System, dessen Ziel es sein muss, Wachstum zu ermöglichen. Das gilt sowohl für das Wachstum der Firma als auch für das der eigenen Karriere. Jeder, der wirklich erfolgreich und oben auf dem Gipfel ist, hat auch persönliches Wachstum erfahren. Insofern gehört für mich persönliches Wachstum zu unternehmerischem Wachstum. Das heißt für mich, dass unternehmerischer Erfolg auf der Basis persönlichen Erfolgs entwickelt wird.

Die Systematisierung dieses Ansatzes ist die Grundlage für die folgenden Seiten.

Sie sind jetzt dran.

2. Kapitel
Die Chance Ihres Erfolges

Mit 25 Jahren treten hundert junge Menschen an mit dem Ziel, in ihrem Leben erfolgreich zu werden. Wie viele Menschen werden wirklich erfolgreich im Laufe der nächsten 40 Jahre? Mit 65 Jahren sind zwei wirklich erfolgreich geworden, 98 nicht. Zwei haben es geschafft, die anderen sind irgendwo auf dem Weg dorthin auf der Strecke geblieben. Vielleicht kann man noch zwei oder drei weitere als erfolgreich gelten lassen. Der Rest, wie immer wir es sehen wollen, ist gescheitert. Woran liegt das?

Sie brauchen sich nur in Ihrem Bekanntenkreis umzuschauen oder sich noch einmal an Ihre Schulkollegen oder Schulkolleginnen zu erinnern. Was ist aus ihnen geworden? Kennen Sie einen heute aus der Zeitung, aus dem Fernsehen, aus der Öffentlichkeit? Von den meisten hört man nie mehr etwas.

Von den rund 3,5 Millionen Unternehmen in Deutschland sind weniger als 1.000 Firmen als Großkonzerne einzustufen. Die meisten Unternehmen schaffen die Fünf-Millionen-Umsatz-Hürde nicht. Dies scheint offensichtlich eine magische Grenze zu sein. Fünf Prozent der deutschen Bevölkerung tragen den Großteil des Steueraufkommens im Bereich Einkommensteuer. Die Besserverdienenden sind die Zahlmeister der Nation. Ein Großteil der deutschen Bevölkerung leistet nur einen minimalen Beitrag zum gesamten Steueraufkommen durch direkte Einkommensteuer. Bei rund 80 Millionen Bürgern gibt es nur rund eine Million Einkommensmillionäre. Wiederum erzielen offensichtlich nur Unternehmer, Selbstständige und Freiberufler die höchsten Einkommen – von wenigen anderen Ausnahmen einmal abgesehen.

Fällt Ihnen etwas auf? Die Elite, und das war nie anders, macht immer nur zwei bis fünf Prozent aus. Dann spielen noch weitere 15 Prozent eine Rolle, der Rest, die Mehrheit von annähernd 80 Prozent, ist chancenlos.

Ich will nach oben

Zu welcher Gruppe wir gehören, entscheiden wir selbst. Ganz konkret: Sie entscheiden, wozu Sie gehören wollen. Wollen Sie zur Elite gehören, zu den zwei Prozent? Oder zu den 20 Prozent, denen es noch halbwegs gut geht? Oder zur Masse, zu den 80 Prozent?

Ich kann mir jetzt sehr gut vorstellen, wie entrüstet Sie sind. Wahrscheinlich fallen Ihnen gleich 100 Argumente ein, mit denen Sie mir – wenn Sie mir gegenübersitzen würden – widersprechen könnten, z.B. dass Ihre Firma, Ihr Umfeld oder Ihre fehlende Ausbildung für Ihre jetzige Situation verantwortlich ist. All das ist falsch. Die wirklichen Regeln des Erfolges lernen Sie nicht oder so gut wie nicht in unseren Schulen. Vor Jahren gab es einen Bestseller in den USA mit dem Titel *Was man an der Harvard Business School nicht lernt*. Erst jetzt erkennt man langsam, dass auch an unseren Schulen, an unseren Universitäten Erfolg gelernt und gelehrt werden müsste. Sie sind der Schlüssel zum Erfolg und Sie entscheiden über Ihr Leben. Es ist nicht delegierbar. Lassen Sie mich Ihnen Folgendes erzählen:

Sie sind der Schlüssel zum Erfolg und Sie entscheiden über Ihr Leben

Es ist ein schöner Tag im Juni 1976. Mein Name ist Edgar Geffroy. Ich bin 22 Jahre alt und bin seit einem halben Jahr bei Klöckner in Duisburg beschäftigt. Ich bin Sachbearbeiter im Stahlhandel, noch genauer bei S-AWB (Stahl Ausland Warmbreitband). Ich verdiene 1.742 DM brutto im Monat, also weder pro Tag, noch pro Stunde, noch netto. Ich bin im Grunde genommen mit mir zufrieden. Immerhin habe ich einen Job gefunden, der mir Spaß macht, meine Mutter ist zufrieden und meine Freunde beschäftigen sich sowieso mit anderen Dingen. Der Großteil meiner Freunde studiert, weshalb ich auch oft ein schlechtes Gewissen habe, ob ich nicht doch ein betriebswirtschaftliches Studium beginnen sollte. Dafür haben sich die meisten meiner Schulkollegen entschieden. Im Grunde genommen bin ich mit mir und der Welt im Einklang.

Ich bin besonders zufrieden, weil ich eine Freundin habe, von der die meisten bei Klöckner träumen. Sie heißt Evelyn Rauhut. Das Besondere an ihr ist, dass sie erstens besonders schön ist und zweitens besonders ehrgeizig, denn sie ist deutsche Meisterin im 400-Meter-Lauf. Sie trainiert jeden Tag, jede freie Minute und an jedem Wochenende. Außerhalb ihrer Sportkarriere bleibt ihr so gut wie keine Zeit. Vorteilhafterweise arbeiten wir beide bei Klöckner, denn außer einer Mittagspause bleibt in den meisten Fällen keine Zeit. Ich komme aus einer anderen Welt, aber ich bin stolz darauf, dass sie sich unter all den möglichen Bewerbern für mich entschieden hat. Ich hinterfrage deshalb auch vieles nicht. Nur ihren Ehrgeiz, den bewundere ich schon.

Eines Tages gab es mittags beim Spaziergang eine Situation, die mein Leben veränderte, und zwar radikal und dramatisch.

Wir hatten an diesem Tag viel Spaß, wir haben geblödelt und Witze gemacht über alle möglichen Leute und über uns. Plötzlich stellte sie die Schlüsselfrage meines Lebens, denn sie fragte: „Was willst du eigentlich werden im Leben?" Ich sagte wie aus der Pistole geschossen: „Millionär". Man muss bedenken, wie realistisch diese Antwort war, nämlich überhaupt nicht. Mit meiner Personalnummer 27.747 verdiente ich 1.742 DM brutto und hatte die tolle Perspektive, vom Sachbearbeiter in zehn Jahren zum Sachgebietsleiter aufzusteigen, und sagte einfach: „Ich möchte Millionär werden."

Prompt musste auch meine Freundin lachen, und zwar schallend. Sie lachte so sehr, dass sie stolperte und vor Lachen nicht mehr hochkam. Ich ärgerte mich fürchterlich, war stinksauer. Ich ärgerte mich so, dass ich rot im Gesicht wurde. Als sie das merkte, lachte sie noch mehr, was meine Wut nur steigerte. Ich fand es einfach nicht fair, sich in der Form über mich so lustig zu machen.

Natürlich hatte sie Recht. Die Chancen, Millionär zu werden, waren mehr als unrealistisch. Keine der Voraussetzungen war gegeben, um überhaupt auch nur annähernd eine Chance zu bekommen, 100.000 Mark als mein Vermögen zu bezeichnen, geschweige denn zehnmal mehr zu erreichen.

Das war der erste Tag vom Rest meines Lebens, ab dem alles anders lief. Dieser Moment war der Auslöser dafür, dass ich beschloss, genau das zu erreichen, was ich ohne Überlegung ausgesprochen hatte. Ab diesem Zeitpunkt bewegte mich nur noch ein einziger Gedanke: Was muss ich tun, um das zu erreichen? Mich interes-

Es ist der erste Tag vom Rest meines Lebens

sierte nicht, wie meine Rahmenbedingungen aussahen. Mich interessierte nicht, dass mir alle sagten, dass es unmöglich sei. Mich interessierte nichts anderes mehr, als meinen Weg nach oben zu starten.

In den darauf folgenden vier Jahren erhielt ich bei Klöckner insgesamt 13 Gehaltserhöhungen, ich war einer der höchst bezahlten jungen Mitarbeiter zum damaligen Zeitpunkt. Ich verließ das Unternehmen vier Jahre später und in meinem Abschlusszeugnis wurde mir bestätigt, dass ich außerordentliche Leistungen erbracht habe. Doch das reichte mir nicht.

Es ist ein schöner Tag mit blauem Himmel im Jahre 1999. Mein Name ist Edgar K. Geffroy. Ich bin 45 Jahre alt. Ich schaue gerade von meinem Ferienhaus auf die herrlich funkelnden Wellen des Mittelmeeres. Die Sonne scheint, die Stimmung ist gut. Neben mir sitzen mein Partner und meine Frau. Gemeinsam besprechen wir gerade Zukunftsstrategien unserer Firmen. Mittlerweile sind es vier. Die Zeitschrift GX hat mich gerade zu einem der 25 führenden Redner der deutschen Wirtschaft und Politik gewählt. Ich bin seit 20 Jahren Autor, Redner und Unternehmensberater. Mittlerweile habe ich acht Bücher geschrieben, die in mehr als 20 Ländern erschienen sind, mit einer Gesamtauflage von 400.000 Exemplaren. Zweimal führte ich die beste Trefferliste bei Amazon an in der Kategorie „Kunde" mit den Büchern „Das einzige, was stört, ist der Kunde" und mit „Das einzige, was immer noch stört, ist der Kunde", und in der Kategorie „Verkauf" mit dem Buch „Abschied vom Verkaufen". Mein „wichtigstes Unternehmen" Rothmann und Cie. in Hamburg, dessen Coach ich bin, erreicht in diesem Jahr einen Umsatz von rund 180 Millionen Mark. Seit der gemeinsamen Umsetzung unseres Konzeptes im Januar 1996 erzielten wir 500 Millionen Mark Gesamtvolumen. Als Aufsichtsrat und Coach dieses Unternehmens möchte ich beweisen, dass Unternehmen auch mit einem Egoless-Konzept erfolgreich sein können. Rothmann hat mit seinem Unternehmenskonzept mittlerweile einen neuen Stil in der Finanzdienstleistung geprägt. Als Redner habe ich gerade meinen 1.000. Auftritt in Wien erleben dürfen, vor mittlerweile mehr als 250.000 Menschen.

2. Die Chance Ihres Erfolges

Stopp!

Es geht hier nicht um mich, sondern es geht um Sie. Sie sehen, es ist immer noch derselbe Edgar Geffroy, der im Sommer 1976 entschied, sein Leben selbst in die Hand zu nehmen. Viele werden sagen, ich hätte Glück gehabt, der Zufall hätte mir geholfen. Schulkollegen, die ich heute treffe, meinen, das wäre klar gewesen, denn ich konnte ja schon damals gut reden. Doch so einfach ist das nicht. Glück ist ein System.

Dieser Erfolg ist kein Zufall, kein Glück. Es geht hier um Regeln, Gesetze, Systeme. Ich betrachte mich bis heute noch nicht als sehr erfolgreich – andere sehen es anders –, aber ich habe in 20 Jahren viel gelernt, aus Fehlern gelernt. Dieses Wissen möchte ich an Sie weitergeben in der Hoffnung, dass dieses Buch das Gleiche bei Ihnen erreicht: den ersten Tag vom Rest Ihres Lebens zu schaffen, ab dem Sie Ihr Leben selbst in die Hand nehmen. Wenn Sie es wirklich wollen, haben Sie einen Vorteil: Sie haben jetzt mehr Informationen in komprimierter Form vorliegen als mir damals zur Verfügung standen.

Es ist der erste Tag vom Rest Ihres Lebens

Man nennt mich heute den Clienting-Papst, weil ich in den 90er Jahren das Thema „Kunde" im deutschsprachigen Raum populär gemacht habe. In den 80er Jahren hatte ich laut der Zeitschrift *impulse* das Image eines Verkaufsgurus und in diesem Jahrhundert werde ich eine weitere Aufgabe erfüllen. Karriere und Wachstum sind deshalb auch ein fließender Prozess.

Die entscheidende Frage ist: Gibt es ein ultimatives Erfolgssystem? Die Antwort lautet: Im Prinzip ja. Es gibt eine Vielzahl von Ansätzen und Methoden. Verdichten Sie allerdings die wesentlichen Aussagen und verknüpfen Sie sie miteinander, das bedeutet, betrachten Sie einmal Erfolg als ein vernetztes System aufeinander wirkender Einflussfaktoren, dann kommen Sie gemeinsam mit vielen Autoren, Gurus und Menschen mit Erfolgsbiographien zu den gleichen Grundsätzen.

Erfolg ist ein vernetztes System

Nach meinen Erfahrungen ist ein Teil dieser Grundsätze leicht erkennbar und damit offensichtlich. Mit der zweiten Kategorie der

Erfolgsregeln hat man mehr Mühe, weil es sich um dauerhafte Erfolgsregeln handelt. Hier geht es um das Einhalten dieser Spielregeln über einen längeren Zeitraum. Die dritte Kategorie sind versteckte und unsichtbare Erfolgsregeln, die Sie erst nach längerem Forschen entdecken. Erst die Kombination aller drei Kategorien ergibt einen durchschlagenden Erfolg. Eine Kategorie alleine betrachtet bringt Sie bereits weiter, allerdings nicht ganz nach oben an die Spitze. Sehen Sie es bildhaft wie ein Gemälde, bei dem jeder Pinselstrich zur Vollendung führt. Beispielsweise gibt es eine praktisch hundertprozentige Übereinstimmung in der ersten Kategorie, die besagt, dass Fleiß und Ausdauer entscheidende Eigenschaften auf dem Weg nach oben sind. Das ist insofern nichts Neues, erfolgsentscheidend ist allerdings, diese Tatsache voll zu akzeptieren und vor allen Dingen auch bereit zu sein, den Preis dafür zu zahlen, der Sie den Verlust an Freizeit kostet. Viele können also schon an diesem kleinen Aspekt scheitern. Es funktioniert jedoch nicht anders. Duschen, ohne nass zu werden, beziehungsweise Erfolg ohne Fleiß klappt nicht.

In der zweiten Kategorie der Erfolgsregeln geht es schon um einen höheren Schwierigkeitsgrad. Beispielsweise ist der Erfolg entscheidend davon abhängig, welche Beziehungen Sie knüpfen, mit welchen Menschen Sie zusammen sind, wie Sie diese Menschen für sich begeistern können. Aber auch das ist möglich und umsetzbar, wenn man sich dessen nur bewusst ist und Beziehungen gezielt aufbaut.

Die dritte Kategorie der Erfolgsregeln hat eine noch komplexere Dimension. Hier geht es darum, wie Sie sich positionieren und Ihr eigenes Profil entwickeln. Dazu gehörten schon eine ganze Menge Kreativität und ein gewisses System, um darauf zu kommen, was Sie wirklich von anderen unterscheidet.

Sie sehen, es gibt einfache, schwierigere und komplexe Regeln.

Die Inszenierung Ihres Erfolges

Erst die Summe des Ganzen ergibt nach meiner Erfahrung einen dauerhaften Erfolg und die Chance, permanent oben zu sein. Wir können es auch anders ausdrücken: Um nach oben zu kommen und vor allen Dingen oben zu bleiben, sollten Sie drei Erfolgsdimensionen unterscheiden können. Die erste Dimension ist die Psychologie des Erfolges. Ich habe diesem Bereich mit dem Kapitel *Die Inszenierung Ihres Erfolges* mein Hauptaugenmerk gewidmet. Ohne Zweifel ist die Psychologie, und damit die Einstellung zum Erfolg, ein entscheidender Schlüsselfaktor. Er ist jedoch nicht der einzige auf dem Weg nach oben, wie viele uns weismachen wollen. Er kann sogar gefährlich sein in Unkenntnis der anderen Spielregeln, die in diesem Buch beschrieben werden.

Der zweite grundlegende Ansatz auf dem Weg nach oben ist die Strategie des Erfolges. Sie brauchen einen Plan, der auf ganz bestimmten Prinzipien basiert. Ich nenne sie die „ewigen Gesetze des Erfolges". Diese sieben ewigen Gesetze des Erfolges sichern Ihnen einen dauerhaften Erfolg an der Spitze, denn es sind Naturgesetze, die bereits lange vor uns gegolten haben und auch noch lange nach uns gelten werden. Halten wir uns an diese Gesetzmäßigkeiten, werden wir erfolgreicher. Halten wir uns nicht daran, verlieren wir unsere Position an der Spitze.

Die Strategie des Erfolges

Die sieben ewigen Gesetze des Erfolges

Ich bin darauf gestoßen, als ich das Buch *Der reichste Mann von Babylon* las. In diesem Buch werden die Gesetze des Erfolges beschrieben, nach denen Babylon zur reichsten Stadt der damaligen Zeit wurde. Nachdem man die entsprechenden Tafeln gefunden und die Inschriften entziffert hatte, erkannte man, dass es die gleichen Prinzipien sind, nach denen man heute noch den Reichtum mehren kann. Damit gibt es ewige Gesetze des Reichtums. Mich regte dieses Buch dazu an, darüber nachzudenken, ob es nicht genauso ewige Gesetze des Geschäftserfolges gibt, ja, um sogar noch einen Schritt weiter zu gehen, ob sie nicht für jeden Menschen anwendbar sein könnten, wenn er denn nur bereit ist, sich daran zu halten. Natürlich ist das schon provokant, in einer Zeit, die so turbulent ist wie die unsere, zu behaupten, dass es ewige Gesetze des Erfolges gibt. Ich bin aber davon überzeugt, sie trotzdem gefunden zu haben. Und genauso überzeugt bin ich, dass sich viele Erfolgreiche intuitiv oder sogar mit System daran halten. Die modernen Erfindungen wie Internet, Computer, Globalisierung sind meines Erachtens nur neue Ausprägungen der ewigen Gesetze des Erfolges.

Die ewigen Gesetze des Reichtums

Wozu dient beispielsweise das Internet? Das Web? Sicher, vielen Firmen und Menschen wird es historisch neue Chancen eröffnen, neue Wege zu gehen. Nie zuvor ist ein einzelner Mensch in der Lage gewesen, weltweit mit einem Konzern in den Wettbewerb zu gehen. Das ist jetzt möglich. Früher mussten Sie dafür viel Geld aufbringen, internationale Niederlassungen gründen, Führungskräfte und Mitarbeiter einstellen, Büros beziehen, um dann mit einem riesigen Kostenblock versehen gegen Wettbewerber anzutreten. Heute fallen die meisten der vorgenannten Aktivitäten weg. So gelingt es Firmen wie Amazon, E-Bay und AOL praktisch über Nacht, Millionen neuer Kunden zu gewinnen, um damit etablierte Anbieter unter einen fürchterlichen Wettbewerbsdruck zu setzen. Aber stellen Sie sich einmal die Frage: Wozu dient das Internet von seiner Grundidee her? Vernachlässigen wir einmal, dass das amerikanische Militär es erfunden hat, um in einem weltweiten Krieg noch funktionsfähig zu bleiben. Dann können Sie zu der Annahme kommen, dass das Internet einer ewigen Aufgabe der Menschen entspricht. Die ewige Aufgabe lautet, dass Menschen miteinander kommunizieren wollen. Sie wollen miteinander reden, sie wollen Erfahrungen, Erlebnisse, Gedanken austauschen, und das über große Distanzen hinweg. Früher waren die Möglichkeiten eingeschränkt, die Nomaden kannten nur ihr direktes Umfeld. Aber es gab auch damals bereits Händler, die von Dorf zu Dorf und von Stadt zu Stadt gezogen sind, um die Menschen mit Informationen zu versorgen. Sie wissen, Kommunikation ist ein Grundbedürfnis der Menschen. Dazu haben wir viele Dinge erfunden, die unsere Mobilität und unsere Fähigkeit, miteinander zu kommunizieren, erweitert haben.

Denken Sie beispielsweise nur an das Telefon. Am Anfang hat nicht einmal der damalige amerikanische Präsident es verstanden, welchen Sinn es machte, über lange Distanzen mit jemandem zu reden. Er hatte damals die Bedeutung und die Chancen des Telefons gänzlich unterschätzt. Amerikanische Wissenschaftler gehen so weit, dass sie überzeugt sind, dass auch das Internet nur ein Mittel auf dem Weg zu einem Evolutionsprozess ist. Sie nennen es „global brain" und sind davon überzeugt,

Global brain

2. Die Chance Ihres Erfolges

dass die Menschen auf dieser Erde immer mehr danach trachten, sich miteinander zu vernetzen, um ein höheres Bewusstsein zu erreichen. Sie haben sogar bereits den Zeitpunkt und die Anzahl der Menschen festgelegt, die dazu erforderlich sind. Laut dieser Darstellung werden dazu zehn Milliarden Menschen benötigt. Wir wissen, dass vor kurzem gerade der 6.000.000.000 Mensch auf dieser Welt begrüßt wurde. Es gibt ein Aufsehen erregendes Video mit dem Titel *Global Brain*, das diese These überzeugend untermauert. Doch auch ohne diesen Ansatz ist erkennbar, dass Menschen auf der ganzen Welt sich miteinander vernetzen und dass das Internet es Menschen überall ermöglicht, mit jedem zu kommunizieren, egal wo sie sich befinden. Damit dient auch das Internet nur dem Grundbedürfnis der Menschen, miteinander reden zu können und sich auszutauschen.

In der zweiten Dimension, bei der es um die Strategie Ihres Erfolges geht, müssen Sie auch systematisch vorgehen, um alle Chancen zu nutzen. Sollten Sie allerdings dazu bereit sein, wird Ihr überragender Erfolg auf dem Weg nach oben von der dritten Dimension abhängig sein, die alles toppen oder vernichten kann. Ich habe viele Leute im Laufe meiner Beratungszeit kennen gelernt, die begnadete Ideen, tolle Konzepte und wirkliche Marktlücken gefunden haben. Sie haben die dritte Dimension unterschätzt beziehungsweise gar nicht beachtet. Die dritte Dimension ist die Umsetzung Ihres Erfolges. Und vor allen Dingen spielt das Wie der Umsetzung eine entscheidende Rolle. Viel Geld, das die meisten übrigens gar nicht besitzen, ist heute kein Garantiefaktor mehr für den Erfolg, ganz im Gegenteil, sogar Unternehmen mit Milliardeninvestitionen scheitern. Wissensmacht schlägt Geldmacht.

Die Umsetzung Ihres Erfolges

Wissensmacht schlägt Geldmacht

Das ist der Schlüssel für die dritte Dimension, die Umsetzung des Erfolges. Denn eine Marktlücke ist nur dann eine Marktlücke, wenn sie von jedem auch als Mangel, als Bedarfslücke erkannt wird. Um es ganz deutlich zu sagen: Die klassischen Wege der Vermarktung versagen immer mehr. Auch hier gilt es, neue Wege zu gehen, die Sie in diesem Buch finden. Einer der Ansätze ist unser Clienting-Konzept, das ich in diesem Buch detailliert vorstelle. Aber auch auf Ihrem Weg nach oben ist das nur ein Aspekt der Umsetzung. Business as usual? Wohl kaum. Brechen Sie die Regeln.

Alle drei Dimensionen: die Psychologie des Erfolges, die Strategie des Erfolges und die Umsetzung des Erfolges, ergeben ein offenes System. In diesem Buch nenne ich es die Inszenierung Ihres Erfolges, die Konzeption Ihres Erfolges und die Durchsetzung Ihres Erfolges. Lassen Sie sich aber durch nichts davon abbringen, auf dem Weg nach oben zu starten. Es hört sich auch alles komplizierter an als es ist. Im Laufe der letzten 20 Jahre habe ich es oft bereits durch die Umsetzung einer einzigen der in diesem Buch genannten Ideen geschafft, erfolgreicher zu werden. Eine Idee kann schon reichen.

Als 1986 mein erstes Buch mit dem Titel *Verkaufserfolge auf Abruf* erschien, wurde es im Laufe der Jahre zu einem der meistgelesenen Verkaufsbücher in den 80er Jahren. Es war praktisch ein Lexikon für Verkäufer und jede Seite war in weniger als fünf Minuten zu lesen. Das hört sich heute alles einfach an, denn der von mir geplante Erfolg hat sich eingestellt. Dieser Erfolg war allerdings kein Zufall. Dafür gab es ein System, das ich im Bereich der ewigen Gesetze des Erfolges detailliert vorstellen werde. Der damals völlig unbekannte Autor Edgar Geffroy bekam vom Verlag *moderne industrie* einen Buchvertrag, ohne eine einzige Seite geschrieben zu haben. Ich habe eine Idee vorgestellt, die den Verlag überzeugt hat. Eine Idee, wohlgemerkt, kein Buch. Als ich den Vertrag unterschrieben in der Tasche hatte, wusste ich zuerst nicht einmal, wie ich dieses Buch mit diesem Inhalt in dieser Zeit überhaupt schaffen sollte. Wohlgemerkt: Mich kannte damals kein Mensch. Wenn Sie einen Bestseller schreiben wollen, dann werden Sie die Ideen in dem Kapitel *Verblüffung und Innovation* sicher mit Interesse lesen. Es hat nichts mit Intelligenz zu tun. Es hat nichts mit außerordentlicher Kreativität zu tun. Und es hat nichts mit Glück oder Zufall zu tun. Es ist ein System, das Sie immer wiederholen können. Aber auch das hätte mir nicht geholfen, wenn mir damals nicht ein Mensch die Tür zum Verlag *moderne industrie* geöffnet hätte.

Ich lernte 1985 den heutigen Life-Leadership-Experten und damaligen Zeitmanagement-Papst Professor Dr. Lothar Seiwert als

Seminarteilnehmer kennen. Ich hatte damals gerade meine Verkaufsberatungsfirma gegründet und wollte nach oben. Aus einer Laune oder Eingebung heraus lud ich Lothar Seiwert zum Abendessen ein, weil ich wusste, wie einsam man ist, wenn man abends im Seminarhotel zwischen zwei Seminartagen alleine bleibt. Lothar Seiwert und ich unterhielten uns über viele Dinge, weil wir als Trainer – er als Zeitmanagement-Trainer und ich als Verkaufstrainer – eine ganze Menge auszutauschen hatten. Er hatte damals bereits seinen Bestseller *Mehr Zeit für das Wesentliche* herausgebracht und schilderte seine Erfahrungen ob der anfänglichen Schwierigkeiten, einen Verlag für dieses Buch zu gewinnen. Heute ist das nicht mehr nachzuvollziehen, aber damals hatte er ein regelrechtes Spießrutenlaufen hinter sich; zig Verlage hatten abgesagt, bis er endlich vom Verlag *moderne industrie* eine Zusage für sein Zeitmanagement-Buch erhielt. Ich weiß noch genau, dass ich sehr geschockt war, weil ich mir damals schon gar nicht mehr vorstellen konnte, wie man einen solchen Bestseller ablehnen konnte. Zu fortgeschrittener Stunde schlug Professor Dr. Seiwert vor, ich solle doch auch einmal ein Buch schreiben. Ich weiß noch, dass wir beide damals lachten, denn ich sagte ihm, dass ich nicht vorhaben würde, ebenfalls 20 bis 30 Verlage abzuklappern, bis endlich jemand mein Buch nehmen würde. Er bot mir damals an, beim Verlag *moderne industrie* seinen Einfluss geltend zu machen, damit ich zumindest einen Termin bekommen würde. Mir ging das alles fast ein bisschen zu schnell, eigentlich glaubte ich auch gar nicht daran, dass es klappen würde. Mich faszinierte allerdings die Idee, eines Tages ein eigenes Buch geschrieben zu haben. Ich stimmte dem Vorschlag von Lothar Seiwert zu, mir einen Termin beim Verlag *mi* zu ermöglichen. Ich wusste zwar noch nicht, wie ich das Buch schreiben sollte, was der Inhalt wäre, aber ich wollte den Termin haben. Professor Dr. Lothar Seiwert hat Wort gehalten. Ich hatte eine Woche Zeit, mich auf diesen Termin vorzubereiten. Ich stellte dann dem Verlag auf der Frankfurter Buchmesse meine Idee vor, ein völlig anderes Buch zu schreiben.

Der Mensch braucht Helfer

Warum erzähle ich diese Geschichte so detailliert? Weil ich felsenfest davon überzeugt bin, dass der Mensch alleine nicht in der

Lage ist, nach oben zu kommen. Er braucht Befürworter, Verbündete, Coaches. Und er braucht Helfer. Einer dieser Helfer war und ist Professor Dr. Lothar Seiwert, mit dem ich später ein gemeinsames Buch schrieb und mit dem ich gerade in letzter Zeit wieder einige Dinge zusammen mache.

Gibt es ein ultimatives System? Sagen wir es einmal so: Es gibt ein Geburtsrecht auf Erfolg. Denn jeder hat ein Millionensystem in die Wiege hineingelegt bekommen. Es ist das Millionensystem unserer Gehirnzellen. Dieses Geburtsrecht können wir höchstens ignorieren, aber nicht delegieren. Die Gehirnzellen sind für Ihren eigenen Erfolg verantwortlich und das ist die Chance für Sie. Wir leben mitten in einer Revolution, kein Stein bleibt auf dem anderen, alles ist im Fluss. Wissensmacht schlägt Geldmacht. Alles befindet sich im Umbruch. Solche Zeiten waren übrigens immer die besten Zeiten, große Erfolge und große Vermögen zu schaffen. Wir leben in einem Jahrzehnt der Selbstverantwortung. Die Vollkaskogesellschaft verabschiedet sich und jeder wird irgendwie zum Unternehmer seines eigenen Schicksals.

Lassen Sie mich auch Ihnen meinen Traum sagen. Ich möchte Erfolg demokratisieren für alle in dieser Welt, die Erfolg haben wollen. Ich möchte erreichen, dass unabhängig von Alter, Ausbildung und Ort Menschen in der Lage sind, eine Chancengleichheit für Erfolg zu schaffen. Ich möchte nicht nach sozialer Gerechtigkeit rufen, sondern nach Chancengleichheit für Erfolg. Denn wenn es uns gelingt, Menschen erfolgreicher zu machen, so erfüllen wir damit das höchste erstrebenswerte Ziel für jeden Einzelnen und für die Gemeinschaft.

Damit ist der Shootingstar als Chance für jeden mein Lebensziel. Warum? Weil ich eigentlich nach dem, was die landläufige Meinung ist, nicht da stehen dürfte, wo ich heute stehe. Für die meisten bin ich ein statistischer Ausrutscher. Ich bin aber überzeugt, dass meine Beispiele und Erfahrungen die Grundlage eines multiplizierbaren Systems sind. Machbar zu jedem Zeitpunkt, an jedem Ort der Welt.

3. Kapitel
Das Geheimnis Ihres unvorstellbaren Wachstums

Gibt es ein Geheimnis? Oder ist das nur eine geschickte Form der Vermarktung, weil sich mystische Dinge oft besser verkaufen lassen? Als ich die Überschrift dieses Kapitels gewählt hatte, kamen mir selbst auch Zweifel, ob es nicht überzogen klingt. Oder gibt es wirklich ein Geheimnis, dessen sich viele Menschen nicht bewusst sind? Wenn dem so ist, ist es dann ein Geheimnis, das wichtiger ist als alle anderen? Gibt es einen Kern, gibt es einen genetischen Code für alles, was danach kommt? Gibt es eine Basisbotschaft für dieses Buch?

Sie sehen, bei diesem Thema stellen sich eine ganze Menge Fragen. Ich habe lange darüber nachgedacht, ob es einen Code gibt. Es gibt ihn. Am besten sollten Sie sich jetzt einen Spiegel besorgen und in diesen Spiegel hineinschauen. Denn Sie selbst sind der genetische Code für Ihren Erfolg auf dem Weg nach oben. Ich werde Ihnen in diesem Kapitel beweisen, dass Sie der Mittelpunkt Ihrer eigenen Chancen, allerdings auch Ihrer Risiken, sind. Um es ganz deutlich zu sagen: Familie, Umwelt und Erziehung sind wichtige Erfolgsbausteine, geben allerdings keine Garantie. Menschen wie Onassis oder Elvis Presley, um nur zwei zu nennen, erfüllten keine der traditionellen Voraussetzungen und gelangten dennoch an die Spitze. Vielleicht gerade deswegen. Und Sie wissen: Glück ist ein System und nur von Ihnen abhängig.

Sie sind der Mittelpunkt Ihrer eigenen Chancen

So einfach können wir es uns natürlich nicht machen und den lieben Eltern die Schuld für alles geben. Was immer Sie gelernt haben, woher Sie kommen, wer Sie beeinflusst hat, ist nur ein Teil Ihres Lebens. Entscheidend ist, wie Sie damit umgehen. Lassen Sie mich aber noch einmal auf das Geheimnis zurückkommen, denn möglicherweise sagen Sie jetzt, es sei für Sie nichts Neues, dass jeder für sein eigenes Schicksal verantwortlich ist. Da könnte ich Ihnen entgegenhalten, dass es so einfach wohl doch nicht sein kann, denn immerhin sind 98 von 100 Menschen nicht erfolgreich. Es muss wohl noch etwas mehr geben. Sicher, ein Teil wird alle anderen für das eigene Leben verantwortlich machen, nur nicht sich selbst. Auch dieser Aspekt wird gleich noch ein wichtiger Teil für Wachstum und Erfolg sein.

Ich habe mich selbst immer wieder gefragt, warum alles so gekommen ist, wie es gekommen ist. Warum bin ich nicht bei Klöckner geblieben – ich hätte heute vielleicht Handlungsvollmacht oder Prokura. Es war von Anfang an noch etwas mehr vorhanden als mein eigenes Ich und der Wille, nach oben zu kommen. Ohne Evelyn Rauhut und ohne Professor Dr. Lothar Seiwert wäre ich vielleicht nicht von Klöckner weggegangen und hätte damals nicht mein erstes Buch veröffentlicht, das die Grundlage meines Erfolges als Verkaufsberater bildete. Warum haben diese beiden Menschen, um nur zwei Beispiele zu nennen, das damals getan? Sie wollten mir helfen. Es sind Menschen, denen ich meinen Erfolg verdanke. Seitdem ich mir dessen bewusst bin, suche ich übrigens gezielter nach Menschen, die mir helfen können und wollen, und reagiere sensibler darauf, wenn ich einen solchen Menschen jetzt vor mir habe. Ich war mir jahrelang dessen gar nicht bewusst, dass einerseits die Grundlage meines Erfolges mein Ego-Drive gewesen ist, die Mehrheit des Erfolges allerdings auf das Zusammenspiel mit Partnern zurückzuführen ist. Heute empfehle ich: Suchen Sie sich Ihren eigenen Coach. Ich habe oft keinen Coach gehabt, aber einen Partner. Es gibt auch heute noch Unterschiede zwischen einem beruflichen und einem privaten Partner. Auch in dem Buch *Denke nach und werde reich* ist eines der dreizehn Erfolgsgeheimnisse der so genannte Brain-Trust. Auch in diesem Kapitel wurde anhand vieler Beispiele sehr erfolgreicher Menschen bewiesen, dass es keiner alleine geschafft hatte. Dass, ganz im Gegenteil, selbst begnadete Erfinder wie Edison mit einem oder mehreren Menschen sehr eng verzahnt waren und einander ergänzten. Oft entstand erst durch die Kombination der Ideen und Erfahrungen dieser Menschen etwas Neues. Mit die-

Suchen Sie sich Ihren eigenen Coach

Keiner schafft es alleine

sen Menschen hat man oft eine so enge mentale Verbindung, dass die Addition ihrer Kreativität mehr ist als 1+1=2. Die Konsequenz ist: Keiner schafft es alleine, es hängt von Ihrer Fähigkeit ab, die richtigen Menschen zum richtigen Zeitpunkt um sich herum zu haben.

Ich bin überzeugt, dass die meisten Menschen gar nicht daran denken, geschweige denn gezielt nach Partnern suchen. Ich glaube sogar, dass die meisten Menschen der gegenteiligen Ansicht sind, nämlich dass sie es eigentlich nur allein schaffen können. Sind Sie mit meinem Ansatz einverstanden? Dann wären wir schon einen Schritt weiter als die Mehrheit. Denn die Mehrheit macht alle anderen für das eigene Lebensschicksal verantwortlich.

Ich gründete mein Unternehmen 1984 gemeinsam mit meinem Partner Hias Oechsler. Nachdem ich vier Jahre in einer Verkaufstrainingsfirma gearbeitet hatte, entstand das Unternehmen *Geffroy & Oechsler GmbH Tegernsee/Düsseldorf*. Meinen Aufstieg ins Unternehmerleben verdanke ich meinem Partner Hias Oechsler. Hias war während meiner Zeit als Verkaufstrainer bei Mercuri Goldman der interne Trainer der Firma Happel in Herne. Ich war damals stolz darauf, einen Großauftrag von der Firma Happel, die ihre gesamte Verkaufsmannschaft trainieren lassen wollte, bekommen zu haben. Die unterschiedlichen Gruppen wurden in mehreren Intervallen trainiert. Bestandteil des Vertrages war es, als internen Koordinator, der das Programm später weiter fortführen sollte, Hias Oechsler zu akzeptieren. Und so saß Hias Oechsler während dieser Zeit jeden Tag in meinem Seminar. Bei Mercuri scherzte man zu diesem Zeitpunkt, dass die beste Ausbildung bei Goldman jemand erhalten würde, der gar nicht in dem Unternehmen arbeitete. Gemeint war Hias Oechsler. Hias machte sich unvorstellbar viele Notizen, beobachtete mich, wir verbrachten viele Abende gemeinsam im Seminar, und es entstand eine Freundschaft. Auch nachdem das Programm für die Firma Happel beendet war, hielten wir weiter Kontakt. Er berichtete mir, wie er es intern weiter umsetzte, und an einem Abend fragte ich ihn, ob er sich nicht selbstständig machen wollte.

Er war damals geschockt, denn diese Idee hatte er vorher noch gar nicht in Erwägung gezogen. Aber ich hatte ihm „den Floh ins

Ich will nach oben

Ohr gesetzt". Hias Oechsler arbeitete damals bereits für sehr viele Happel-Kunden und trainierte im Auftrag der Firma Happel diese Kunden mittlerweile mit dem bei mir erworbenen Wissen. Einige Wochen später rief er mich an und war völlig begeistert, denn er hatte über diese Idee mit seinem wichtigsten Kunden gesprochen, das war der Heizungs- und Sanitärgroßhändler Gienger in München. Die Firma Gienger gehört heute zur Cordes- und Graefe-Gruppe. Wer die Heizungs- und Sanitärbranche kennt, weiß, von wem ich spreche. Es handelt sich um Uwe Hollweg, den Inhaber eines Milliardenunternehmens in dieser Branche. Uwe Hollweg wurde später zum größten Kunden von Hias Oechsler.

Als Hias Oechsler mich begeistert anrief und sagte, er hätte den ersten Auftrag in der Tasche, gratulierte ich ihm, denn er hatte bereits bei der Firma Happel gekündigt. Aber er rief gar nicht an, um mir mitzuteilen, dass er sich jetzt selbstständig machen wollte und den ersten Auftrag bekommen hatte, sondern er schlug mir eine ganz andere Idee vor: „Lassen Sie uns eine gemeinsame Firma gründen." Jetzt war ich geschockt. Eigentlich wollte ich ihm nur helfen, ihm ein paar Tipps geben, damit er aus seinem Leben mehr machen konnte. Jetzt kam er plötzlich mit einem Angebot seinerseits in mein Leben zurück. Ich bin kein Mensch der schnellen Entscheidungen und bat deshalb um Bedenkzeit. Mir lag damals ein interessantes Angebot vor, für Mercuri international tätig zu werden. Der Job machte mir Spaß, die Perspektiven waren durchaus reizvoll, nur Hias Oechsler ließ nicht locker. Stück für Stück räumte er alle meine Bedenken aus, angefangen von den fehlenden Aufträgen bis zur Tatsache, dass ich damals kaum Geld besaß und deshalb auch keinen Kredit bekommen hätte. Er schlug vor, ich sollte mit meinen Kunden reden, ob sie nicht ähnlich wie Gienger bereit wären, mir Aufträge unter meinem Namen zu erteilen. Das tat ich allerdings erst, nachdem ich das Unternehmen verlassen hatte. Als Hias alle Bedenken ausgeräumt hatte, sprang ich einfach ins Ungewisse. 1983 bereitete ich die Firma Geffroy und Oechsler vor und im Januar 1984 gründeten wir dieses Unternehmen. Ich habe es bis heute nicht bereut.

Hias Oechsler war mir ein wertvoller Ratgeber und Partner, er stieg 1989 aus persönlichen Gründen aus der Firma aus und verstarb, für mich bis heute unfassbar, an einem Herzinfarkt im Januar 1991. Seine Ideen, mit denen er seiner Zeit immer voraus war, haben noch bis heute Gültigkeit. Beispielsweise sagte er bereits Mitte der 80er Jahre, dass seiner Überzeugung nach Marketing nicht mehr funktionieren würde. Wir hatten damals einen heftigen Streit im Auto. Ich verbot ihm, das jemals öffentlich zu sagen, denn das betrachtete ich als imageschädigend für unser Unternehmen. Ich hatte mich gründlich getäuscht. Denn der Titel des Buches *Das einzige, was stört, ist der Kunde*, das ich Anfang der 90er Jahre herausgab, trug den Untertitel *Clienting ersetzt Marketing*. Das war circa sieben Jahre später. Das Unternehmen Geffroy und Oechsler entwickelte sich übrigens von 1984 bis 1991 um rund 40 Prozent pro Jahr weiter.

Clienting ersetzt Marketing

Rapides Wachstum sahen wir als unternehmerische Herausforderung an, was 1991 allerdings in die größte Existenzkrise des Unternehmens führte. Rund tausend Tage nach Hias Ausstieg lag ein Scherbenhaufen vor mir. Ich hatte Glück und bin mit einem blauen Auge davongekommen. Heute weiß ich, dass es so nicht hätte passieren müssen. Denn durch den Weggang von Hias Oechsler hatte ich einen Vertrauten und Helfer verloren, dessen Wert ich erst heute richtig einzuschätzen weiß.

Mein Sprung in die Selbstständigkeit hatte letztlich ein einfaches Motiv: Ich tat es, weil ich nicht eines Tages in den Spiegel schauen wollte, um mir den Vorwurf zu machen, die Chance zur Selbstständigkeit nicht genutzt zu haben. Dieses Versagen wollte ich mir in zehn oder 20 Jahren nicht eingestehen müssen. Lieber wollte ich den Versuch wagen, denn dann könnte ich argumentieren, es zumindest gewagt zu haben. Vielleicht hilft dieser Gedanke auch Ihnen. Kennen Sie jetzt das Geheimnis Ihres unvorstellbaren Wachstums?

Es ist die eigene Person. Sie alleine sind ein wesentlicher Schlüssel, allerdings nur in Kombination mit Menschen, die Ihnen helfen, und Menschen, denen Sie helfen. Keiner gewinnt alleine.

Keiner gewinnt alleine

Das menschliche *Fairness-Prinzip* ist für mich genauso wie die Erkenntnis „Glück ist ein System" zur Schlüsselbotschaft dieses Buches geworden. Wenn ich mein eigenes bisheriges Leben und meinen Erfolg Revue passieren lasse, so ist es im Kern immer die Kombination dieser beiden elementaren Faktoren, die meinen persönlichen Weg nach oben vorbereiteten. Es war und ist eine gehörige Portion jenseits allen Egoismus mit dabei, wenn das Interesse am Menschen im Vordergrund stand und steht. Anhand vieler weiterer Beispiele in diesem Buch werde ich zeigen, dass dies der durchgängige rote Faden ist. Ich könnte auch sagen: Helfen Sie und Ihnen wird geholfen.

Helfen Sie und Ihnen wird geholfen

Bereits meine vorherigen Bücher beinhalten ethische und humanistische Prinzipien. In den Büchern *Clienting – Jenseits des Egoismus* und *Abschied vom Verkaufen,* gibt es Formulierungen, die Sie in einem anderen Zusammenhang in einem Bestseller finden, der sich *Die Bibel* nennt. Mittlerweile habe ich in meinen Vorträgen öfter Pastoren, die mich darauf aufmerksam machen, dass ich ihre Ideen sehr modern verkaufen würde. Viele meiner Statements findet man in ähnlicher Form tatsächlich in der Bibel. Dabei fühle ich mich keiner Kirche zugehörig, bin sogar vor langer Zeit aus der Kirche ausgetreten. Meine persönliche Meinung und religiöse Überzeugung ist eine Verschlusssache. Insofern sind Zusammenhänge nicht beabsichtigt. Meine Erkenntnisse basieren ausschließlich auf meiner eigenen Lebenserfahrung, den gesammelten Erfahrungen in den vielen Unternehmen und mit den vielen Menschen, mit denen ich gearbeitet habe. Wenn es trotzdem Parallelen gibt, kann jeder seine eigenen Schlüsse daraus ziehen.

Genauso felsenfest bin ich auch davon überzeugt, dass ein System, das auf purem Egoismus, Abzockerei und Rücksichtslosigkeit basiert, dauerhaft nicht funktioniert. Die Frage ist nur, wie lange sich ein solches System halten kann. Leider gibt es viele Beispiele – auch heute noch – in dieser Welt, die zeigen, dass es offensichtlich sehr lange Zeitperioden überdauern kann.

Sicher können Sie sich trickreich, rücksichtslos, unwahrheitsgemäß, heuchelnd, paktierend und über Leichen gehend durchaus nach oben durchkämpfen, wenn die Seele nur schwarz genug ist, um das durchzuhalten. Auch von dieser Sorte gibt es eine ganze Menge Leute, und ich kenne nicht wenige davon. Ich bezweifele nur, ob man damit dauerhaft an der Spitze bleiben kann. Die meisten dieser Menschen werden sehr schnell wieder vergessen. Jeder

3. Das Geheimnis Ihres unvorstellbaren Wachstums

muss für sich entscheiden, nach welchen Prinzipien er seinen Lebenserfolg aufbauen will. Meine Entscheidung steht fest: Ich schlage mich auf die Seite der Menschen, die anderen Menschen helfen, und sehe darin den Code für den Weg nach oben. Doch Vorsicht, das darf nicht so weit gehen, dass Sie ein so genanntes Helfer-Syndrom entwickeln. Das wäre das andere Extrem, was bedeuten würde, dass Sie nicht Ihr eigenes Leben leben, sondern Ihr Leben für den einen oder anderen Menschen opfern. Stellen Sie es sich bitte wie auf einer Skala von 0 bis 100 Prozent vor und versuchen Sie, die richtige Balance zu halten. Zu wenig ist genauso fatal wie zuviel der Hilfe. Sie werden das Thema Balance in diesem Buch noch einige Male wiederfinden. Die richtige Balance, das heißt den richtigen Mittelweg zwischen zwei Extremen, zu finden, wird ein wichtiger Schlüsselfaktor sein.

Fürs Erste ist es mir einmal wichtig, deutlich zu machen, dass wir am Anfang eines Jahrzehnts stehen, in dem es um die Wiederentdeckung des Menschen und der Menschlichkeit gehen wird. Sicher nicht für alle, das habe ich bereits gesagt, sondern für diejenigen, die es so sehen wollen. Die einzige Realität, die existiert, ist Ihre eigene Realität. So, wie Sie denken, so handeln Sie. Also gibt es doch dieses Geheimnis, das ich „das menschliche Fairness-Prinzip" nenne. Es lässt Sie zu jedem Zeitpunkt in den Spiegel schauen und Sie selbst als die Quelle Ihres Erfolges und gleichzeitig als einen Menschen sehen, wie er sich anderen Menschen gegenüber verhält. Ein Psychologe sagte vor kurzem, dass man einem vierzigjährigen Menschen, ob Mann oder Frau, im Gesicht ansehen kann, wie sein inneres Wesen ist.

Die Wiederentdeckung der Menschlichkeit

Ich persönlich weiß, dass erst zwei und mehr Menschen zusammenkommen müssen, damit etwas Neues entsteht. Das Neue gilt beruflich und geschäftlich. Das menschliche Fairness-Prinzip bedeutet, dass mindestens zwei Menschen zusammenkommen müssen, die sich vertrauen und etwas gemeinsam aufbauen wollen. Dabei ist Helfen jenseits des Egoismus entscheidend. Natürlich kann man hier einwenden, dass dies ebenso egoistisch ist, nur auf einer höheren Stufe. Denn wenn Menschen anderen Menschen helfen, profitieren sie

Helfen jenseits des Egoismus

Ich will nach oben

auch davon, finanziell oder ideell. Korrekt betrachtet ist damit Helfen auch eine Form von Egoismus. Ich helfe anderen und profitiere ebenfalls davon. Aber damit kann man gut leben.

Wenden wir uns dem Bereich zu, den viele als ausschließliche Grundlage des Erfolges betrachten: die eigene Person. Bereits in dieser Startphase scheitern viele, weil sie Eigenschaften ignorieren, die sie unweigerlich mitbringen müssen, um erfolgreich werden zu können. Wer diese Eigenschaften ignoriert oder sie als unwesentlich betrachtet, scheitert bereits beim Start. Auch das ist identisch mit meinen eigenen Erfahrungen, die ich sammeln durfte. Eine dieser Eigenschaften ist Fleiß. Lässt der Fleiß nach, lässt auch der Erfolg nach, nichts läuft von alleine. Das ist ein hoher Preis, den man bezahlen muss, denn Fleiß bedeutet, dann zu arbeiten, wenn andere nicht arbeiten, und dann zu verzichten, wenn andere genießen. Ich werde nie die Situation vergessen, als ich an meinem ersten Buch schrieb und unter Zeitdruck kam, weil ich es rechtzeitig abgeben musste. Ich stand damals in Düsseldorf in Oberkassel an einem Rosenmontag in einem Lokal inmitten feiernder Menschen. Sie können sich vorstellen, was Rosenmontag bei uns in Düsseldorf los ist: Alle tanzten im wahrsten Sinne des Wortes auf den Tischen, waren ausgelassen und schunkelten. Ich war mit dabei, aber irgendwie war ich doch nicht so richtig dabei, denn ich wusste, dass ich nur drei Stunden Zeit für den Karneval hatte, denn danach musste ich nach Hause, um weiter an meinem Buch zu arbeiten. Ich hatte zweihundert Seiten abzuliefern, und das pünktlich. Nachdem ich damals den Vertrag mit dem Abgabetermin in der Tasche hatte, schaute ich mir erst einmal die Anzahl an Tagen an, die ich noch Zeit hatte, um dieses Buch zu schreiben. Ich stellte mit Erstaunen fest – um nicht zu sagen mit einem deutlichen Erschrecken –, dass es nur wenig mehr als 200 Tage waren, nach denen ich mein Manuskript abzugeben hatte. Nach dem ersten Schock nahm ich dieses Problem als eine Herausforderung an und sagte mir, dass, egal wo ich mich befände, egal welcher Tag wäre, egal was ich vorhätte, die einzige Chance darin bestehen würde, jeden Tag eine Seite zu schreiben. Wer mein Buch kennt, weiß, dass der Untertitel *Die Einseiten-Methode* heißt. Das bedeutete, dass Frage und Antwort zum Thema Verkauf auf einer Seite

3. Das Geheimnis Ihres unvorstellbaren Wachstums

umfassend abgehandelt wurden. Somit legte ich fest, dass ich pro Tag eine Seite mit einer Frage zu beantworten hatte. Ob Samstag, Sonntag oder Seminartag – das sollte keine Rolle spielen, diese Seite musste geschrieben werden. Falls ich es nicht schaffen würde, müsste ich an einem Wochenende alle fehlenden Seiten schreiben, bis ich wieder die erforderliche Anzahl zusammenhatte. Eine harte, allerdings auch erfolgreiche Vereinbarung mit mir selbst, denn ich gab mein Manuskript termingerecht ab. Fragen Sie mich bitte nicht, wie viele Nächte ich durchgeschrieben habe. An diesem Rosenmontag in Oberkassel 1986 wusste ich, dass ich noch mindestens vier Seiten an diesem Tag zu schreiben hatte, wollte ich meinen Plan einhalten. Glauben Sie mir, in meiner Brust schlugen wirklich zwei Herzen. Die eine Seite wollte endlich einmal genießen und Spaß haben, die vernünftige Seite sagte, egal was passierte, diese Seiten müssten fertig werden. Drei Stunden hatte ich Spaß und dann schaute ich auf die Uhr, denn ich wusste, dass mir nur noch eine Stunde blieb. Ich bin schon eher gegangen, war aber trotzdem zufrieden. Als ich ging, schaute ich mich um und sagte mir, dass ich zwar den heutigen Tag auf Spaß verzichten würde, dass ich aber, wenn ich mir selbst treu bliebe und ich mein Buch rechtzeitig fertig stellte, immerhin Buchautor wäre. Ich bezweifelte, dass es in diesem Lokal noch einen zweiten Menschen gab, der ein eigenes Buch geschrieben hatte. Insofern war ich bereit, den Preis zu zahlen, denn ich sagte mir, dass ich durch diese Vorgehensweise vielleicht eines Tages viele Tage hätte, an denen ich feiern könne, wenn ich Spaß daran hätte. Und genau das ist eingetreten.

Sie bezahlen den Preis mit Verlust von Privatzeit. Sie werden auch Freunde auf dem Weg nach oben verlieren, die Sie einfach nicht mehr verstehen und überhaupt nicht nachvollziehen können, dass Sie für sie keine Zeit mehr haben. Sie müssen vorher wissen, ob Sie bereit sind, diesen Preis zu zahlen. Wenn Sie oben sind, dann haben Sie allerdings mehr Freunde, als Sie brauchen können. Es wird so weit gehen, dass Ihre alten Freunde und Bekannten Sie ablehnen werden, man wird Sie sogar ignorieren und eines Tages schneiden. Sie gehören nicht mehr zu ihnen. Versuchen Sie übrigens niemals, das Rad der Zeit aufzuhalten.

Versuchen Sie auch nie, sich anzubiedern. Jede Zeit bringt Ihnen Menschen, mit denen Sie ein Stück des Weges gemeinsam gehen. Lassen Sie los, wenn Sie erkennen, dass jemand Sie nicht mehr akzeptiert. Auch für diese Erkenntnis musste ich viel Lehrgeld zahlen und erst vor kurzem musste ich mich von der Clique trennen, die ich seit annähernd 15 Jahren kenne. Akzeptieren Sie, dass Sie diesen Preis zahlen müssen, halten Sie nicht daran fest, denn Sie kommen in einen neuen Lebensabschnitt. Sie werden neue Menschen kennen lernen. Sie sollten nur wissen, dass Sie diesen Preis bezahlen müssen. Adolf Würth, Gründer der Unternehmensgruppe Würth, fragte man vor einiger Zeit, welches die Erfolgsgrundlage für den sensationellen Aufstieg seiner Firma zu einem Milliardenunternehmen gewesen sei. Er antwortete nur: Arbeit, Arbeit, Arbeit. Ich sage es Ihnen vorher, denn der Leistungswille ist entscheidend. Vor kurzem habe ich einen Unternehmer getroffen, der zu mir sagte: Ich finde die 35-Stunden-Woche toll, ich finde sie so toll, dass ich sie gleich zweimal pro Woche mache. Stellen Sie sich darauf ein, dass durchaus 60 bis 80 Stunden notwendig sind auf Ihrem Weg nach oben.

Ihr Leistungswille ist entscheidend

Ich selbst arbeite in den Spitzenzeiten – das ist meistens im Herbst – bis zu 100 Stunden die Woche. Sicherlich wird das nicht für alle so extrem sein, nur habe ich noch keinen kennen gelernt, der ganz oben angelangt ist und der es mit 30 Wochenstunden geschafft hat. Achten Sie auf Formulierungen, denn wenn Menschen sagen: „Ich sollte, ich könnte einmal anfangen", so wissen Sie, dass diese Menschen nie anfangen werden. Denn „sollte", „könnte" oder „wollte" sind Wunschvorstellungen und die haben auf dem Weg nach oben keinen Platz.

Nun sagen Kritiker: „Ameisen sind auch fleißig und trotzdem haben sie keine Chance auf Erfolg." Diese Kritik finde ich etwas weit hergeholt. Wenn Sie ein Selfmademan oder eine Selfmadewoman werden wollen, so ist eine der dazu erforderlichen Eigenschaften die Bereitwilligkeit, hart an sich zu arbeiten, Leistungswillen zu zeigen und die Bereitschaft mitzubringen, die eigene Energie zielgerichtet einzusetzen. Manche Menschen sind von ihrem Energiepotenzial her bereits sehr gut ausgestattet,

3. Das Geheimnis Ihres unvorstellbaren Wachstums

andere dagegen verfügen von Anfang an über weniger Energie. Sie können sehr schnell über ihre Kräfte leben, was dann gesundheitliche Konsequenzen nach sich zieht. Aber auch daran kann man arbeiten. Heutige Gesundheitstrainer entwickeln Konzepte, die zu einem bewussteren Umgang mit dem eigenen Körper führen. Die Energie, die Sie Ihrem Körper durch Nahrung und Getränke zuführen und verarbeiten, wird Einfluss auf Ihre Gesundheit und Power haben. Mehr Hinweise zur persönlichen Fitness finden Sie auch auf unseren Webseiten. Schauen Sie einmal rein, Sie können dadurch schlank und fit für den Tag werden.

Warum fangen viele Menschen gar nicht erst an, den Weg nach oben zu gehen? Dafür sorgen, wie ich es nenne, so genannte Blocker. Sie verhindern den Start und hemmen damit die Bereitschaft anzufangen. Viele lassen sich von anderen Menschen blockieren. Das mögen die eigenen Freunde, Kollegen und Bekannten und die eigene Familie sein, die mit gut gemeinten Ratschlägen immer zur Stelle sind. Allerdings kommen diese gut gemeinten Ratschläge nur aus dem eigenen Selbstverständnis heraus und sind deshalb im Zweifelsfall höchst gefährlich für Sie.

Hätte ich auf alle meine Freunde und meine Familie gehört, wäre ich heute sicherlich noch Sachbearbeiter bei Klöckner. Ich weiß noch, dass meine Mutter panisch entsetzt war, als ich ihr sagte, dass ich bei Klöckner kündigen und in eine Unternehmensberatung einsteigen würde. Sie fragte mich damals allen Ernstes, was das sollte, denn sie könnte sich nicht vorstellen, dass ich mit 24 Jahren in einer Unternehmensberatung bestehen könne. Als ich ihr dann erzählte, Mercuri suche einen 35-jährigen Vertriebsleiter mit abgeschlossenem Marketingstudium und mehrjähriger Praxis, war sie noch mehr entsetzt, da ich schlicht und einfach keinem dieser Ansprüche gerecht werden konnte. Genauso ging es mir später, als ich in die Selbstständigkeit wechselte und auch das mit Freunden und Bekannten diskutierte. Deren einhellige Meinung war, keinesfalls den mittlerweile sicheren Beraterjob zu verlassen, sondern darauf zu warten, welche Karrierechancen sich innerhalb dieser Unternehmensgruppe böten. Glücklicherweise habe ich auch diese Ratschläge in den Wind geschlagen. Darüber bin ich heute sehr froh.

Damit sind wir bei einem wichtigen Punkt: Welche dieser Ratschläge sind gut gemeint, welche sind hilfreich und welche spiegeln nur die eigene, oft kleine Welt wider? Ganz einfach: Schauen Sie sich diese Menschen genauer an. Sind es erfolgreiche Menschen, haben sie etwas geleistet, haben sie Erfahrung und die Kompetenz, um überhaupt Ratschläge auf dem Weg nach oben geben zu können? Haben sie bewiesen, dass sie es wirklich geschafft haben, oder stellen sie Biertekenwissen oder althergebrachte Meinungen dar? Sie müssen wissen, dass andere Meinungen oftmals das innere Gleichgewicht stören. Sonst müsste man ja anfangen, sich selbst in Frage zu stellen, was die meisten Menschen nicht tun. So entsteht ein Kreislauf des Lebens, der sogar über Generationen weitergegeben werden kann. Stellen Sie es sich einmal bildhaft vor: Jeder Mensch hat sein eigenes Glashaus und die meisten möchten auch darin bleiben. Deswegen werden sie jeden Veränderungswunsch, vor allen Dingen dann, wenn es auch das eigene Leben tangiert, strikt ablehnen. Alles bleibt am besten so, wie es immer war. Das ist das Grundprinzip dieser Blockade.

Schauen Sie sich die Menschen genau an

Das trifft natürlich auch auf den Partner zu, die Freundin, den Freund, den Mann oder die Ehefrau. Jeder bezieht sofort und konsequent alles auf sich und fragt sich, was das für ihn selbst bedeutet. Oft denkt man, dass es nichts Gutes bedeuten kann, die Grundregeln des Lebens zu verändern. Dann nimmt man mit aller Kraft Einfluss auf den Menschen, der sich verändern will, und versucht ihn von seinen Plänen abzubringen. Oft sind solche Menschen sogar ausgesprochen erfolgreich und schaffen es tatsächlich den anderen dazu zu bringen, das eigene Glashaus nicht zu verletzen. Das müssen Sie wissen, denn die meisten Reaktionen kommen aus unserer unmittelbaren Umgebung.

Das sind dann keine gut gemeinten Ratschläge, sondern Einwände aus der Welt „Mach mich nicht wach". Sie müssen differenzieren lernen zwischen guten und schlechten Ratschlägen und dafür auch eine Sensibilität entwickeln. Wie gesagt, einer der Orientierungspunkte ist, ob dieser Mensch, der Ihnen einen Rat gibt, bereits bewiesen hat, dass er oben ist, bewiesen hat, dass er erfolgreich ist, bewiesen hat, dass er Leistungen gebracht hat, die außer-

3. Das Geheimnis Ihres unvorstellbaren Wachstums

halb der Norm liegen. Denn diese Menschen haben andere Ideen, haben andere Vorschläge als die „Glashausbesitzer". Die Psychologie spricht hier von Außensteuerung beziehungsweise Innensteuerung, das bezeichnet die Art, in der Menschen abhängig sind von anderen Menschen. Die meisten Menschen sind sicherlich außengesteuert. Das heißt, sie tun etwas, weil andere Menschen etwas von ihnen wollen, weil sie sich anderen Menschen verpflichtet fühlen oder weil andere Menschen sie bewusst oder unbewusst moralisch verpflichtet haben. In einem solchen Fall kann es passieren, dass jemand sein ganzes Leben lang unglücklich ist und erst auf dem Sterbebett erkennt, dass er ein Leben für andere gelebt hat. Lassen Sie sich niemals von anderen steuern, aber achten Sie auf Ihre Innensteuerung. Das heißt nicht, dass Rücksichtslosigkeit, Ellbogenprinzip und Skrupellosigkeit die Grundlagen bilden, sondern ein partnerschaftliches Verhalten. Achten Sie darauf, dass alles in der richtigen Balance ist. Achten Sie auf die Menschen, die Ihnen gut gemeinte Ratschläge geben und es doch nur aus ihrer eigenen Welt heraus tun.

Eine zweite große Gruppe der Blocker sind die drei Ks, wie ich sie nenne. Das erste K ist die Konsequenz beziehungsweise die fehlende Konsequenz. Deshalb bezeichnen auch viele *Erfolgsblocker* Unentschlossenheit als Erfolgskiller Nummer eins. Denn wenn Sie nicht sofort anfangen, nimmt die Wahrscheinlichkeit dramatisch ab, dass Sie überhaupt irgendwann anfangen. Die meisten Menschen gehen auch mit dem Inhalt des Wortes „Konsequenz" sträflich um. Wenn ich heute Führungskräfte im Alter von 60 Jahren frage, was sie, wenn sie ihre Karriere rückblickend betrachten, anders machen würden, so bekomme ich immer eine bestimmte Antwort. Diese Antwort lautet, sie würden heute noch viel konsequenter handeln, als sie es damals schon getan haben. Das heißt, sie alle betrachten sich als inkonsequent – bei der Verfolgung eines Zieles, bei der Einstellung von Mitarbeitern, bei der Auswahl von Mitarbeitern, bei der Toleranz gegenüber Mitarbeitern. Zu inkonsequent, im Hinblick darauf, auf die eigene Stimme zu achten, die oft etwas ganz anderes sagte als Außenstehende. Inkonsequent im eigenen Leben, inkonsequent auch in der Akzeptanz der eigenen Familie. Das sagen mir Führungskräfte, wenn sie

Ich will nach oben

auf jahrzehntelange Führungsarbeit zurückblicken. Was sie heute anders machen würden ist der inneren Stimme zu folgen und noch viel konsequenter den eigenen Weg zu gehen. Ich kann sie darin nur bestärken. Auch meine persönliche Erfahrung ist damit absolut deckungsgleich. Ich war in vielen Situationen und Dingen zu inkonsequent. Ich habe Mitarbeiter eingestellt, weil Headhunter mir diese empfohlen haben, obwohl mir mein Gefühl sagte, dass sie nicht zu uns passten. Das habe ich teuer bezahlt. Ich habe Fehler von Mitarbeitern lange toleriert, so lange, bis sie sich gefährlich für das Unternehmen auswirkten, obwohl ich von Anfang an den Eindruck hatte, dass diese Menschen mir etwas vorspielen. Machen Sie nicht den gleichen Fehler und fallen Sie nicht auf den gleichen Blocker herein. Seien Sie konsequent.

Ich sehe die Konsequenz in der Umsetzung heute als wesentlichen erfolgsentscheidenden Faktor. Sie können damit Welten verändern und die Grundregeln Ihres Erfolges auf den Kopf stellen, wenn Sie es nur konsequent durchziehen. Manche sprechen sogar davon, dass sehr erfolgreiche Menschen bis zur Starrsinnigkeit konsequent gewesen sind. Das ist sicherlich eine extreme Auswirkung der Konsequenz. Ohne einen Funken Starrsinn hätten diese Menschen allerdings ihren eigenen Weg nicht gehen können, dafür hätten viel zu viele Menschen versucht, sie davon abzubringen. Für die Ignoranz des Erfolgsfaktors Konsequenz habe ich teures Lehrgeld bezahlt. Verhalten Sie sich von Anfang an anders. So kann es zum Beispiel Sinn machen, etwas angeblich Falsches so lange konsequent durchzuziehen, bis Sie sich damit durchgesetzt haben. Auch hierfür gibt es viele Erfolgsbeispiele. Das Beispiel 3M wird in diesem Zusammenhang oft angeführt. Sie kennen diese gelben Klebezettel, die als Post-it mittlerweile um die Welt gegangen sind. Entstanden sind sie aus einem fehlgeschlagenen Laborversuch, bei dem man einen Kleber entwickeln wollte, der einfach alles klebt. Leider entstand dabei nur ein Kleber, der einfach nie austrocknet und deshalb nicht zum gewünschten Ziel führte. Keiner wollte von diesem Versuch mehr etwas wissen, bis ein Mann diesen Kleber aufgriff, ihn auf einen Zettel schmierte und so lange bei vielen Menschen innerhalb des 3M-Konzerns hausieren ging, bis man ihm eine Chance gab, daraus das zu machen, was es heute ist: ein fast unentbehrliches Hilfsmittel auf jedem Schreibtisch und in jedem Büro. Hätte dieser Mann sofort aufgegeben, das heißt, wäre er nicht konsequent geblieben, gäbe es die Klebezettel heute nicht.

Mir ist es ebenso ergangen. Als ich den Begriff Clienting schuf, ihn in die Welt brachte, gab es viele Menschen, die mir gute Ratschläge geben wollten. Ich bekam eine ganze Menge davon, im Grunde genommen mit einer einzigen Idee: „Nenn es doch bitte nicht Clienting, sondern Relationship-Marketing oder Beziehungsmarketing." Denn ich hatte viele meiner Marketing-Kollegen nervös gemacht, indem ich sagte: „Clienting ersetzt Marketing." Als ich mich weigerte, den Begriff Clienting fallen zu lassen, wurden die Gegner allmählich heftiger und argumentierten, dass ich nur alten Wein in neuen Schläuchen anböte und es sowieso nur eine Mode wäre, die bald wieder verschwunden würde. Die Kritik nahm jedenfalls immer weiter zu. Ich habe sogar persönliche Beleidigungen hinnehmen müssen. Meine Frau unterstützte mich damals und ich zweifelte oft, ob ich auf dem richtigen Wege sei. Aber sie festigte mich in dem Glauben daran, dass Clienting eine Chance ist, die die Welt verändern kann. Ich bin ihr heute dankbar dafür. Das konsequente Festhalten an diesem Konzept und dieser Idee hat eine neue Grundregel geschaffen. Diese Ideen werden mittlerweile in der ganzen Welt verbreitet. Bleiben Sie konsequent, auch wenn andere Sie von Ihrem Weg abbringen wollen.

Das zweite K heißt Konzentration beziehungsweise Mangel an Konzentration. Ich habe einmal einen Satz gelesen, der, wenn er auch drastisch klingt, vieles auf den Punkt bringt. Er stammt von Woody Allen und lautet: „Sie können mit einem Hintern nicht gleichzeitig auf zwei Pferden sitzen." Ich habe selten eine Philosophie so drastisch mit einem Satz ausdrücken können. Auch das entspricht meiner persönlichen Lebenserfahrung. Immer wenn ich versucht habe, auf mehreren Hochzeiten gleichzeitig zu tanzen, bin ich gescheitert. Lernen Sie, sich zu konzentrieren, denn wer sich konzentriert, wächst. Und wer sich verzettelt, schrumpft. Ich habe diesem entscheidenden Thema in den *Gesetzen des Erfolges* ein ganzes Kapitel gewidmet und werde in diesem Kapitel detailliert darauf

Sie können mit einem Hintern nicht gleichzeitig auf zwei Pferden sitzen

Ich will nach oben

eingehen. Sie können sich jetzt schon einmal die Frage stellen, worauf Sie sich konzentrieren wollen. Denn diese Frage ist elementar.

Das dritte K als Erfolgsblocker ist die Kontrolle. Sie kontrollieren weder Ihren Fortschritt, noch Ihren Tageserfolg oder den Erfolg Ihrer Mannschaft; Sie kontrollieren auch nicht die Erreichung des Etappenziels. Im Extremfall kontrollieren Sie gar nichts und hoffen, dass alles von alleine läuft. Doch jeder hat ein Recht auf Kontrolle. Das sollten Sie Ihren Mitarbeitern sagen. Wenn Sie Kinder haben, wissen Sie, was ich meine. Jeder Mensch testet ganz automatisch die Grenzen aus und versucht, sie zu überschreiten. Das gilt für Kinder genauso wie für Mitarbeiter. Fehlt die Kontrolle, fehlt die Leistungslatte. Fehlt die Leistungslatte, wird die Bereitschaft zur Leistung zurückgehen. Erkennt man das nicht rechtzeitig, wird dies zu einem dramatischen Erfolgsblocker. Das gleiche gilt auch für die eigene Kontrolle, denn auch das ist ein unangenehmer Teil auf dem Weg nach oben. Wer möchte sich schon gerne selbst kontrollieren, die eigene Messlatte anlegen und sich dadurch selbst in Frage stellen lassen müssen. Aber Sie erinnern sich: Wenn ich mir nicht das Ziel gesetzt hätte, jeden Tag mindestens eine Seite für mein erstes Buch zu schreiben – koste es was es wolle –, so hätte ich wahrscheinlich bis heute kein eigenes Buch geschrieben. Stellen Sie sich einmal vor, bei den Stabhochspringern würde man die obere Latte zwischen den beiden Stangen wegnehmen und durch Fotozellen ersetzen. Ohne Zweifel würde die Messbarkeit noch genauer sein, allerdings geben Sie mir sicherlich Recht, dass dann kein Einziger mehr höher springen würde. Sie brauchen ein eigenes funktionierendes Kontrollsystem – am Anfang für Ihren eigenen Karriereweg, später für Ihr eigenes Unternehmen. Verzichten Sie darauf, tickt eine Zeitbombe. Eine Zeit lang werden Sie sicher ohne Kontrolle leben können – das habe ich auch gemacht –, bis Sie eines Tages feststellen müssen, dass irreparable Schäden angerichtet worden sind. Dann ist es meistens zu spät.

Ich gehe später im Kapitel *Umsetzung* noch einmal detaillierter darauf ein, wie Sie führen und kontrollieren können. Mir ist es zu diesem Zeitpunkt nur wichtig, deutlich zu machen, dass die drei Ks, die fehlende Konsequenz, Konzentration und Kontrolle, entscheidende Erfolgsblocker sind.

3. Das Geheimnis Ihres unvorstellbaren Wachstums

Sie können sich jetzt sicherlich vorstellen, welche Chancen jemand hat auf dem Weg nach oben, wenn er inkonsequent ist und auf die Meinung seiner Freunde, Kollegen und Bekannten hört, die ihm gut gemeinte Ratschläge geben. Das ist die erste Stunde vom Rest seines Abstiegs.

Natürlich bin ich mir auch darüber im Klaren, dass wir gegen unser menschliches Naturell verstoßen, wenn wir erfolgreich werden wollen, denn der Mensch ist eigentlich träge. Er will sich nicht verändern und liebt es durchaus, alles etwas langsamer angehen zu lassen. Auch möchte er gar nicht so viel arbeiten und am liebsten würde er erst einmal abwarten. Da sich viele so verhalten, ist das der Grund, weshalb die meisten gar nicht erst anfangen. Sie müssen jetzt nur entscheiden, ob Sie zu den zwei Prozent, zu den 20 Prozent oder zu den 80 Prozent gehören wollen. In einer dieser drei Kategorien werden Sie im Alter von 60 Jahren landen. Oder mit 50 Jahren, was mittlerweile in Mode gekommen ist. „Freiheit mit 50 Jahren" las ich vor kurzem in einer deutschen Wirtschaftszeitschrift als Titelthema. Freiheit mit 50 ist ein machbares Ziel, allerdings sollten Sie jetzt festlegen, was Sie dafür brauchen.

Das beinhaltet auch, einen Lebensplan zu haben, wo Sie in fünf, zehn, 15, 20 Jahren und mit 50 und mit 60 Jahren stehen wollen. Was wollen Sie bis dahin erreicht haben? *Ihr Lebensplan* Wie viel Geld benötigen Sie dann? Welche Aufgabe werden Sie bis dahin erfüllt haben?

Da ich sehr häufig Unternehmer in meinen Seminaren habe, frage ich diese immer wieder, ob sie einen Geschäftsplan haben. Die meisten bejahen das mittlerweile. Anschließend frage ich sie dann, ob sie einen Lebensplan haben. Dann ist Schweigen im Raum. Bei Hunderten von Menschen melden sich höchstens ein paar zaghaft, die dann bestätigen, dass sie einen Lebensplan und ein Lebenskonzept haben. Unvorstellbar, wie kopflos selbst Menschen in diesen Positionen in die Zukunft gehen.

Wenn Sie es noch nicht getan haben, entwickeln Sie ein Lebensskript gemeinsam mit den wichtigsten Menschen um Sie herum – mit Ihrer Familie, mit Ihren Partnern. *Ihr Lebensskript* Stimmen Sie Ihre Lebensskripte aufeinander ab und kontrollieren Sie sie regelmäßig im Hinblick auf die Realisierung.

49

Ich will nach oben

Neben den drei K-Blockern und den Blockern durch Freunde und Kollegen gibt es noch einen weiteren, vielleicht sogar den entscheidenden Erfolgsblocker. Das sind die eigenen Ängste. Es sind die Programme, die wir oft schon in der Kindheit entwickelt haben. Ein traumatisches Thema vielleicht, dessen Spuren sich jetzt zeigen. Oder die Existenzangst, die Angst, bei einer Veränderung die gesamte Existenz und möglicherweise sogar die Existenz der ganzen Familie aufs Spiel zu setzen. Kommen dann noch die anderen Erfolgsblocker hinzu, kann man sich ausrechnen, was passiert. Nichts. Es sind vielfältige Ängste, die uns hemmen und blockieren. Neben der Existenzangst ist die Angst vor Veränderungen ein wichtiges Phänomen. Erst wenn wir unsere Urängste überwinden, können wir den Weg nach oben beginnen. Deswegen fangen auch viele Menschen erst dann an, sich selbst in Frage zu stellen, wenn sie eine dramatische Situation erlebt haben. Das kann der Verlust des Arbeitsplatzes sein oder der Verlust eines geliebten Menschen. Es kann sich dabei aber auch um eine erfolgreich überwundene lebensbedrohende Situation oder Krankheit handeln. Ein solch heilsamer Schock kann bei Menschen zu der Einsicht führen: So will ich nicht mehr weiterleben. Oft festigt sich diese Einstellung dann in der Überzeugung: So werde ich definitiv nicht mehr weiterleben. Erst ein heilsamer Schock verändert das eigene Bewusstsein, die Einstellung zum Erfolg und die Bereitschaft zum Risiko.

Die Angst vor dem Verlust der gewohnten Lebenssituation nimmt sicherlich mit zunehmendem Alter zu. Deswegen starten auch viele 40- oder 50-Jährige erst auf den Weg nach oben – wenn sie bis dahin nicht bereits oben sind –, nachdem sie eine solche Schocksituation erlebt haben. Jüngere Menschen, insbesondere wenn sie zwischen 20 und 30 sind, haben es prinzipiell einfacher, denn ihre Lebensspuren sind noch nicht so eingefahren. Die Vorschläge und Ideen dieses Buches sind allerdings altersunabhängig und einzig und allein von dem Willen, den Weg nach oben zu gehen, abhängig.

Jetzt verstehen Sie vielleicht, weshalb 98 Prozent nicht oben ankommen. Sehr einfach ist es, viele Erklärungen dafür zu finden, warum man diesen Weg nicht gehen kann. Wenn Sie darin Unter-

3. Das Geheimnis Ihres unvorstellbaren Wachstums

stützung brauchen, fragen Sie nur Ihre Freunde und Kollegen, sie werden es Ihnen gerne bestätigen. Ich sage nicht, dass es einfach sein wird, an die Spitze zu kommen. Ich sage nur, dass es für jeden machbar ist.

Betrachten Sie Wachstum für jedermann auf dem Weg nach oben einfach als ein Spiel. Es ist ein Lebensspiel. Aber wie bei jedem Spiel gibt es dafür Spielregeln und diese Spielregeln müssen Sie kennen, um als Sieger hervorgehen zu können.

Die Spielregeln, sprich die Vorschläge, werden im Verlauf dieses Buches immer deutlicher und konkreter. Aus meiner Sicht fügen sie sich zu einem geschlossenen System zusammen. Sie kommen in eine Ära hinein, die alles möglich erscheinen lässt. Sie werden Wachstumsraten in diesem neuen Jahrtausend erleben, die historisch einmalig sind.

Schauspieler und Manager bekommen Gagen und Gehälter, die man noch vor Jahren für unmöglich gehalten hat. Geld ist genug vorhanden, um Wachstum als eine der Voraussetzungen zu ermöglichen. Gerade scheiterte der geplante Versuch eines englischen Mobilfunkanbieters, die deutsche Mannesmann AG zu übernehmen. Im Gepäck hatten die nach Düsseldorf gereisten englischen Manager ein Kaufangebot über 242.000.000.000 Mark. Wenn Sie dieses Buch lesen, wissen Sie mehr darüber, was daraus geworden ist. Sie wissen es. Mannesmann und Vodafone sind jetzt ein Unternehmen. Mannesmann musste sich Anfang des Jahres 2000 dem Willen der Aktionäre beugen. 300 Milliarden Mark für den Kauf eines Unternehmens galt noch vor wenigen Jahren als unvorstellbar. Es wird der Anfang einer langen Reihe folgender Firmenübernahmen sein. Es wird Wachstumsraten geben, die uns sogar 10.000 Prozent ermöglichen werden. Sie haben sich nicht verlesen: 10.000 Prozent Wachstum sind machbar. Das Internet ermöglicht es vielen Menschen, einen völlig neuen Weg zu gehen und Wachstumsraten zu erzielen, die bisher nicht für möglich gehalten worden sind. Das Geschäft im Internet wird nicht mit Multimedia gemacht, sondern mit den Produkten und den Dienstleistungen, die wir kennen, die wir dann über das Internet in die ganze Welt verkaufen können. Den größten Buchhändler der Welt, amazon.com, hat es praktisch Mitte der

90er Jahre noch nicht gegeben. Bis Ende der 90er Jahre hatte das Unternehmen zehn Millionen Kunden gewonnen und eine Milliarde jährlichen Umsatz geschafft, in einem Markt, der als extrem traditionell gilt. Aber wir brauchen gar nicht so hoch zu greifen, viele wären bereits zufrieden, wenn sie ihr Gehalt oder ihr Einkommen verdoppeln könnten. Wenn Sie daran interessiert sind – und es ist machbar – lesen Sie weiter.

4. Kapitel
Die Inszenierung Ihres Erfolges

Wenn ich meine Erfahrungen mit denen anderer vergleiche, die erfolgreich sind, ergibt sich ein Grundsatz: Gehen Sie Ihren eigenen Weg und finden Sie vor allen Dingen Ihren eigenen Weg und Ihr eigenes Konzept. *Gehen Sie Ihren eigenen Weg* Das heißt, seien Sie authentisch, denn das wird eine entscheidende Komponente für den dauerhaften Erfolg sein. Leben Sie das, was Sie sich selbst vorgeben. Spielen Sie *Seien Sie authentisch* keine Rolle, das wird auffallen. Für Ihren Weg und Ihren Erfolg mit all seinen Facetten wird es wahrscheinlich kein zweites Beispiel geben. Seien Sie sich dessen bewusst, dass es Ihr Weg ist, der so auch nicht zu kopieren sein wird. Man kann Spielregeln, Systeme und Strukturen vorgeben, den Rest müssen Sie selbst herausfinden. Wenn Sie mir im Alter von 20 Jahren darüber einen Film gezeigt hätten, wie ich heute bin, wie ich heute lebe, wie man mich heute bezeichnet – als Clienting-Papst –, ich hätte schallend gelacht und es als Sciencefiction der schlechten Art abgetan. Denn die Vorstellungskraft und das Verständnis dafür habe ich erst im Laufe der letzten 25 Jahre entwickelt. Ich weiß heute, dass ich mir alles vorstellen kann, was ich will. Ich weiß auch, dass die besten Gelegenheiten sich dann ergeben, wenn man die Grundregeln ändert. Das ist einer meiner Einstiegssätze bei Vorträgen. Deshalb fordere ich auch alle auf, nicht überall dabei sein zu wollen, nicht mitzuschwimmen, andere Menschen oder Wettbewerber nicht zu beobachten, wie gut oder wie schlecht sie sind, sondern den eigenen Weg zu gehen, die eigenen neuen Grundregeln zu *Wir treten an, die Grundregeln zu ändern, und das erfordert ein anderes Denken* schaffen. Ich sage immer: „Wir treten an, die Grundregeln zu ändern, und das erfordert ein anderes Denken." Brechen Sie die Regeln.

Ich habe festgestellt, dass alle Menschen auf dem Weg nach oben einen eingebauten Unruhemotor besitzen. Sie sind mit nichts

Ich will nach oben

zufrieden, wollen ständig etwas verändern, sind neugierig wie kleine Kinder, versuchen gerne etwas Neues, hassen eingefahrene Gleise, sehen jeden Tag als neue Chance, etwas zu bewegen.

Eines der Einstiegsbeispiele bei meinen Vorträgen ist eine Geschichte, die ich während einer Ägyptenreise erlebt habe. Eine Begegnung dort hat mein Leben völlig verändert. Im Ägyptischen Museum sagte eine zierliche Führerin zu mir: „Unsere Pharaonen haben anders gedacht." Plötzlich war ich hellwach und fragte nach: „Warum haben Ihre Pharaonen anders gedacht?" Sie sagte: „Unsere Pharaonen haben geglaubt, dass ihr Leben erst nach dem Tode richtig losgeht. Heute würde man sagen: mit Disko, Action und Lifestyle. Deshalb haben sie sich mit dem ersten Tag ihres bewussten Lebens auf den Tod vorbereitet." Das fand ich phänomenal. Allein der Glaube an ein Leben nach dem Tode führte dazu, dass man anders handelte. Es wurden, für heutige Wissenschaftler immer noch nicht lückenlos nachvollziehbar, die Pyramiden von Gise gebaut, die man heute, rund 4.000 Jahre danach, immer noch bewundern kann. Das bedeutet also: Anderes Denken führt zu anderem Glauben. Der Glaube an ein Leben nach dem Tod brachte die Ägypter dazu, ein anderes Handeln an den Tag zu legen. Und das wiederum führte zu anderen Ergebnissen – den besagten Pyramiden von Gise.

Diese Erkenntnis ist entscheidend, denn es handelt sich hier um eine immer wiederkehrende Ablauffolge. Anderes Denken führt zu anderen Handlungen, andere Handlungen führen zu anderen Ergebnissen. Doch in den meisten Fällen denken wir nur über die Ergebnisse nach, über die nicht vorhandenen oder nicht erreichbaren Ergebnisse. Dabei ist das erst der dritte Schritt. Wir machen also den dritten Schritt vor dem ersten. Der erste Schritt ist, ein anderes Denken zu akzeptieren. In dem Moment, in dem Sie – ich bitte Sie, das nur als Beispiel zu verstehen – entscheiden, Millionär werden zu wollen, werden Sie sich anders verhalten. In dem Moment, in dem meine damalige Freundin mich auslachte, beschloss ich, nicht darüber zu reden, sondern zu handeln. Ich veränderte meinen „Filter" im Kopf. Jeder Mensch hat solch einen Filter, mit dem er seine

Anderes Denken führt zu anderen Handlungen, andere Handlungen führen zu anderen Ergebnissen

54

Umwelt und die Informationen selektiv wahrnimmt. Das bedeutet, dass wir manches gar nicht erkennen, obwohl wir es sehen, dass wir manche Menschen gar nicht verstehen, obwohl wir sie hören, und dass wir im Fernsehen einen Film vorbeilaufen lassen, ohne zu wissen, worum es dabei geht. Wir Menschen haben eine sehr selektive Wahrnehmung entwickelt und das ist gerade im Zeitalter der Informationsüberflutung sehr entscheidend geworden. Wir nehmen nur noch die Informationen wahr, die wir als wichtig für uns einstufen. Obwohl wir vieles anders sehen und hören, nehmen wir es nicht auf. So können Sie auch eine ganze Zeitschrift durchlesen, ohne überhaupt irgendeine Anzeige zur Kenntnis genommen zu haben. Unser Unterbewusstsein signalisiert uns, dass wir keine dieser Anzeigen brauchen und deshalb auch keinen Gedanken daran verschwenden sollten. In dem Moment, in dem Sie beispielsweise ein neues Auto kaufen wollen, wird Ihre Wahrnehmungsbereitschaft sprunghaft zunehmen. Ihre Aufnahmefähigkeit gleicht also einem Sieb, durch das nur ganz wenig hindurchgeht.

An dem Tag, an dem ich beschloss, nach oben kommen zu wollen, veränderte ich meine Wahrnehmung. Und so fiel mir damals eine Anzeige auf, die den provokanten Titel trug: *Ihre Strategie ist falsch, deshalb erreichen Sie nicht den Erfolg, den Sie erreichen könnten.* Diese Anzeige kam mir gerade recht, war es doch genau das, was ich selbst erkannt hatte. Denn wenn ich nach oben wollte, durfte ich keinesfalls bei Klöckner so weitermachen, wie das bisher der Fall gewesen war. Ich kaufte damals für 980 Mark – das war für meine damaligen Verhältnisse sehr viel Geld – den Fernlernkurs der EKS, der engpasskonzentrierten Strategie von Wolfgang Mewes. Ich bin für diese Entscheidung noch heute dankbar und habe mittlerweile einer Vielzahl von Unternehmen mit dieser Strategie helfen können. Bereits drei Jahre später war ich durch die Umsetzung dieser Strategie bei Klöckner so erfolgreich, dass ich im Alter von 24 Jahren einen Mitarbeiter zur Seite gestellt bekam. Es war der, der mich eingearbeitet hatte. Anderes Denken führte zu anderen Handlungen und in der Folge zu anderen Ergebnissen. Immer wieder wiederholbar.

Die engpasskonzentrierte Strategie

Ich will nach oben

Sie können diese Pyramide sogar noch ein Stück weiterentwickeln, dann haben Sie vier Stufen. Das heißt, anderes Denken *und* der Glaube daran führen zu anderen Handlungen und diese anderen Handlungen führen zu völlig anderen Ergebnissen. Denn wenn die Andersdenkenden nicht selbst an sich glaubten, würden sie auch ihre Aktivitäten nicht verändern. Und damit schließt sich der Negativkreis. Fangen Sie damit gar nicht erst an. Es gibt so viele Chancen, die Sie nutzen können auf Ihrem eigenen Weg nach oben. Sie müssen nur vorher entscheiden, welchen Sinn es macht, nach oben zu kommen, und warum Sie wirklich nach oben wollen. Das Geld wird übrigens keine wirkliche Triebfeder auf diesem Weg sein. Es kann ein Katalysator sein, aber mehr nicht. Am erfolgreichsten sind die Menschen, die eine Vision haben, einen Traum, mit dem sie die Welt verändern wollen. Was ist Ihr Traum? Was stellen Sie sich vor? Ohne Vorstellungskraft bezüglich des Ziels, um dessentwillen wir alle diese Mühen und Strapazen auf dem Weg nach oben akzeptieren, werden wir nicht beginnen. Das ist ganz einfach. Wenn es sich nicht lohnt und es auch keine Belohnung gibt, werden wir nichts tun. Womit belohnen Sie sich? Immer wieder beweisen uns herausragende Menschen, die Geschichte geschrieben haben, dass sie ihren Traum, ihre Vision verwirklicht haben. Das gilt für Firmengründer wie Henry Ford genauso wie für die Kennedys und Martin Luther Kings dieser Welt.

Welches ist Ihr Traum?

Es saß einmal ein kleiner Junge zusammen mit seinem Freund am Strand. Es fuhr ein großes Schiff vorbei, ein Tanker. Daraufhin sagte der kleine Junge zu seinem Freund: „Schau mal, ist das nicht ein tolles großes Schiff?" – „Ja", antwortete der andere Junge, „eines Tages wird mir die größte Flotte davon auf diesen Weltmeeren gehören." Der Rest ist Geschichte, denn der Junge trug den Namen Onassis.

Eine ähnliche Situation trug sich in Amerika zu. Nur dieses Mal saßen zwei kleine Jungen am Straßenrand. Es fuhr ein pinkfarbener Cadillac vorbei. Daraufhin sagte der eine Junge zum anderen: „Schau mal, ist das nicht ein wunderbares Auto, wir werden uns das nie leisten können." Daraufhin sagte der andere Junge: „Doch, eines Tages wird mir eine ganze Garage voll mit

4. Die Inszenierung Ihres Erfolges

Cadillacs gehören." Auch hier ist der Rest Geschichte, der kleine Junge hieß Elvis Presley. Auch über John F. Kennedy erzählt man sich die Geschichte, dass er überall verkündete, die Amerikaner würden die ersten Menschen sein, die einen Fuß auf den Mond setzen. Womit er im ganzen Land eine Menge Kritiker heraufbeschwor, die ihm beweisen wollten und auch konnten, dass es weder physisch noch technisch möglich war, genau dies in die Tat umzusetzen. Man erzählt sich, dass John F. Kennedy nach jeder Diskussion immer wieder verständnisvoll sagte: „Yes Sir, you are right. But I see the man on the moon." Wie Sie wissen, waren es amerikanische Astronauten, die als erste ihren Fuß auf den Mond setzten, obwohl die Russen damals technologisch weiter waren. Martin Luther King hat seine Vision sogar sehr präzise aufgeschrieben und, wo immer er konnte, vertreten. Ohne Belohnung kann unser Gehirn nicht anfangen zu arbeiten.

But I see the man on the moon

Gehen Sie Ihren Weg, ändern Sie die Grundregeln

Gehen Sie Ihren Weg, ändern Sie die Grundregeln.

Psychologie

Als ich 1984 gemeinsam mit Hias Oechsler das Unternehmen gründete, ließ ich mir ein Jahr später drei Merksätze, die ich für entscheidend hielt, einrahmen und ins Büro hängen. Der erste Satz hieß: *Erfolge entstehen im Kopf. Misserfolge genauso.* Denn das war damals bereits meine Überzeugung.

Erfolge entstehen im Kopf

Der zweite Merksatz hieß: *System braucht jeder.* Durch meine Erfahrung im Umgang mit der EKS-Strategie wusste ich, dass der zielgerichtete Einsatz eines systematischen Konzeptes Erfolge garantieren kann.

Es gab einen dritten Merksatz: *Sieger glauben nicht an den Zufall.*

Eines Tages kam mein Partner Hias Oechsler ins Büro, las diese Sätze, schmunzelte, besonders über den dritten Merksatz, und ging ohne Kommentar hinaus. Einige Tage später bat er mich in sein Büro. Dort hing auch ein Bild, aber mit dem Satz: „Heute bin ich

Ich will nach oben

zufällig Sieger." Es entbrannte eine hitzige Diskussion, welcher Satz der richtige sei, da mein Leben bisher aus klarer Planung und klarer Organisation bestanden hatte. Das Leben meines Partners basierte dagegen auf Improvisation und Zufälligkeit. Wer hatte Recht? Wir einigten uns darauf, dass jeder seinen Satz, der auch seinem eigenen Naturell am nächsten kam, als Leitsatz ansehen würde und deshalb auch so handeln konnte.

Heute bin ich zufällig Sieger

Allerdings ließ mir die Kritik meines Partners keine Ruhe. Denn diese beiden Aussagen wirkten auf den ersten Blick zu gegensätzlich. „Sieger glauben nicht an den Zufall" auf der einen Seite und „Heute bin ich zufällig Sieger" auf der anderen Seite, das stimmte mich schon nachdenklich. Wer hatte Recht? Gewinnt nur derjenige mit Planung oder auch derjenige, der von Anfang an improvisiert? Später hörte ich einen Satz, der beide Ansätze integrierte: „Planung ist die beste Voraussetzung für geniale Improvisation." Die zurückliegenden 90er Jahre haben sicherlich gezeigt, dass Planungsmechanismen allein immer weniger funktionieren und Flexibilität entscheidend geworden ist. Auch ich selber habe in den 90er Jahren oft erlebt, dass der Tag eher dem Improvisieren diente als dem geplanten Handeln. Oft fühlte ich mich an einem Tag eher zufällig als Sieger, aber genauso erlebte ich es auch umgekehrt. Vermutlich ebbte dadurch auch die Zeitmanagementwelle ab, weil deren klassische Prinzipien einfach zu starr wurden.

Heute bin ich davon überzeugt, dass wir damals beide Recht gehabt haben und der komplette Merksatz lauten muss: „Sieger glauben nicht an den Zufall, obwohl ich heute zufällig Sieger bin." Auch auf dem Weg nach oben gibt es keinen geraden Weg, es ist eher ein Zick-Zack-Kurs. Es wird Rückschläge geben, meistens sogar eine ganze Menge. Oft, sogar fast immer habe ich Menschen kennen gelernt, die heute ganz oben sind, die auch mindestens einmal ganz unten waren. Denken Sie nur an Lee Iacocca bei Ford und später bei Chrysler. Insofern ist Erfolg auf dem Weg nach oben nicht mit dem Erklimmen einer Leiter zu vergleichen, sondern eher mit der Fahrt in einer Achterbahn. Sie müssen nur darauf achten, dass Sie auf den Gleisen bleiben. Sie brauchen Ihren Plan,

Sieger glauben nicht an den Zufall, obwohl ich heute zufällig Sieger bin

4. Die Inszenierung Ihres Erfolges

wo Sie hinwollen und wo Sie heute stehen. Und er muss schriftlich sein, nachvollziehbar und kontrollierbar. Aber um Ihre inneren Antriebskräfte freizusetzen, brauchen Sie eine Vorstellung davon, womit Sie sich belohnen, wenn Sie den Gipfel erreicht haben. Denken Sie immer daran, denn sonst lässt die Kraft auf dem Weg nach oben zwangsläufig nach.

Was ist die kleinste Fabrik der Welt? Es ist Ihre eigene, Ihre Denkfabrik, sie umfasst die Größe Ihres Kopfes und damit rund 20 mal 20 Zentimeter. Das ist die erfolgreichste Fabrik der Welt. Extrem mobil, überall einsetzbar und nach alledem, was wir wissen, das wichtigste Produktivgut der Zukunft. Denn nur hier entsteht Wissen und Wissen wird zum entscheidenden Erfolgsfaktor der Zukunft. Wissensarbeiter werden zu den erfolgreichsten Menschen dieses Jahrtausends gehören. Knowledgement ist eines der dominanten, entscheidenden Themen zu Beginn dieses Jahrtausends.

Die kleinste Fabrik der Welt

Werden Sie zu Ihrem eigenen Knowledge-Navigator. Erneuern Sie Ihren Erfolg auf dem Weg nach oben permanent durch Wissen. Teilen Sie dieses Wissen mit anderen Menschen, denn es ist das einzige Gut, das sich dadurch nicht abnutzt, sondern durch die Verbreitung noch an Wert zunimmt.

„Wer von Ihnen ist Millionär?" Mittlerweile habe ich diese Frage bei mehr als eintausend Auftritten gestellt und 99 Prozent der Teilnehmer haben diese Frage falsch beantwortet. Sie fragen sich jetzt vielleicht, warum ich diese Frage stelle. Jeder verbindet diese Frage automatisch mit Geld. Das ist damit aber ausdrücklich nicht gemeint, denn auch Sie sind Millionär, denn Sie haben seit Ihrer Geburt mehrere Millionen Gehirnzellen in Ihrem Kopf. Ganz genau betrachtet sind Sie sogar Milliardär, denn Sie haben zehn Milliarden Gehirnzellen. Das ist Ihr größtes Kapital, Ihr intellektuelles Kapital. Mit diesem Kapital können Sie, wenn Sie wollen, eines Tages wirklich einige Millionen auf Ihr Konto bringen oder Millionenumsätze und -gewinne mit Ihrer Firma machen. Es liegt einzig und ausschließlich bei Ihnen. Bei unserer Geburt wird jedem von uns die gleiche Chance gegeben, das eigene Millionensystem in Gang zu setzen oder verkümmern zu lassen. Sie

Wer von Ihnen ist Millionär?

können Ihr Millionensystem immer in zwei Richtungen schalten: in die linke – die logische – oder in die rechte – die intuitive, gefühlsmäßige. Ich kann Ihnen eine ganze Menge Erklärungen dafür geben, dass wir uns zur Zeit in der schwierigsten Situation seit 1933 befinden. In den meisten Ländern haben wir eine hohe Anzahl an Arbeitslosen, eine dramatische Pro-Kopf-Verschuldung und eine ganze Menge Konkurse. Wenn Sie die Zeitung aufschlagen und den Fernsehapparat anschalten, finden Sie eine ganze Menge Bestätigungen für meine Thesen. Daraus ziehen viele Menschen die falschen Schlüsse und verhalten sich entsprechend. Und damit funktioniert die sich selbst erfüllende Prophezeiung. Sie glauben an eine negative Entwicklung, also handeln sie auch entsprechend. Damit stellen sich entsprechende Ergebnisse ein und die Handelnden fühlen sich bestätigt. Das bedeutet übrigens interessanterweise, dass auch negativ eingestellte Menschen – Pessimisten – durchaus Optimisten sind. Denn sie sorgen mit ihrer pessimistischen Einstellung selbst dafür, dass das, was sie an Negativem erwarten, auch eintrifft. Sie sind optimistisch in dem Sinn, dass ohnehin nichts klappen wird. Anschließend fühlen sie sich bestätigt und bekräftigt und wissen, dass sie nichts zu ändern brauchen, weil eh alles genauso eintritt, wie sie es sehen.

Glücklicherweise denken nicht alle Menschen so, denn es gibt neben der linken logischen Gehirnhälfte auch die rechte, die kreative, die emotionale Seite unseres Millionensystems. Die emotionale Seite könnte zu dem völlig anderen Schluss kommen, den ich bereits genannt habe: Die besten Gelegenheiten ergeben sich dann, wenn man die Grundregeln ändert. Heute und hier ist die beste Zeit, um die Grundregeln zu ändern. Aus diesem Grund kann auch jeder sein Millionensystem nutzen, bis er dem Bild, das er selbst von sich hat, entspricht. Jeder ist Millionär, wenigstens im Kopf. Die meisten verhalten sich nur nicht so.

Jeder ist Millionär

Als ich Anfang der 90er Jahre in den größten Schwierigkeiten meines Lebens steckte – mein Unternehmen stand kurz vor der Pleite – und mit einem blauen Auge davon kam, machte ich ein halbes Jahr später Urlaub. Ich wollte mir durch den Abstand Klarheit über meine Zukunft verschaffen, denn ich wusste, dass

4. Die Inszenierung Ihres Erfolges

es so nicht weitergehen konnte. Ein Teil meiner Berater hatte sich selbstständig gemacht, ein anderer Teil war von meinen Topkunden eigenständig abgeworben worden. Man bot ihnen einfach das Doppelte dessen, was sie bei mir verdienten. Man gab ihnen einen Zweijahresvertrag. Damit war ich drei meiner Berater und einen Großkunden los. Ich fuhr nach Mallorca und wusste, dass ich mit einem anderen Konzept zurückkommen musste. Ich hatte damals ein Buch mit dem Titel *Machtbeben* mitgenommen – wie sich Wissen und Wohlstand im 21. Jahrhundert verändern. Dieses Buch schrieb Alvin Toffler, einer der angesehensten Autoren in den USA. Dieses Buch veränderte mein Leben, denn es hatte einige interessante Thesen. Eine dieser Thesen war, dass zukünftig die Firmen am erfolgreichsten sein werden, die sich als Wissensbroker verstehen. Der Autor erklärt in diesem Buch glaubwürdig die Verschiebung von einer Industriegesellschaft zu einer Wissensgesellschaft. Er erklärt auch, warum Wachstums- und Gewinnchancen durch professionelles Wissensmanagement erheblich höher sein können als vergleichbare Industrieunternehmen. Sicherlich am eindrucksvollsten hat diese Grundidee mittlerweile Bill Gates, Inhaber von Microsoft, umgesetzt. Sein Vermögen wird auf derzeit 100 Milliarden Dollar geschätzt. Noch niemals in der Geschichte vorher hat es einen vergleichbar schnellen Aufstieg gegeben.

Meine Entscheidung war gefallen. Ich fuhr zurück mit dem Ziel, meine Verkaufsberatung aufzulösen und in Zukunft Vorträge zu halten. Mir wurde damals bewusst, dass ich bereits seit langer Zeit Informationsspezialist war, es allerdings nicht professionell genug nutzte. Ich brauchte rund 1.000 Tage, um meine Firma in dieser Form praktisch aufzulösen – heute ist keiner der ehemaligen Mitarbeiter mehr dabei. Wir haben ein anderes Kerngeschäft, eine andere Philosophie und, was am wichtigsten ist, eine völlig andere Ertragssituation.

Im Jahre 1999 erzielte ich mit zwei Mitarbeitern den gleichen Umsatz, den ich 1991 mit 20 Mitarbeitern erzielte. Dieses Mal allerdings nicht aus einem feudalen Büro heraus, sondern mit einem Home-Office. Rechnen Sie sich selbst einmal den möglichen Differenzgewinn aus.

Ich will nach oben

Verstehen Sie sich als Wissensexperte. Ich bin überzeugt davon, dass jeder Mensch über ein spezielles Wissen verfügt, dass man sich in den meisten Fällen allerdings nicht darüber im Klaren ist und deshalb keinen Wert damit schafft.

Ihre individuelle Denkfabrik ermöglicht es Ihnen, diese Ressource zu nutzen. Wenn Sie Ihr Know-how als Wissen aufbereiten und damit zu einem Wissensbroker werden, werden Sie auf dem Weg nach oben einen entscheidenden Schritt vorwärts gekommen sein. Wenn Sie bisher vielleicht gedacht haben: „Was habe ich denn anzubringen, denn ich besitze ja nichts?", dann sollten Sie diese Ansicht korrigieren. Jeder besitzt Fähigkeiten und spezielles Wissen. Selbst wenn Sie spezielles Wissen nicht abrufbereit haben sollten, können Sie sich spezielles Wissen aneignen. Damit erhöhen Sie Ihre Attraktivität. Sie sind nicht austauschbar, sondern gefragt. Wissensarbeiter werden in diesem Jahrtausend sehr gefragte Mangelware sein. Allein in Deutschland fehlen im Bereich Multimedia und Internet rund 100.000 Fachleute – Tendenz zunehmend. Ich habe gerade meinen Netzwerkspezialisten verloren, der als Student nebenbei eine Firma führte und zum Systemspezialisten von Microsoft avancierte. Vor wenigen Wochen eröffnete er mir, dass er mich nicht weiter betreuen könne, da er ein Angebot eines Berliner Unternehmens bekommen habe, das er nicht ausschlagen könne. Noch als Student bot man ihm ein Gehalt, das bei von mir geschätzten rund 160.000 bis 180.000 Mark liegt. Die meisten von Ihnen hätten sicherlich ebenfalls nicht abgelehnt.

Im Grunde genommen ist es ein einfaches Prinzip: Sie kombinieren einen Trend mit einer Mangelerscheinung und schon haben Sie einen Bedarf. Der Trend geht zur Wissensgesellschaft und es mangelt an Spezialisten. Können Sie sich jetzt vorstellen, welches Chancenpotenzial nutzbar ist, wenn Sie als Wissensbroker nicht nur allgemein versiert sind, sondern sogar noch über weiterführendes Spezialwissen verfügen?

Akzeptieren Sie, dass Wissen Ihren Erfolg mehren wird, und erhöhen Sie permanent Ihr Wissensdepot an attraktivem Know-how.

Ihre individuelle Denkfabrik

Persönlichkeit

Meine Frau Barbara ist Therapeutin und psychologische Beraterin. Ich habe von ihr sehr viel gelernt, wobei ich nicht ihr Talent besitze, in die Köpfe von Menschen schauen zu können. Um diese Fähigkeit beneide ich sie und bin froh, dass ich auf diesem Weg darauf zugreifen kann. Als wir uns im Dezember 1989 kennen lernten, wussten wir beide nicht, welchen spannenden Weg wir gemeinsam gehen würden. In den zurückliegenden Jahren ist sie meine wichtigste Beraterin geworden, denn unter größtem psychischen und physischen Druck, unter dem sie teilweise krank wurde, stellte sie unsere Beziehung über alles andere. Wer mich kennt, weiß, dass es kein einfaches Leben im Umgang mit mir gibt. Sie hat ihre Berufung gefunden, denn im Gegensatz zu mir interessiert sie keine der typischen Motivstrukturen wie Anerkennung oder Vermögen. Ihre Berufung liegt in der Fähigkeit, Menschen bei ihrer eigenen Identitätsfindung zu unterstützen und ihnen bewusst zu machen, wie wichtig es ist, das eigene Leben zu planen. Sie macht immer wieder deutlich, dass es einen dramatischen Unterschied gibt zwischen der Frage: Wer bin ich? und der Frage: Wer bin ich wirklich? Dazwischen liegen oft Welten. Die meisten Menschen sind Schauspieler in ihrem eigenen Film, sie machen sich selbst etwas vor. Im Zweifelsfall belügen sie sich sogar bewusst oder unbewusst selbst. Denn auf die Frage, was man will, haben die meisten Menschen eine ganze Menge Antworten parat. Aber wenn man länger und intensiv insistiert, tauchen hochinteressante Dinge auf. Das Unterbewusstsein ist ein wesentlicher Teil unserer Triebfeder und wir müssen uns dessen bewusst sein.

Meine Frau hat mir einmal in aller Klarheit und Deutlichkeit vor Augen geführt, dass die Grundlage meines Handelns zwei sich widersprechende Motive sind und je nachdem, welches Motiv gerade überwiegt, die Handlungen daraus abgeleitet werden können. Es ist schon manchmal erschreckend, wenn Sie auf diese Art und Weise einen Spiegel vorgehalten bekommen. Auch ich habe auf die Frage: „Was will ich?" etwas ganz anderes gesagt als das, was mich offensichtlich wirklich

Was will ich?

antreibt. Damit ist die Persönlichkeit des Menschen ohne Zweifel einer der entscheidenden Faktoren, wahrscheinlich sogar der entscheidendste überhaupt.

Bei der Analyse der Bücher zu den Themenbereichen, die ich bei Amazon fand, gehörten alleine 7.241 Bücher zur Kategorie Psychologie, von rund 22.000 Titeln etwa ein Drittel. Der nächste Kategoriebereich Management kam beispielsweise nur noch auf 3.842 Bücher, gefolgt vom Themenbereich Marketing, der es auf 1.742 Bücher brachte. Immerhin kam bei dieser Gelegenheit die durchaus sehr junge Disziplin Internet schon auf 1.555 Bücher.

Psychologie und damit auch die Persönlichkeit haben den höchsten Stellenwert. Und die Meinungen über die Persönlichkeitsstruktur als Grundlage auf dem Weg nach oben haben schon eine hohe Brisanz. Viele Menschen entwickeln ein ausgeprägtes Bedürfnis, sich für das in jungen Lebensjahren erlittene Unrecht schadlos zu halten. Meine Frau sagt dazu immer: „Perfektioniere deine Neurose!" Das ist ein entscheidender Schlüsselsatz für das ganze Leben. Kämpfen Sie nicht gegen Ihr Defizit an, sondern setzen Sie es ganz im Gegenteil aktiv als Chance um. So kann ein Anerkennungsdefizit, hervorgerufen durch einen Minderwertigkeitskomplex, eines Tages einen Mann formen, der als Schauspieler oder Redner auf der Bühne steht. Einer von ihnen schrieb dieses Buch.

Perfektioniere deine Neurose!

„Perfektioniere deine Neurose!" heißt aber auch, sich über sich selbst im Klaren zu sein. Wir wissen heute, dass die Geburt, die Kindheit und die Ausbildung entscheidende Schlüsselrollen im Leben eines Menschen spielen. Viele gehen heute sogar so weit, dass sie sagen, wir wiederholten in unserem Leben immer nur die Muster unserer frühen Kindheit. Es ist schon erstaunlich: Wir sind 40 oder 50 Jahre alt und wiederholen doch nur die gleichen Programme, die wir als Kinder mit unseren Geschwistern oder alleine erlebt haben.

So hat es beispielsweise bereits entscheidende Auswirkungen, ob Sie Erstgeborener oder Zweitgeborener sind, ob Sie einen dominanten und autoritären Vater gehabt haben, ob Ihnen ein Elternteil fehlte oder gar beide. Der Erstgeborene ist mit dem Glück der ersten Stunde zur Welt gekommen. Der Zweitgeborene wird sich immer

4. Die Inszenierung Ihres Erfolges

am Erstgeborenen messen lassen müssen und beginnt deshalb eine lebenslange Aufholjagd, die er meist nie gewinnen kann. Sind Sie Erst- oder Zweitgeborener? Sind Sie mit oder ohne Eltern aufgewachsen? Sind Ihre Eltern heute noch verheiratet oder haben sie sich bereits getrennt, als Sie noch sehr jung waren? Sind Sie ein Handlungstyp, ein Sachtyp oder ein Beziehungstyp?

Macht und Anerkennung sind die Triebfedern des Erfolges. Das kann sich sowohl positiv als auch negativ auswirken. Bedingungsloser Machtwille ist ohne Zweifel ein Turbo für den Aufstieg nach oben, vorausgesetzt, es gelingt Ihnen, die Macht an sich zu reißen und sie dauerhaft zu halten. Sie kommen nicht umhin, sich mit sich selbst auseinander zu setzen und Ursachenforschung zu betreiben, denn darin liegt der Schlüssel zu Ihrem Erfolg. Man geht heute davon aus, dass etwa ein Drittel der menschlichen Prägung auf die Gene zurückzuführen ist. Durch Ihre Geburt haben Sie Fähigkeiten und Talente bekommen, die unverwechselbar sind.

Das zweite Drittel Ihrer Prägung ist die erlebte Kindheit. Dabei spielen die ersten Jahre eine noch bedeutendere Rolle als die darauffolgenden. Sie wissen, dass sich das Gehirn eines Kindes innerhalb von tausend Tagen vernetzt. Das heißt, es bildet Synapsen und nach rund tausend Tagen ist die Vernetzung des Gehirns bereits abgeschlossen. Früher ging man davon aus, dass Kinder gerade in den ersten Lebensmonaten und -jahren von allem ferngehalten werden müssen, damit sie nicht überfordert werden. Heute weiß man, dass man ein Kind nicht überfordern kann. Je mehr Eindrücke ein Kind zu verarbeiten hat, umso mehr wird das Gehirn Voraussetzungen zur Aufnahmefähigkeit schaffen, also sich mehr und intensiver vernetzen. Es ist genau das Gegenteil der früheren Annahme der Fall. Kinder lernen auch in frühen Lebensmonaten extrem durch ihre Eindrücke. In den ersten Jahren wird bereits die Persönlichkeit geformt. Die Persönlichkeitsstrukturen eines Kindes sind bereits im Alter von fünf Jahren weitestgehend ausgeprägt. So spiegelt ein Erwachsener häufig die erkennbare Hochrechnung des fünfjährigen Kindes wider. In diesen Jahren sind die Eltern und die erlebte Kindheit, die Bezugspersonen, der subjektiv empfundene Umgang, die Akzeptanz durch sich und andere lebensprägend. Wer in dieser Zeit missachtet wird oder unbeachtet bleibt, hat bereits eine deutliche Ausprägung in seinem Persönlichkeitsprofil.

Das letzte Drittel ist auf das Umfeld und die Ausbildung zurückzuführen. Dabei wird es entscheidend sein, welche Schulen die Kinder besuchen, welche Lehrer sie unterrichten, wie die Lehrer auf die Kinder eingehen, welche Freunde und Freundinnen die Kinder haben und welche Lebenswerte über diesen Weg dargestellt werden.

Meine Frau sagt immer: „Es ist nun einmal lebensprägend, ob ein Kind in der Bronx oder in Beverly Hills geboren worden ist." Zusammenfassend kann man also sagen, dass das Persönlichkeitsprofil jedes Menschen zu einem Drittel genetisch bedingt ist, ein Drittel wird ihm von den Eltern beigebracht und ein Drittel erfährt das Kind von anderen.

Im Grunde genommen hat jeder von uns mit Problemen zu kämpfen, es geht nur um den Grad der Ausprägung. Ein Mensch, der ein Beziehungsdefizit hat, verhält sich anders als jemand, auf dessen Beziehungsbedürfnisse adäquat reagiert wurde. Natürlich wirkt sich all das entscheidend auf die grundsätzliche Bereitschaft und den Willen aus, den Weg nach oben zu gehen. Wer in jungen Jahren als Zweitgeborener um alles kämpfen musste, wird mit hoher Wahrscheinlichkeit auch in seinem späteren Leben kämpferisch weiter agieren. Da Kampfwille und Konsequenz wichtige Erfolgseigenschaften sind, kann man dadurch begünstigt sein. Hat allerdings der Erstgeborene wiederum ein Anerkennungsdefizit, wird er sich bemühen, allen zu beweisen, dass er der Beste auf seinem Gebiet ist. Auch das ist eine Antriebsfeder auf dem Weg nach oben. Sie erkennen, wie existenziell wichtig die zugrunde liegende Persönlichkeit ist.

Wie erfahren Sie, wer Sie sind? Sprechen Sie offen darüber mit den Menschen, die Ihnen am nächsten stehen. Wie sehen diese Menschen Sie? Ist Ihr Eigenbild identisch mit dem Bild, das diese Menschen Ihnen zeichnen? Sind Sie bereit zu akzeptieren, dass Sie durchaus Handlungsmuster haben, die andere längst erkannt haben, derer Sie sich aber gar nicht bewusst waren? Sind Sie bereit, diese zu akzeptieren und an einer Veränderung zu arbeiten? Denn das ist jederzeit möglich, wenn Sie es wollen.

Ich darf noch einmal betonen, dass mit hoher Wahrscheinlichkeit die Erfolgsgrundlage vieler Menschen – ich sage sogar der überzeugenden Mehrheit – ein Persönlichkeitsdefizit ist. Je höher das Anerkennungsdefizit oder der erlebte Liebesentzug, umso größer die Bereitschaft, diese zu kompensieren. „Perfektioniere deine Neurose!" – besser konnte es meine Frau nicht sagen. Sie können es auch anders ausdrücken: Je normaler ein Mensch ist (doch wer ist das schon?), umso geringer ist die Chance, dass er den Weg nach oben wirklich gehen will. Dazu wird dieser Mensch zu sehr mit sich selbst im Gleichgewicht sein. Wenn dann auch noch Freunde, Kollegen und Bekannte ihr übriges tun, passiert nichts. Dann müsste schon ein Lebenscrash für ein völlig neues Wertesystem sorgen.

Zusammenfassend kann ich Ihnen bestätigen, dass ich erst durch meine Frau gelernt habe, warum Menschen genau so reagieren und nicht anders und warum Handlungsmuster vorprogrammiert sind. Mit diesem Wissen würde ich heute und werde ich für die Zukunft manche Personal- und Partnerentscheidung anders treffen. Ich werde einen Test ins Internet bringen mit dem Titel *Wer bin ich?*. Ich hoffe, es wird mir schnellstens gelingen, denn ich halte genau diesen Aspekt auf dem Weg nach oben für entscheidend.

Inszenierung

Das ist das Schlüsselwort dieses Kapitels. Ich las vor kurzem in dem Buch *Eigenlob stimmt* von Sabine Asgodom: „Erfolg hat nichts mit Qualifikation zu tun, 90 Prozent sind Image und Auftreten." Ich finde übrigens den Titel *Eigenlob stimmt* interessant. Kompliment, das ist gut auf den Punkt gebracht. Haben Sie einmal eine Schauspielschule besucht? Waren Sie einmal Laienschauspieler? Haben Sie schauspielerisches Talent? Wenn nicht, eignen Sie es sich an. Auf irgendeine Art und Weise ist jeder ein Schauspieler, wir wissen es nur nicht. Es ist die Kunst, sich selbst ins richtige Licht zu rücken. Ich habe es eine Zeit lang Ego-Marketing genannt, die Kunst, professionelles Marketing und PR für die eigene Person zu betreiben. „Tue Gutes und rede darüber" – diesen Satz kennen Sie sicherlich aus der Öffent-

Ich will nach oben

lichkeitsarbeit. Machen Sie eine eigene professionelle Öffentlichkeitsarbeit, im kleinen wie im großen Sinne? Kennen Ihre Chefs den Wert Ihrer Arbeit? Oder arbeiten Sie im Stillen und Verborgenen? Sorgen Sie dafür, dass es jeder erfährt, wenn Sie etwas Besonderes geschaffen haben. Die Formel lautet: Auffallen um jeden Preis. Sie kommen nicht weiter und schon gar nicht nach oben, wenn Sie sich Ihres Wertes nicht bewusst sind und ihn nicht vermarkten. Ich habe sicherlich einen neuen Stil auf den Business-Bühnen dieses Landes geprägt, meine Vorträge sind Infotainment-Veranstaltungen. So walke ich in meinen Vorträgen permanent über die Bühne und die Teilnehmer sagen, dass ich mit die meisten Ideen pro Minute auf der Bühne liefere. Ich war einer der ersten Event-Redner, die darauf bestanden haben, mit Head-Sets aufzutreten. Ich nahm eine Zeit lang ein Seil mit auf die Bühne und wickelte das Menschen um den Kopf. Ich habe meine Anzugjacke oft in einem so hohen Bogen gefährlich weit weggeworfen, dass Teilnehmer bei späteren Veranstaltungen bereits darauf warteten, ob und wie ich meine Jacke ausziehen würde. Ich habe ein Businessthema zu einer Erlebnisshow weiterentwickelt, aber trotzdem immer sehr großen Wert darauf gelegt, fundiertes Wissen zu vermitteln. Mehr als tausend Auftritte und mehr als 250.000 Menschen sind die Bilanz. Brechen Sie die Regeln.

Brechen Sie die Regeln

Ja, es ist richtig, ich habe bereits für einige Stunden ein sechsstelliges Honorar erhalten und es stand keine Eins davor, sondern eine höhere Zahl. „Unmöglich", sagen mir viele meiner Kollegen in Kenntnis dessen, dass viele Vorträge mit 2000 oder 3000 Mark bezahlt werden. Es geht hier jedoch nicht um mich, ich will Ihnen nur ein Beispiel geben. Inszenieren Sie Ihren eigenen Erfolg, inszenieren Sie Ihren eigenen Auftritt und fallen Sie um jeden Preis auf. Arbeiten Sie daran, trainieren Sie dafür. Ich meine es ernst, besuchen Sie eine Schauspielschule, trainieren Sie, wie man Menschen begeistert, wie man sie zum Lachen bringt. Allerdings auch, wie man sie zum Weinen bringt und nachdenklich stimmt. Denn wenn Sie wirklich etwas drauf haben und nach oben wollen, dürfen Sie es der Menschheit nicht vorenthalten. Die Menschen wollen heute selbst die ernsthaftesten Dinge in Form einer Show

4. Die Inszenierung Ihres Erfolges

dargeboten bekommen. Das mag eine Präsentationsshow sein oder eine Vortragsshow. Ihre Idee lebt in der Konsequenz nur davon, wie Sie sich selbst verkaufen.

Jedes Unternehmen braucht in den meisten Fällen irgendwann einen Kredit und der wird entscheidend davon abhängig sein, wie Sie Ihre Idee den Bankern verkaufen. Wenn Sie eines Tages Vorstandsvorsitzender Ihrer eigenen Aktiengesellschaft sind, werden Sie Ihre Ergebnisse Ihren Aktionären verkaufen müssen. Die Rockgruppe *Queen* zog sich zum Start ihrer Karriere völlig verrückte Kleidung an und stylte sich ungewöhnlich auf, nur um die Aufmerksamkeit der Zuhörer und Agenten zu bekommen. Später brauchte die Gruppe das nicht mehr, weil sie durch ihr musikalisches Talent überzeugte. Doch bei späteren Interviews sagten die Musiker immer wieder, dass sie ohne diese Inszenierung niemals die Chance bekommen hätten, ihre musikalischen Qualitäten unter Beweis zu stellen. Ihr Lebenserfolg ist ein Bühnenstück, bei dem Sie die Hauptrolle spielen. Jeder Schauspieler im Fernsehen oder im Film, der eine Hauptrolle hat, bereitet sich intensiv darauf vor.

Lebenserfolg ist ein Bühnenstück

Ich werde immer wieder gefragt, wo ich gelernt habe, in dieser Art und Weise vor Menschen zu stehen und sie mit meinem Auftreten zu begeistern. Ich antworte dann immer etwas flapsig, dass ich niemals eine Rednerschule besucht habe, sonst hätte ich es vielleicht niemals so gemacht. Das stimmt natürlich nicht ganz, das ist nur die halbe Wahrheit, denn ich habe als Jugendlicher jahrelang Schlagzeug gespielt und stand mehrfach in der Woche auf der Bühne. Bei einem Vortrag für die Firma Miele in der Mannheimer Stadthalle schaute ich einmal mitten im Vortrag von einer meterhohen Bühne hinunter und stellte fest, dass sich wirklich nicht viel geändert hatte. Denn ich stand wie damals auf der Bühne. Damals wollten wir mit unserer Musik begeistern, heute will ich mit meiner Rede begeistern. Insofern habe ich zwar keine Rednerschule besucht, dafür jahrelang eine Musikerschule. Im Grunde genommen ist es ein einfacher Vorschlag, den Sie sehr schnell umsetzen können, denn Schauspielunterricht wird in jeder Stadt angeboten. Achten Sie darauf, dass Sie es immer anders als alle anderen machen. Wenn alle mit Powerpoint-

Präsentationen kommen, sollten Sie sich etwas anderes einfallen lassen, etwa einen Dialog auf der Bühne mit einem potenziellen Kunden oder einem potenziellen Aktionär. Also ein wirkliches Bühnenstück inszenieren. Sie sollten sicherstellen, dass Ihr erster Eindruck bei den Zuhörern ein bleibender ist. Denn diese sind Ihre Kunden, ihnen müssen Sie Ihre Ideen, Ihre Konzeption und Ihre Visionen verkaufen. Die genialste technische Idee nützt überhaupt nichts, wenn sie so kompliziert vermittelt wird, dass sie keiner versteht.

Life-planning

Haben Sie einen Lebensplan? Was wird in fünf, zehn, 15 und 20 Jahren bei Ihnen passiert sein? Wie und mit wem stellen Sie sich Ihre Zukunft vor?

Wir sind bei einem weiteren sehr entscheidenden Abschnitt auf dem Weg nach oben, wahrscheinlich haben Sie schon darauf gewartet. Wir sind bei den Zielen, denn ein Teil der Erklärungen, weshalb von 100 Menschen 98 nicht an die Spitze kommen, liegt darin begründet, dass sie gar keine oder nicht genügend ausformulierte Ziele entwickelt haben. Darauf basieren seit Jahrzehnten sehr gut funktionierende Beratungskonzepte, denn viele haben sich diese Erkenntnis zunutze gemacht. Von der Großmann-Methode über Helfrecht bis zum sehr erfolgreichen Schmidt-College und dem Time-System haben viele Unternehmen und Menschen diese Notwendigkeit erkannt. In meiner Zeitmanagement-Ära begeisterte mich immer ein Satz besonders: „Als wir unser Ziel aus den Augen verloren hatten, verdoppelten wir unsere Anstrengungen." Einverstanden, ich bin ein Fanatiker darin, Ziele zu planen und sie auch zu erreichen, weil ich glaube, dass wir nur dann ankommen, wenn wir auch wissen, wo wir hinwollen und was wir erreichen wollen. Aber auch hier darf ich ein Erlebnis erzählen, das wiederum mein Leben verändert hat.

Ich habe eine Zeit lang Seminare für Time-System gegeben. Eines Morgens, während eines Seminars für Verkaufsleiter mit rund 30 Teilnehmer, stellte ich zu Beginn die Frage, was jeder einzelne von diesem Tag erwarten würde. Ein Teilnehmer meldete

4. Die Inszenierung Ihres Erfolges

sich sofort engagiert und sagte: „Ich habe 42 A-Prioritäten abzuarbeiten und deshalb bin ich heute hier, damit ich von Ihnen lerne, was ich tun muss." Er sagte weiter: „Ich habe alle Bücher von Ihnen und anderen zum Thema Zeitmanagement gelesen, ich habe das Time-System konsequent eingesetzt, aber es hat mir nichts geholfen, denn ich habe immer noch diese 42 A-Prioritäten. Was soll ich tun?" Ich war zunächst einmal geschockt, kam diese Frage doch direkt zu Beginn des Seminars. Aber dann antwortete ich wie aus der Pistole geschossen: „Ganz einfach. Lassen Sie 40 dieser A-Aufgaben von anderen lösen und sagen Sie mir jetzt, welche zwei von diesen 42 Aufgaben Sie selbst heute lösen wollen." Er schaute mich verblüfft an und konnte diese Frage nicht beantworten. Er konnte mir zehn A-Prioritäten sagen, vielleicht nach längerem Nachdenken nur sechs oder sieben, aber keinesfalls nur zwei. „Das ist unmöglich", war seine Reaktion. Ich fragte in die Runde aller Teilnehmer, wer mir sofort seine zwei A-Aufgaben nennen könnte, die er lösen wollte, was immer passieren würde. Alle reagierten ähnlich. Jeder hatte mindestens eine Handvoll wichtiger Dinge, aber keiner konnte mir zwei nennen. Damit wurde uns direkt zu Anfang des Seminars bewusst, dass wir alle auf ein entscheidendes Phänomen gestoßen waren. Ich hatte jahrelang erzählt, was die Grundprinzipien des Zeitmanagements sind. Sie kennen sie, sie heißen: Prioritäten setzen, planen und delegieren. Allen hat auch eingeleuchtet, dass wir unsere Aufgaben in A-, B- und C-Prioritäten einteilen müssen. Mir wurde an diesem Morgen jedoch bewusst, dass das so nicht funktioniert. Wir haben einen ganzen Vormittag damit verbracht, darüber zu diskutieren. Dann fanden wir eine einfache, aber sehr plausible Lösung. Wir haben nie gelernt oder es hat uns niemals jemand beigebracht, wie man Prioritäten setzt. Insofern hat sich natürlich unser Gehirn nicht entscheiden können und hat im Laufe der Zeit im Grunde genommen alle Prioritäten gleichrangig eingestuft. Irgendwann waren wir genau wieder dort, wo wir einmal angefangen haben: Alles war gleich wichtig, alles musste sofort und gleichzeitig behandelt und gelöst werden und keiner konnte warten. Wir gingen in die Mittagspause, was mir etwas Zeit ver-

Wir haben nie gelernt, wie man Prioritäten setzt

71

schaffte, über eine Lösung nachzudenken, denn die Teilnehmer erwarteten genau das. Ich schrieb es auf ein Blatt und auf einmal hatte ich die Lösung.

Nach dem Mittagessen bat ich alle, die in den Seminarraum zurückgekehrt waren, einmal ihre Prioritäten aufzuschreiben, und zwar ohne davor ein A, B oder C zu setzen, sondern sie einfach nur auf ein weißes Blankoblatt zu schreiben. Nachdem es alle getan hatten, bat ich jeden Einzelnen, vor die wichtigste Aufgabe, die erfüllt werden sollte, eine 1 zu setzen – kein A – und vor die zweitwichtigste Aufgabe eine 2. Also nicht ein alphabetisches Prinzip einzuführen, sondern ein numerisches Prinzip. Die wichtigste Aufgabe bekommt eine 1 und die zweitwichtigste eine 2 und alle weiteren entsprechend fortlaufende Ziffern. Plötzlich gab es im Seminar immer lauter werdende Reaktionen. Die Teilnehmer konnten diese Aufgabe nicht erfüllen, denn sie setzten vor die einzelnen Aufgaben eine 1 oder eine 1+ oder eine 1++ oder eine 1-. Das heißt, sie wollten alle Aufgaben wiederum auf irgendeine Art und Weise gleich wichtig bewerten. Zu diesem Zeitpunkt war mir bereits bewusst, dass es eine entscheidende Erfolgsregel ist, zu erkennen, welches die wichtigste Aufgabe des Tages ist, welches der wichtigste Anruf des Tages ist und welches der wichtigste Kontakt des Tages ist, den man schaffen muss. Das war die Crux.

Wir haben es nie gelernt. Unsere Ausbildung, unsere Schulen haben uns auf Gleichheit getrimmt. Alles ist gleichwertig – einer der größten Trugschlüsse auf dem Weg nach oben. Nichts ist gleich, es gibt keine Gleichwertigkeit, es gibt immer nur eine Prioritätenskala. Die Nummer eins wird in der Schule, in der Firma und überall anders behandelt als alle anderen. Das war so, das ist so. Wir müssen nur lernen, uns daran zu halten. Ich schlug damals den Vertriebsleitern vor, Prioritäten setzen zu lernen und bei allen Aufgaben, Einstellungen und Kontakten, die sie zukünftig durchzuführen hätten, niemals mehr von einem Gleichheitsprinzip auszugehen, sondern immer nur die numerische Reihenfolge einzuhalten, dass der erste Kontakt vor dem zweiten kommt und niemals anders. Wir mussten Tennis spielen lernen, und die, die diese Lektion gelernt haben, werden es den Rest ihres Lebens einfacher gehabt haben.

„Everybody's darling is everybody's Depp"

Vergessen Sie also den Satz „Setzen Sie Prioritäten" und ersetzen Sie diesen Satz durch „Wissen Sie, was das erste Thema vor dem zweiten ist". Mein Partner Alfred J. Kremer, Vorstand der Firma Rothmann & Cie. sagt immer: „Everybody's darling is everybody's Depp". Auch hier gilt: Nicht jeder Menschen ist gleich. Schöner hätte man es nicht ausdrücken können.

Der Erfolg unseres Lebens wird unsere Selektionsfähigkeit sein. Denn wer sind die richtigen Menschen, mit denen Sie reden müssen, wer sind die richtigen Partner und Mitarbeiter, auf die Sie setzen können, was sind die entscheidenden Jobs, die Sie selbst erledigen müssen? Alles das brauchen Sie, um Ihre Ziele erreichen zu können. Natürlich können Sie auf diesem Weg auch Ihre Produktivität erheblich steigern. Kennen Sie den Tag, an dem Ihre Produktivität nachweislich bis zu 300 Prozent höher ist als an anderen Tagen? Es ist der Tag vor Ihrem Urlaub. An diesem Tag wissen Sie, dass es keinen Tag danach geben wird, und genauso verhalten Sie sich auch. Sie reduzieren Ihre Gespräche auf das Wesentliche, Sie lassen sich von keinem ablenken, Sie werfen alles in den Papierkorb, was Sie nicht brauchen. Sie erledigen das Nummer-1-Thema sofort. Retten Sie nur einen Teil dieser Philosophie mit hinein in Ihr tägliches Leben und es wird sich bereits anders gestalten lassen.

Welche Ausprägungen haben Ziele? Dazu darf ich Ihnen das Beispiel, das mir selbst einmal erzählt worden ist, wiedergeben. Man hat einmal drei Gruppen von je sechs Sportlern an den Start gehen lassen, um die Stressstabilität von Sportlern zu testen. Zu der ersten Gruppe von Sportlern hat man gesagt: „Lauft so schnell ihr könnt!" Die erste Gruppe ist an den Start gegangen, ist die 100-Meter-Distanz so schnell gelaufen, wie sie laufen konnte. Zu der zweiten Gruppe von sechs Sportstudenten hat man schon etwas anderes gesagt: „Eure Aufgabe besteht darin, die Zeit der vorigen Gruppe zu unterschreiten!" Ich weiß die Zeit nicht mehr genau, ich sage mal, die erste Gruppe ist die 100-Meter-Distanz in 12,9 Sekunden gelaufen. Die zweite Gruppe ist an den Start gegangen und was glauben Sie: Ist diese Gruppe schneller oder langsamer gelaufen als die erste Gruppe? Richtig, sie ist schneller gelaufen, sie hat die 12,9 Sekunden unterschritten, sagen wir mal, sie ist

Ich will nach oben

11,9 Sekunden gelaufen. Nun hat man für jeden der Sportler sichtbar, zu jedem Zeitpunkt erkennbar, ein riesiges Schild nach der 100-Meter-Distanz aufgebaut, auf dem zwei Zeiger befestigt waren, ein roter und ein schwarzer Zeiger. Man hat dann zu der dritten Gruppe von Sportstudenten gesagt: „Immer wenn ihr den roten Zeiger noch vor dem schwarzen Zeiger seht, seid ihr schneller als die zweite Gruppe. Wenn ihr allerdings seht, dass der rote Zeiger hinter dem schwarzen Zeiger ist, seid ihr bereits langsamer als die zweite Gruppe." Wie gesagt, das Schild war jederzeit für jeden Sportler sichtbar. Die dritte Gruppe ist an den Start gegangen und was glauben Sie, ist die dritte Gruppe schneller oder langsamer gelaufen? Sie haben Recht, die dritte Gruppe ist noch einmal schneller gelaufen, sagen wir einmal: in 11,5 Sekunden.

Nun ist es interessant, sich einmal alle drei Gruppen genauer anzusehen. Keine der drei Gruppen hatte übrigens mehr oder weniger Stressfaktoren, sie verhielten sich in allen drei Teams gleich. Was hatte man zu der ersten Gruppe gesagt? „Lauft so gut ihr könnt", was bedeutet: „Macht mal daraus, was ihr schafft." Auf Vertriebsmitarbeiter übertragen könnte man sagen: „Verkauft mal so viel ihr könnt." Einverstanden, die erste Gruppe hatte überhaupt kein Ziel, sie lief einfach drauflos und war schon damit zufrieden, überhaupt angekommen zu sein, es gab weder einen Wettbewerber noch gab es eine Messlatte für den Erfolg. Zu der zweiten Gruppe hatte man gesagt, ihre Aufgabe bestünde darin, die erste Gruppe von der Zeit her zu unterschreiten. Die zweite Gruppe hatte damit ein klar erkennbares Ziel und sie hat es erreicht, denn sie lief besser als die erste Gruppe. Allerdings bestand der Nachteil der zweiten Gruppe darin, dass die Sportler erst wussten, nachdem sie angekommen waren, ob sie schneller oder langsamer gelaufen waren. Einfluss hatten sie nicht mehr, zu korrigieren gab es auch nichts mehr, es gab nur noch entgegenzunehmen, ob man es geschafft hatte oder nicht. Genauso verhält es sich mit einem Jahresziel oder einem Monatsziel, das festgelegt und am Ende eines Jahres oder Monats überprüft wird. Was glauben Sie, was passiert, wenn jemand sein Ziel nicht erreicht hat? Er wird eine Vielzahl von Erklärungen dafür haben, warum es so ist, wie es ist, und dass ihn keine Schuld trifft. Was passiert, wenn jemand sein Ziel erreicht oder überschritten hat? Er wird ebenfalls eine Vielzahl von Gründen dafür finden, warum es so ist, dass er sein Ziel überschritten hat. So oder so können Sie nichts mehr ändern. Ein Großteil aller Vorgaben, die ich kenne, basiert auch heute noch auf einer reinen Zielerreichungsvorgabe. Was war das Entscheidende bei der dritten Gruppe von Studenten? Sie hatte nicht nur ein klares Ziel vor Augen, sie hatte auch ein entscheidendes Schlüsselwort und das heißt: permanent. Sie hatte ihr Ziel permanent vor Augen und konnte es während des Laufes korrigieren. Ein Ziel, das nicht veränderbar ist zur Zielerreichung hin, ist kein Ziel. Jedes Ziel, das Sie in fünf oder zehn Jahren erreichen wollen, gilt es herunterzuholen auf handlungsfähige Einzelschritte. Die beste Zeiteinheit, die es gibt, ist die Zeiteinheit des Tages. Nur was Sie pro Mann und pro Tag planen, können Sie den morgigen Umständen anpassen.

> *Die beste Zeiteinheit, die es gibt, ist die Zeiteinheit des Tages. Nur was Sie pro Mann und pro Tag planen, können Sie den morgigen Umständen anpassen*

Ich hatte dieses Erlebnis bei einem meiner ersten Coaching-Besuche zum Start meiner Karriere als Verkaufstrainer Anfang der 80er Jahre. Meine Aufgabe bestand darin, mit dem besten Verkäufer der Firma Happel gemeinsame Kundenbesuche durchzuführen. Ich fragte den Verkäufer zu Beginn des Tages, was er denn an diesem Tag erreichen wollte. Er antwortete mir, dass er an diesem Tag 60.000 Mark Umsatz machen müsste. Ich war erstaunt, denn ich wusste, dass die Produkte damals alle möglichen Preise hatten, nur nicht 60.000 Mark. Ich fragte ihn deshalb, wie er auf diesen Betrag käme. Er antwortete mir, dass er sein Jahresumsatzziel durch die Jahresarbeitstage dividiert hätte und dabei ein Tagesumsatz von 60.000 Mark herausgekommen wäre. Diese 60.000 Mark waren sein Tagesziel. Natürlich erklärte er mir dann, dass er nicht jeden Tag mit 60.000 Mark abschließen würde, aber er wusste genau, wenn es ihm an diesem Tag nicht gelänge, müsste er am nächsten Tag Verträge über 120.000 Mark abschließen. Und wenn es ihm drei Tage lang nicht gelingen sollte, dann wären es bereits 180.000 Mark. Wenn er allerdings einen Auftrag über 100.000 Mark oder mehr erhielt, wusste er, dass er ein kleines Polster geschaffen hatte. Ich war damals sehr beeindruckt, denn er war der beste Verkäufer bei Happel

Ich will nach oben

und ich durfte das zum Start meiner Karriere lernen. Seitdem habe ich niemals vergessen, dass jedes Ziel mit dem Tag der Umsetzung beginnt.

Um noch einmal auf die zwei entscheidenden Prioritäten zurückzukommen: Wenn es Ihnen wirklich gelingt, zwei entscheidende Prioritäten pro Tag umzusetzen, sind Sie mit fünf Tagen pro Woche bei zehn entscheidenden Prioritäten. Wenn Sie das 50 oder nur 40 Wochen lang durchführen, bearbeiten Sie im Laufe eines Jahres etwa 400 wirklich entscheidende Themen. Sie werden damit jedem anderen überlegen sein, der versucht, es allen recht zu machen.

Das Interessante an den Zielen ist, dass Sie sie aufteilen müssen in zwei Dimensionen. Da gibt es zuerst einmal die quantitativen Ziele, darauf basieren die Beispiele, die ich Ihnen genannt habe. Setzen Sie sich ein Ziel, wie viel Sie verdienen wollen oder wie viel Umsatz Sie erreichen wollen. In dem Moment, in dem Sie als Ziel festlegen, dass Sie eine Viertelmillion Euro als Gehalt erzielen wollen, werden Sie automatisch alle anderen Prozesse und Aktivitäten darauf ausrichten. Wenn Sie festlegen, dass Sie eine Million Euro auf Ihrem Konto haben wollen, werden Sie Ihre Aktivitäten und Ihre Handlungen darauf ausrichten. Vielleicht wird Ihnen bewusst, dass Sie, wenn Sie wirklich Millionär werden wollen, es in Ihrer Firma nicht schaffen werden. Dann werden Sie nach neuen Wegen suchen und sie finden, um es sich zu ermöglichen. Viele schaffen es auch durchaus mit ihrer Firma. Diese Ziele legen Sie selbst für sich fest. Wenn Sie sagen: „Ich will ein Unternehmen aufbauen mit 100 Millionen Umsatz, vielleicht sogar mit einer Milliarde", wird das in der Zeit, in die Sie hineinwachsen, durchaus möglich sein. Jeff Bezos, Gründer von amazon.com, hätte es sich vielleicht auch nicht träumen lassen, dass er in wenigen Jahren zu einem Milliardär wird und sein Unternehmen bereits den Jahresumsatz von einer Milliarde Dollar überschreitet.

Jahresumsatz: eine Milliarde Dollar

Das Interessante an dem Geist ist, dass es kein großes oder kleines Denken gibt, denn welche Aufgabe Sie auch immer Ihrem Kopf geben, er wird sie akzeptieren, annehmen und beginnen, an ihrer Realisierung zu arbeiten, wenn Sie das Ganze nicht

4. Die Inszenierung Ihres Erfolges

stoppen. Was immer Sie festlegen, wird Ihre Psyche es akzeptieren und wie ein kleiner Geist aus der Flasche bemüht sein, die Realisierung zu schaffen. Noch einmal ganz deutlich: Die Grundlage Ihrer Zielsetzung – ob 100.000 Euro, eine Million, zehn Millionen, 100 Millionen oder sogar eine Milliarde und mehr – hat nichts mit dem Realitätsbezug zu tun, sondern zuerst einmal nur etwas mit Ihrem Willen und Ihrer Durchsetzungskraft. Alles andere folgt auf dem Weg nach oben. Machen Sie sich keine Sorgen: Bis Sie ganz oben sind, haben Sie noch eine ganze Menge Prüfungen und Rückschläge vor sich, denn wenn es ganz so einfach wäre, würden es ja 98 schaffen und nicht nur zwei. Das ist die Dimension der quantitativen Ziele, die sich in messbaren Zahlen ausdrücken.

Dann gibt es noch eine viel entscheidendere Dimension von Zielen. Das sind die qualitativen Ziele. Diese sind nicht messbar beziehungsweise nur schwer in Zahlen auszudrücken. Qualitative Ziele sind beispielsweise Image, Anziehungskraft, Spannungsbilanz, Attraktivität, das „Zünglein an der Waage"; Unersetzbarkeit, weil das individuelle Spezial-Know-how erforderlich ist; VIP- oder Promi-Status. In dem Moment, in dem es Ihnen gelungen ist, eines oder mehrere dieser qualitativen Ziele zu erreichen, werden Sie feststellen, dass sich die quantitativen Ziele umso leichter umsetzen lassen.

Das Zünglein an der Waage

Als ich damals in einer finanziellen Crash-Situation war, schwor ich mir, niemals mehr in eine existenzielle Krise hineinzukommen, und ich schwor mir, niemals mehr auf Zahlen achten zu müssen. Ich hatte damals beschlossen, mich darauf zu konzentrieren, meine Spannungsbilanz und damit meine Anziehungskraft und Attraktivität permanent zu erhöhen, denn eine Erhöhung der Spannungsbilanz führt zu einer Erhöhung der Zahlenbilanz. Ich stellte mir damals und stelle mir heute noch die Frage: Wie werde ich spannender für meine Kunden? Die gleiche Frage sollten Sie sich auch stellen. Alle zwei Jahre sollten Sie alles, was Sie tun, in Frage stellen und auch sich selbst hinterfragen. Ich habe festgestellt, dass kaum ein Unternehmer dazu bereit ist. Erst dann, wenn der so genannte PP-Wert eines Unternehmens maximal hoch ist, sind

Ich will nach oben

manche bereit, sich zu verändern. Was ist der PP-Wert eines Unternehmens? Das ist der Panik-Pegel-Wert.

Das Gleiche gilt natürlich sinngemäß auch für den einzelnen Menschen. Erst dann, wenn der eigene Panik-Pegel-Wert hoch genug ist, ist man in der Regel bereit, über eine wirkliche Veränderung nachzudenken. Deshalb stelle ich auch immer die Frage, in welcher Phase Unternehmen uns engagieren: in der Startphase, an dem Tag des größten Erfolges oder irgendwann in der Abschwungphase? Die meisten Menschen bestätigen natürlich, dass Berater erst in der dritten Phase hinzugezogen werden, in der Abschwungphase, dann, wenn der Panik-Pegel-Wert täglich zunimmt. Das ist zwar einerseits verständlich, hinsichtlich der Weiterentwicklung eines Menschen oder eines Unternehmens jedoch kritisch, wenn nicht katastrophal. Denn an einem solchen Tag feiern Sie in der Regel gleichzeitig zweierlei: Vormittags feiern Sie den Tag Ihres größten Erfolges und je nach Naturell begießen Sie ihn mit Champagner oder Sekt und am Nachmittag feiern Sie den ersten Tag Ihres Abschwungs. Nur will das keiner wahrhaben. Sie könnten es ändern. Diesen Vorschlag mache ich Unternehmen und Einzelpersonen immer wieder, in Kenntnis dessen, wie schwer es ist, diesen Rat umzusetzen. Denn alle Bilanzen, die wir schreiben, sind falsch, sie haben den falschen Zeitrhythmus von 365 Tagen. Dazu muss man wissen, dass die doppelte Buchhaltung rund 400 Jahre alt ist. Wir schleppen also einen sehr alten Zopf mit uns rum. Der richtige Zeitrahmen sind 1.000 Tage. Sie finden in Ihren Bilanzen deshalb nur das, was Sie vor 1.000 Tagen richtig oder falsch gemacht haben, nicht vor 365 Tagen. Wenn Sie das wissen, können Sie anders planen, denn dann können Sie den ersten Tag bestimmen, an dem Sie die Grundregel Ihres Lebens verändern wollen. Ab diesem Tag rechnen Sie einfach 1.000 Tage dazu und ziehen dann von den 1.000 Tagen einmal 200 Tage ab. Spätestens nach 800 Tagen sollten Sie Querdenkern eine Chance geben, alles, was Sie bis dahin gemacht haben, überhaupt in Frage stellen zu dürfen. Wenn es uns gelingt, uns regelmäßig zu hinterfragen, so werden wir uns rechtzeitig genug anpassen und neue Wege finden können, den Aufstieg an die Spitze fortzusetzen. Erst die entscheidende Kombination von qualitativen und quantitativen Zielen und natürlich auch die Durchsetzung und Umsetzung dieser Ziele ist der Schlüsselfaktor für das Life-Planning, für Ihre Lebensplanung.

Eine Zeit lang habe ich den Teilnehmern in meinen Seminaren nahegelegt: „Stellen Sie nach zwei Jahren alles in Frage." Einer der Teilnehmer fragte mich daraufhin einmal ausdrücklich, was ich mit „alles in Frage stellen" meinte. Ich erwiderte im Brustton der Überzeugung: „Ich habe es Ihnen gesagt, wie ich es gemeint habe: alles. Stellen Sie nach zwei Jahren alles in Frage, was immer Sie getan haben." Er sagte: „Vielen Dank." Kein Wort mehr. Am nächsten Tag bekam ich den Anruf eines Vertriebsleiters, was ich denn im Seminar mit dem Teilnehmer gemacht hätte. Ich war ziemlich erstaunt und war mir eigentlich nicht bewusst, etwas Falsches gesagt oder getan zu haben. Als ich nachfragte, erzählte er mir, der Mitarbeiter habe gekündigt, weil ich gesagt hätte, er solle nach zwei Jahren alles in Frage stellen.

Stellen Sie nach zwei Jahren alles in Frage

Teilen Sie Ihr Leben in Lebensabschnittsziele ein, zum Beispiel in Sieben-Jahres-Intervalle. Sie kennen diesen Rhythmus schon seit einiger Zeit, es sind die bekannten sieben mageren und sieben fetten Jahre. Das sind übrigens durchaus auch die durch die Wirtschaft immer wieder bestätigten Regeln des wirtschaftlichen Auf- und Abschwungs. Auch die körperlichen Zellen erneuern sich alle sieben Jahre einmal komplett. Dieser Zeitraum ist also nicht aus der Luft gegriffen, sondern basiert auf langen Erfahrungswerten. Auch meine Entwicklung folgte erstaunlicherweise diesen Lebensintervallen. Mit sieben Jahren hatte ich die erste Aufgabe als Klassensprecher, mit vierzehn Jahren startete ich meine Musikerlaufbahn, mit 20/21 Jahren fing ich bei Klöckner an, mit 29 Jahren machte ich mich selbstständig, mit 35 Jahren begann ich den Umbau meiner Unternehmensberatung zu einer Wissensagentur. Mit 42 Jahren wechselte ich zusätzlich quasi ins Unternehmerlager und engagierte mich als Berater bei dem Unternehmen Rothmann & Cie.

Ziehen Sie Ihre eigene Lebensbilanz in Sieben-Jahres-Intervallen und Sie werden zu erstaunlichen Erkenntnissen kommen. Planen Sie deshalb Ihre Zukunft nach diesen Zeitintervallen.

Ziehen Sie Ihre Lebensbilanz

Aber Ihr Life-Planning wäre nicht perfekt ohne eine weitere entscheidende Komponente. Neben den qualitativen und quantitativen Zielen müssen Sie Ihrem Denksystem überhaupt eine Chance geben, anfangen zu wollen. Dazu sollten Sie etwas Entscheidendes wissen: Das Gehirn kann nicht ohne Bilder auskommen. Wenn Sie Ihrem Gehirn sagen: „Ich möchte Millionär werden", kann es damit nichts anfangen, es kann die Bedeutung und den Inhalt von einer Million nicht umsetzen. Ihr Gehirn denkt in Bildern, nur projizierte Bilder in Ihrem Gehirn streben nach Realisierung. Das ist ein spannender Teil des Erfolges. Malen Sie sich Ihr eigenes Bild von der Zukunft, denn vorher werden Sie gar nicht anfangen. Das heißt, belohnen Sie sich für das, was Sie erreichen wollen. Wenn Sie Millionär werden wollen, dann suchen Sie sich bereits jetzt das Auto aus, das Sie fahren möchten, besorgen Sie sich bereits jetzt ein Foto von dem Haus, in dem Sie eines Tages wohnen wollen und schauen Sie sich häufig die Gegend an, in der Sie wohnen möchten. In professionellen Persönlichkeitsseminaren stellen die Teilnehmer eine Collage zusammen, in welcher durch Idole, Symbole und Gegenstände dargestellt wird, was sie persönlich für erstrebenswert halten, vom Kindersegen bis zur Welteroberung. Persönlichkeitstrainer bestätigen, dass eine Überprüfung nach einigen Jahren ergibt, dass mehr als die Hälfte tatsächlich die mit ihrer Collage geschaffenen Bilder realisiert hat. Malen Sie Ihr individuelles Bild und schaffen Sie sich dadurch Ihre eigene Zukunft. Denn Ihr Gehirn wird Sie damit belohnen, dass es fortan alle Aktivitäten und Handlungen daran ausrichten wird, Ihnen diesen Wunsch zu erfüllen. Sie müssen Ihrem Gehirn nur diesen Wunsch vor die Nase halten, im übertragenen Sinne ein inneres Bild von den Sachen schaffen, mit denen Sie sich belohnen werden. Schaffen Sie sich ein Trainingsbuch für Ihren persönlichen Erfolg an. Manchmal werden Sie in Ihr Erfolgstagebuch sicherlich auch Rückschläge zu verzeichnen haben, aber im Großen und Ganzen wird es ein Erfolgsbuch sein, denn durch den schriftlichen Dialog werden Sie sich mit vielen Dingen noch einmal intensiver auseinandersetzen. Menschen, die etwas schriftlich dokumentie-

Die Bilder in Ihrem Gehirn

Malen Sie Ihr individuelles Bild

ren, verhalten sich anders als Menschen, die das Gleiche nur sagen oder denken.

Womit fangen Sie an auf Ihrem Weg nach oben? Was greifen Sie sich als erstes heraus? Sie erinnern sich: Alles gleichzeitig ist praktisch nicht möglich. Schaffen Sie sich Ihre eigene Nummer-1-Liste.

Geben und nehmen

Wir leben heute in einer Gesellschaft, deren Moral offensichtlich mehr und mehr zerfällt. Ende der 90er Jahre hatte das „Denkmal Kohl" plötzlich „schwarze" Konten in der Schweiz. Der Vertrauensverlust zu einer Zeit, als die Regierungspartei immer mehr in die Bredouille kam, war enorm. Der einzelne Bürger kann diesen Verfall an Werten und Moral nicht mehr nachvollziehen und wird ihn auch nicht mehr tolerieren. Es fällt schwer, bei solchen „Vorbildern" noch von Moral, Vertrauen und Zuverlässigkeit zu sprechen. Aufgrund dieser Vorfälle wird man Politikern immer weniger Vertrauensvorschuss entgegen bringen. Willkommen in der Ellbogengesellschaft, in der Rücksichtslosigkeit Trumpf ist! Ich könnte geneigt sein, genau das jetzt anzunehmen. Hinzu kommt, dass wir alle zu einem kausalen Denken erzogen worden sind. Ich bringe in meinen Vorträgen immer ein lustiges Wortspiel: „Geben wir was, kriegen wir was – geben wir was, kriegen wir was, geben wir was, kriegen wir nichts, geben wir auch nichts." Aber Sie wissen, zu jeder Bewegung gibt es auch eine Gegenbewegung. Genau diese Gegenbewegung wird sich mehr und mehr entwickeln. Es wird Menschen geben, die bei diesem Spiel der Rücksichtslosigkeit nicht mehr mitmachen werden, die morgens in den Spiegel schauen und sich selbst noch akzeptieren können. Geben und Nehmen ist für immer mehr Menschen zu einem Leitmotiv geworden. Ohne Zweifel ist der Prozentsatz augenblicklich sehr gering. Aber denken Sie an meine Worte: Das vor uns liegenden Jahrzehnt ist ein Jahrzehnt der Wiederentdeckung der Menschlichkeit. Man kann Menschen nur kurzfristig betrügen, manchmal vielleicht sogar über einen längeren Zeitraum hinweg. Aber irgendwann erfolgt die Abrechnung. Die, die nur nehmen, werden eines Tages die Rechnung zu bezahlen haben. Das gilt für die, die nur geben, genauso. Die

Balance zwischen beiden wird entscheidend sein, denn auf längere Sicht wird dieses System am besten funktionieren.

Scheitern

Es gibt keinen Aufzug nach oben. Alle wirklich erfolgreichen Menschen, die ich kennen gelernt habe, sind sehr bescheidene Menschen, weil sie praktisch alle persönliche Lebensschicksale hinter sich haben und dadurch geformt worden sind. Nur Neureiche, von denen ich auch einige kenne, glauben an die schier unerschöpfliche Macht ihres Erfolges und tragen das in einer unerträglichen Arroganz zur Schau. Aber auch sie werden irgendwann straucheln, wenn nicht scheitern. Manchen von ihnen habe ich sogar auf dem Weg nach oben geholfen, manch einen habe ich zum Multimillionär gemacht. Mancher hat mich in sein prunkvolles Haus mit 20 Zimmern und vielen Angestellten geführt. Die Frau eines Kunden war immer ausgesprochen teuer gekleidet. Übrig geblieben ist davon nichts, er kam später ins Gefängnis und sie ließ sich von ihm scheiden und zog mit ihren beiden Kindern zu ihren Eltern, bettelarm und ohne Zukunftsperspektive. Da ich den Jahresumsatz dieses Unternehmen damals innerhalb von drei Jahren von 80 Millionen auf 400 Millionen hoch puschte, kenne ich die Hintergründe. Aufschwung und Niedergang dieses Unternehmens hatten ihre Ursache im eigenen Inhaber. Zuerst war es der unbändige Wille, es der Welt zu zeigen und nach oben zu kommen. Später war es die Arroganz, alles selbst zu können und besser zu wissen, die diesen Unternehmer zu Fall und später vor Gericht brachte. Lohnt sich Abzocken, Absahnen und Abhauen, wie es uns manche Buchautoren glaubhaft machen wollen, getreu nach dem Prinzip: Je mehr Rücksichtslosigkeit und Skrupellosigkeit eingesetzt werden, umso höher wird man in der Erfolgsleiter nach oben steigen? Meine Erfahrungen bestätigen sich darin nicht.

In Gesprächen mit sehr erfolgreichen Menschen erfahre ich immer wieder, dass ein Scheitern auch als Chance betrachtet werden kann, vielleicht sogar als ein Signal, es besser zu machen. Das chinesische Schriftsymbol für Krise hat übrigens als einziges Zeichen der chinesischen Schreibkunst eine doppelte Bedeutung,

4. Die Inszenierung Ihres Erfolges

denn es steht gleichzeitig für „Chance". Ich halte dies für eine sehr weise Definition. Wir wissen, in jeder Krise steckt eine Chance, man muss sie nur sehen wollen. Donald Trump hatte Anfang der 90er Jahre annähernd eine Milliarde Dollar Schulden, gegen Ende der 90er Jahre hatte er es bereits wieder auf rund zehn Milliarden Dollar Vermögen gebracht. Ich hatte bereits erwähnt, dass ich Anfang der 80er Jahre gemeinsam mit meinem Partner die Firma Geffroy & Oechsler gründete und dass diese bis Anfang der 90er Jahre regelmäßig um rund 40 Prozent pro Jahr wuchs. Anfang der 90er Jahre glaubte ich, zum ersten Mal im Unternehmerhimmel angekommen zu sein, denn ich hatte den Eindruck, dass ich richtig Geld verdienen kann. Bis dato hatte ich nur Geld eingesammelt. Ich fand die 35-Stunden-Woche auch so toll, dass ich sie gleich zweimal pro Woche machte. Zum ersten Mal haben sich Mitarbeiter von alleine bei uns beworben, Kunden sind von sich aus auf uns zugekommen und ich glaubte, im Unternehmerparadies angelangt zu sein. Heute sage ich, ich hatte damals 20 Mitarbeiter, drei Etagen, zwei Vorzimmersekretärinnen und hatte den Bezug zur Praxis verloren. Meine damalige Assistentin Frau Pohl sagte allerdings zum Ende des Jahres, sie habe so ein komisches Gefühl, dass alles nicht mehr richtig laufen würde. Ich habe sie gefragt, was sie damit meine, das Gespräch aber dennoch sofort beendet. Denn ein Gefühl kann man oft nicht konkretisieren, sonst wäre es ja Realität. Ich fuhr völlig beruhigt in den Weihnachtsurlaub und genoss ihn. Als ich zurückkam, empfing mich meine Sekretärin an der Tür und sagte: „Herr Geffroy, ich habe Recht behalten, Sie haben etwa 500.000 Mark auf Ihrem Konto." Ich war damals noch halb im Urlaub und erwiderte: „Das ist ja toll." – „Es steht ein S dahinter." Als ich ziemlich ratlos blickte, meinte sie: „S heißt Soll." Als es bei mir immer noch nicht dämmerte, sagte sie ganz langsam: „Soll heißt: Soll Bank anrufen." Damit begann die schlimmste Krise meines Lebens. Normalerweise hätte ich mich selbst feuern müssen, denn ein Pionierunternehmer ist niemals identisch mit einem Sanierer. Damals wollte keiner mein Unternehmen haben. Ich rechnete mir aus, dass ich in wenigen Tagen Konkurs anmelden musste, hatte schlaflose Nächte, wusste nicht, wie es weitergehen sollte. Aber

Krise bedeutet gleichzeitig Chance

Ich will nach oben

ich habe es geschafft, sonst würde ich sicherlich heute nicht dieses Buch schreiben. Warum es dazu gekommen ist, werde ich im nächsten Teil dieses Buches schildern.

Was ich in meiner damaligen Arroganz übersehen habe, möchte ich Ihnen näher bringen mit dem Ziel, dass Sie das Gleiche vermeiden. Ich habe das Lehrgeld bezahlt. Heute bin ich froh für diese Chance, bei der ich bewiesen habe, dass ich auch in einer Crash-Situation bestehen kann. Verständlicherweise habe ich es damals völlig anders gesehen. Aber durch die positive Bewältigung einer solchen Situation erlangt man ein Stückchen Weisheit. Heute schaue ich Unternehmern, Vorständen und Politikern ganz anders in die Augen, als ich es damals tat. Mein Selbstwertgefühl hat sich ebenfalls um ein erhebliches Stück gesteigert. Denn wenn Sie sich in einer solchen Situation erfolgreich bewähren, werden Sie dies auch in vielen anderen Situationen tun. Das bedeutet konkret für Sie, falls Sie selbst einmal in eine solche Situation hineinkommen, die Ihnen zu entgleiten droht: Betrachten Sie es als eine Chance, als eine Herausforderung und als eine Kampfansage.

Der Weg nach oben ist eher eine Achterbahn

Wenn Sie mit erfolgreichen Menschen sprechen, fragen Sie sie, ob sie immer nur Erfolg gehabt haben. Die meisten werden Ihnen eine ganze Menge Geschichten erzählen können von Rückschlägen, Verlusten und Verzichten. Dann wissen Sie, warum diese Menschen so erfolgreich sind: weil sie sich in kritischen Situationen bewährt haben. Der Weg nach oben ist eine Achterbahn, es geht rauf und runter.

Coach

Bei der Inszenierung Ihres Erfolges ist es mir wichtig, Sie auf die Bedeutung Ihres Coaches aufmerksam zu machen, Ihres Begleiters auf dem Weg zum Erfolg. Ihr Coach wird in Zeitabschnitten wechseln, es sei denn, er wächst im gleichen Sinne mit Ihnen mit. Suchen Sie Ihren Coach gezielt aus, denn er hat einen entscheidenden Einfluss auf Ihr Leben und Ihren Erfolg. Tauschen Sie sich mit ihm aus. Ich bin sogar der Ansicht, dass ein täglicher Kontakt mit ihm entscheidend

Die Bedeutung Ihres Coaches

ist, entweder weil es der Partner in der eigenen Firma, der Partner zu Hause oder ein Freund ist, mit dem Sie täglich telefonieren. Mit meinem Freund und Partner Alfred J. Kremer habe ich mindestens einmal täglich Telefonkontakt. Dabei tauschen wir die aktuellen Themen, Erfahrungen, Gedanken und Erlebnisse aus. Andere scherzen bereits, wir hätten ein fast eheähnliches Verhältnis, weil wir mittlerweile so gut aufeinander eingespielt sind. Ich halte eine solch hohe mentale Verbindung für erforderlich, weil nur sie die Basis für Vertrauen darstellt. Sie brauchen auf dem Weg nach oben einen geistigen Sparringspartner, dem Sie unausgegorene Gedanken hinwerfen können, den Sie unvorbelastet fragen können, mit dem Sie Erlebnisse austauschen und den Sie fragen können, wie er oder sie auf dies oder jenes reagieren würde. Ohne Coach und Partner, quasi als einsamer Wolf, sehe ich dauerhaft keine Chancen. Dieses Netzwerk von Verbündeten wird, je weiter Sie nach oben kommen, sogar noch zunehmen müssen. Das wird später Bestandteil der Umsetzungsaufgabe sein. Jetzt gilt es nur sicherzustellen, dass Sie sich der Bedeutung eines Mentors bewusst sind und, falls Sie nicht bereits jemanden haben, Sie gezielt nach ihm suchen. Suchen Sie sich aber immer jemanden, der über Ihnen steht. Suchen Sie sich auf keinen Fall jemanden, der unter Ihnen steht, denn er wird Sie auf sein Niveau herunterziehen. Das gilt genauso für Mitarbeiter, denn wenn Sie Menschen einstellen, die in ihrer Entwicklung unter Ihnen stehen, werden Sie selbst sich auch zurückentwickeln. Stellen Sie allerdings Menschen ein, die weiter sind als Sie, werden auch Sie innerlich wachsen. Suchen Sie sich einen erfolgreichen Coach. Er ist der Wegbegleiter für Ihren Weg nach oben.

5. Kapitel
Die Konzeption Ihres Erfolges

Fähigkeit und Kompetenz

Was macht einen Menschen erfolgreich? Zum einen ist es seine Positionierung und damit sein einzigartiges Profil. Je unverwechselbarer dieses Profil ist und je einmaliger die daraus entstehende Leistung, umso größer wird der Erfolg auf dem Weg nach oben sein. Einzigartige Positionierung und eigenständiges Profil nutzen allerdings gar nichts, wenn sie nicht gebraucht werden. Das mag simpel klingen, ist allerdings entscheidend für erfolgreiches Wachstum. Alles, was Sie entwickeln und erfinden, ist in Kontext mit Menschen und Firmen zu bringen, die als Nutznießer dieser Leistung auch in Frage kommen. Der Mensch ist das Maß aller Dinge. Dieser einfache Satz wird in der täglichen Praxis erstaunlicherweise immer wieder ignoriert. Viele sind von einer Idee begeistert, oft können sie sogar Kapitalgeber überzeugen und müssen dann doch scheitern, weil diese Idee im luftleeren Raum entstanden ist. Eine weitere Entwicklung kommt mit hinzu: Der heutige Kunde verhält sich widersprüchlich und ist nur noch schwer zu kalkulieren. Er kauft seinen Pulli im Designergeschäft und spart morgen ein paar Pfennige bei Aldi.

Ihre einzigartige Positionierung

Der Mensch ist das Maß aller Dinge

Aufgrund der zunehmenden Unkalkulierbarkeit der Kunden sind viele Unternehmenskonzepte über Millionen Euro heute völlig falsch. Sie sind erstens zu starr und vergessen zweitens den Menschen, der sie akzeptieren soll. Hinzu kommt die Tendenz von Seiten des Kunden, individuelle Lösungen zu bevorzugen. Die Amerikaner haben dafür den Begriff One-to-one-Marketing geprägt, das heißt, die individuelle Situation des Kunden wird für ein einmaliges Angebot genutzt, das nur ein einziges Mal in dieser Form und Konstellation existiert. Man spricht hier von Unikatlösungen. Auch Automobilhersteller arbeiten bereits daran, Autos so produzieren zu können, dass es ein spezielles Auto in seiner Art und Bauweise nur ein einziges Mal auf der Welt gibt. Moderne Fertigungstechnologie wird dies mehr und mehr ermöglichen. Dabei sollten Sie übrigens nicht das Internet unterschätzen. Viele glauben, dass durch den Einsatz des Internets die Individualisierung nachlassen und der Service reduziert wird. Genau das Gegenteil wird der Fall sein. Das Web wird völlig neue, bisher ungeahnte Möglichkeiten eröffnen, denn es wird stündlich aktualisiert, um die individuelle Situation des Kunden und seine persönlichen Vorstellungen und Wünsche zu berücksichtigen. Somit wird das Internet in Zukunft immer häufiger über bessere Angebote verfügen als ein Verkäufer. Das läuft in der Praxis so ab – mehrere Software-Programme dieser Art habe ich bereits gesehen –, dass aufgrund Ihrer Eingaben ein völlig individualisiertes Profil von Ihnen im Internet per Datenbank entwickelt wird. Weitergehende Software-Programme analysieren Ihr Verhalten – was Sie offensichtlich häufig anklicken und was und wie oft Sie etwas nachfragen. Daraus entwickeln dann mit künstlicher Intelligenz ausgestattete Programme automatisch so genannte Clientprofile. In Kenntnis dieser völlig individuellen Neigungen, Vorstellungen und Wünsche ist dieses Programm nunmehr in der Lage, Ihnen aktualisierte Angebote vorlegen zu können.

Stellen Sie sich das bitte einmal im Bereich der Direktbanken vor. Sie sind daran interessiert, bestimmte Aktien zu kaufen, haben allerdings bereits Aktien gekauft, deren Entwicklung Sie verfolgen wollen. Sie möchten Zugriff auf Ihr Aktiendepot haben und wissen, wie Ihr heutiger Kontostand ist, auch welche Überweisungen stattgefunden haben. Zudem möchten Sie Anlegertipps für ganz bestimmte internationale Aktien haben. Und es interessiert Sie natürlich, wie Sie mehr aus Ihrem Geld machen und Vermögen aufbauen können. Da Sie selbstständig sind, interessieren Sie auch steuerliche Vorteile. Das sind nur einige Beispiele. Jede andere Konstellation mit anderen Vorstellungen und Wünschen ist denkbar und in Sekunden aktualisierbar per Internet 24 Stunden an 365 Tagen im Jahr. Erahnen Sie jetzt die völlig neuen Servicemöglichkeiten, die sich durch das Internet bieten? Sicher argumentieren die Kritiker bereits jetzt, dass wir damit den gläsernen Kunden vor

5. Die Konzeption Ihres Erfolges

uns haben. Allerdings ist er es bei den Profis bereits jetzt schon und bei denen, die zukünftig ihre eigenen Wachstumshorizonte erreichen wollen, wird er es zukünftig werden müssen. Das eher bescheidene Verbraucherdenken der 70er und 80er Jahre hat sich in ein Anspruchsdenken des Kunden entwickelt, welches in der Zukunft nicht mehr den Kunden allgemein, sondern diesen als individuellen Partner sehen will, dessen Wünsche und Träume verwirklicht werden. Softwarefirmen eröffnen sich dadurch völlig neue Möglichkeiten, Servicepotenzial über das Internet aufzubauen. Firmen wird es ermöglichen, neue Wege der Vermarktung zu gehen, und Einzelpersonen wird es völlig neue Geschäftschancen und Wachstumsmöglichkeiten bieten. Mein Satz: „In Zukunft ist ein Produkt nur noch die physische Hülle einer geistigen Idee", hat jeden Tag mehr Gültigkeit. Was ist Ihre Idee?

In Zukunft ist ein Produkt nur noch die physische Hülle einer geistigen Idee

In Zukunft werden wir nicht mehr für Produkte und Dienstleistungen bezahlt, sondern für die Fähigkeit, etwas besser zu können als jeder andere vergleichbare Mensch auf dieser Welt. Jeder Mensch besitzt mindestens eine Fähigkeit, die er besser beherrscht als jeder andere. Was ist Ihre einzigartige Fähigkeit? Brechen Sie damit die Regeln.

Welches ist Ihre einzigartige Fähigkeit?

Ich habe die Erfahrung gemacht, dass sich viele Menschen ihrer eigenen Top-Fähigkeit nicht bewusst sind, sich im Grunde genommen niemals Gedanken darüber gemacht haben, geschweige denn, sie als eine geschenkte Basis ihres Wachstums verstanden haben.

Im Laufe meines Lebens habe ich viele Menschen bewundert, die eine einzigartige Fähigkeit besitzen. Ich habe Architekten kennen gelernt, die einzigartige Bauwerke geschaffen haben, mit Ingenieuren gesprochen, die viele Patente und einzigartige Lösungen entwickelt haben. Gerade in letzter Zeit habe ich mit sehr vielen jungen Inhabern und Vorstandsvorsitzenden von Softwarefirmen gesprochen und diskutiert, deren Ausführungen ich meistens nicht einmal verstanden habe, geschweige denn selbst hätte umsetzen können. Ich bewundere sie alle für ihr individuelles Potenzial, mache allerdings nicht den Fehler, zu versuchen, dieses zu kopieren. Das war übrigens auch der Grund, weshalb ich meine Musikerlaufbahn aufgegeben habe. Anfang der 80er Jahre war ich davon

Ich will nach oben

überzeugt, zwar ein durchschnittlich guter Musiker zu sein, wusste jedoch, dass ich es niemals zu einem überragenden Musiker bringen würde. Das brauchte ich auch nicht, denn mir wurde bewusst, dass ich offensichtlich über die besonders herausragende, einzigartige Fähigkeit verfüge, Menschen begeistern zu können. Dieses Talent ist mir bereits in die Wiege gelegt worden. Schon im Alter von fünf Jahren erzählte ich fantastische Geschichten, die die Zuhörer begeisterten, sodass sie sich oft schon auf meinen nächsten Besuch freuten. So habe ich meine herausragende Fähigkeit zu meinem Beruf gemacht und schreibe und rede mittlerweile für Hunderttausende von Menschen.

Was ist Ihre Fähigkeit? Was sind Ihre Stärken? Nehmen Sie sich ein Blatt und schreiben Sie alle Stärken auf, die Sie kennen. Fragen Sie auch Ihre Freunde, Kollegen und Bekannten, wie man Sie einschätzt, was Sie ihrer Meinung nach können. Schreiben Sie auch auf, was Sie nicht können. Doch Vorsicht! Die meisten Menschen verbringen viel zu viel Zeit damit, genau zu überlegen, was sie nicht können, und werden darin auch noch von ihren Freunden und Bekannten bestärkt. So werden Sie sich Ihres eigenen Fähigkeitenpotenzials nie bewusst. Alle Spitzenleistungen waren und sind auf die Umsetzung einer Fähigkeit zurückzuführen. Alles andere können Sie kaufen und Menschen engagieren, die genau das besser können als Sie selbst. Schauen Sie sich Menschen wie Boris Becker, Steffi Graf, Michael Schumacher, Thomas Gottschalk und Günther Jauch an. Alle diese Menschen haben ihre besondere Fähigkeit zu ihrem Beruf gemacht. Manche Menschen sind bessere Kaufleute, weil ihnen das einfach liegt. Manche sind begnadete Verkäufer, die – wenn sie in der richtigen Branche tätig sind – jährlich Millionen verdienen können. Dann wiederum gibt es begnadete Handwerker oder Tüftler. Ich gehe soweit zu sagen, dass jeder Mensch ein hervorragendes Talent und damit eine spezielle Fähigkeit in die Wiege gelegt bekommen hat. Wenn dies jedoch durch das soziale Umfeld niemals unterstützt, geschweige denn gefördert wurde, wird diese Fähigkeit verkümmern und in den seltensten Fällen zum Vorschein kommen.

Alle Spitzenleistungen sind auf die Umsetzung einer Fähigkeit zurückzuführen

5. Die Konzeption Ihres Erfolges

Oft haben Menschen auch einen Job, für den sie grundsätzlich gar nicht geeignet sind, und sie müssen sich jeden Tag verbiegen und zwingen, an diesen Arbeitsplatz zu gehen. Meine schlimmste Zeit erlebte ich, als ich nach meiner Lehre für mehrere Wochen bei der Firma Thyssen im Katasteramt arbeitete. Können Sie sich das vorstellen? Jeden Tag musste ich mich mehr und mehr zwingen, überhaupt aufzustehen und dort hinzufahren. Hinzu kam, dass die Menschen, die dort arbeiteten, genau dem entsprachen, was ich als „Alptraum-Bekanntschaften" definieren würde. Ich bin krank geworden und habe während meiner Krankheit gekündigt.

Für den möglicherweise späteren Aufbau des eigenen Unternehmens wird es sehr entscheidend sein, Menschen zusammenbringen zu können, die ihre unterschiedlichen Fähigkeiten in einem Team einsetzen können. Denn es gibt nichts Schlimmeres als ein Team, das sich in seinen Fähigkeiten nicht ergänzt, möglicherweise sogar hindert. Für Firmen gilt exakt der gleiche Ansatz. Entscheidend ist die einzigartige Kompetenz, über die das Unternehmen verfügt. Das kann sogar das Normalste der Welt sein. Federal Express beispielsweise wurde durch die Perfektionierung des Anspruchs „pünktliche Lieferung" zum führenden Unternehmen in den USA. Es kann auch eine sehr innovative Kompetenz sein, beispielsweise die Grundidee von Apple, den einfachsten, benutzerfreundlichsten Computer bauen zu wollen. Es gibt eine ganze Menge Geschichten darüber zu erzählen, wie es in der Anfangszeit Steven Jobs gelungen ist, die Mitarbeiter seines Apple-Teams zu Höchstleistungen zu bringen, damit sie diese herausragende Forderung mit Leben erfüllen. Es gelang damals Unmögliches, denn Apple schuf am Anfang mit der LISA und später mit dem Apple Macintosh ohne Zweifel den benutzerfreundlichsten Computer der Welt. Am Beispiel Apple sehen Sie allerdings auch, dass es sicherlich nicht alleine ausreicht, über eine besondere Fähigkeit zu verfügen, sondern dass auch die Art und Schnelligkeit der Umsetzung eine entscheidende Rolle spielen. Dieser Aspekt wird im Kapitel *Durchsetzung* eine wichtige Rolle spielen. Jeder Mensch kann mindestens eine Sache besser als jeder andere. Seien Sie sich dessen bewusst. Brechen Sie die Regeln der Normalität Ihres Lebens.

Jeder Mensch kann mindestens eine Sache besser als jeder andere

Brechen Sie die Regeln

Ich will nach oben

Aber wann macht Ihre besondere Fähigkeit Sinn? Wenn Sie dafür einen Abnehmer finden. Deshalb brauchen Sie eine Koppelung. Stellen Sie sich deshalb die entscheidende Frage: Welche Grundlage für meine Strategieplanung hat auch in 50 Jahren noch Gültigkeit? In Kenntnis der Tatsache, dass wir mitten in einer Revolution leben von der Industriegesellschaft hin zur Wissensgesellschaft, dass in fünf Jahren kein Stein mehr auf dem anderen bleiben wird, dass die ganze Welt wirtschaftlich und technologisch im Umbruch ist, ist das eine fast verwegene Frage. Trotzdem ist die Antwort eindeutig. Die einzige unwandelbare Grundlage für Ihre Strategie sind Menschen. Diese Menschen haben ganz bestimmte Interessen und Träume. Natürlich werden Sie in fünf oder zehn Jahren nicht mehr die gleichen Produkte und Dienstleistungen anbieten, die Sie heute anbieten. Aber Sie können mit Ihrer Kundengruppe wachsen und Sie können, abgestimmt auf Ihre Kundengruppe, Ihre Fähigkeit weiterentwickeln und perfektionieren. Die EKS-Lehre sagt dazu: Zielgruppenbesitz ist wichtiger als Produktbesitz. Damit ist gemeint, dass es viel entscheidender sein wird, sich auf die Interessen einer Kundengruppe zu konzentrieren als auf ein Produkt. Denn ein Produkt wie eine Dienstleistung hat einen Lebenszyklus, innerhalb dessen es eine Startphase, eine Reifephase und eine Degenerationsphase gibt. Wir wissen auch, dass die erfolgreichsten Firmen in der Regel Produkte und Dienstleistungen anbieten, die nicht älter als drei Jahre sind. Also gilt auch hier wieder der 1.000-Tage-Rhythmus. Das ist eine entscheidende, elementare Botschaft. Ich behaupte, dass die meisten Unternehmen auch heute noch absolut umgekehrt denken und handeln. In der Mitte steht das Produkt oder die Dienstleistung und dann kommt die erforderliche Vermarktung. Genau dieser Ansatz ist falsch, außer Sie verfügen über ein Monopolprodukt. Genießen Sie es, solange dem so ist, denn in der Regel werden solche Produkte sehr schnell kopiert und ein bisschen besser und ein bisschen billiger auf den Markt gebracht. Deshalb empfehle ich Ihnen, den Fernlernkurs der EKS-Strategie zu buchen. Sie finden die Adresse im Anhang dieses Buches.

Ein Produkt wie eine Dienstleistung hat einen Lebenszyklus, innerhalb dessen es eine Startphase, eine Reifephase und eine Degenerationsphase gibt

1.000-Tage-Rhythmus

5. Die Konzeption Ihres Erfolges

Nach meiner Überzeugung sind die eigene Persönlichkeit, die Umsetzung der engpasskonzentrierten Strategie und die Umsetzung und Durchsetzung des Clienting-Konzeptes ein ganzheitlicher Ansatz auf dem Weg nach oben.

Ihre Fähigkeiten, basierend auf Ihren eigenen Stärken und Ihrem Talent, das mindestens auf einem Gebiet unzweifelhaft vorhanden ist, kombiniert mit der Koppelung an eine klar definierte Zielgruppe – ich nenne sie eine Interessengruppe, also eine Gruppe von Menschen, die an Ihrer Fähigkeit ein besonderes Interesse haben –, ist die Basis dauerhaften Erfolges. Den Unterschied zwischen einer Zielgruppe und einer Interessengruppe definiere ich folgendermaßen: Der Begriff Zielgruppe impliziert bereits eine Fehlannahme: Sie zielen auf etwas. Wenn Sie sich das Bild vom Bogenschießen vor Augen halten, bedeutet es, dass Sie von außen in etwas hineinzielen. Das könnte ein verhängnisvoller Irrweg sein, denn Sie sollten Bestandteil der Gruppe sein. Sie dürfen nicht von außen nach innen zielen, sondern Sie müssen ein Teil der Gruppe sein. Sie müssen sozusagen mit Ihrer Gruppe *verschmelzen*. Deshalb wird auch der Begriff einer „Community" immer häufiger gebraucht und umgesetzt. Die sinngemäße Übersetzung des Begriffes Community lautet: Gemeinschaft. Es handelt sich um eine Gemeinschaft Gleichgesinnter. Das Thema Community boomt zurzeit weltweit. Unternehmensführer erklären, dass es ihnen gelingen muss, Kunden zu einer Community hinzuführen. Das zeigt deutlich die Entwicklung zu einem integrierten Bestandteil eines gemeinschaftlichen Systems. Die Community schafft höhere Werte, als durch den Kauf und Verkauf von Leistungen allein zum Ausdruck gebracht werden kann. Die Community ist der Organisator von Werten, die über reine Kauf- und Verkaufsabsichten hinausgehen. Communities werden sehr häufig auch auf der Basis des Helfens entstehen. Das Helfen, Unterstützen, Austauschen und Miteinandererleben bietet für viele Menschen und Firmen ungeahnte Zukunftsmöglichkeiten. Es entstehen Reise-Communities, Sport-Communities, Lifestyle-Communities und Education-Communities. Die Menschen, die in diesen Communities gemeinsam agieren und kommunizieren, haben auf bestimmten Gebieten ein

Gemeinschaft Gleichgesinnter

Eine Community schafft höhere Werte

oder mehrere gemeinsame Interessen. Wenn Sie sich ein Bild davon machen wollen, schauen Sie einfach einmal in *fortunecity.com* oder in *fortunecity.de*. Stellen Sie sich vor, vor zehn Jahren hätte jemand gesagt: Ich habe einen Traum, ich möchte eine virtuelle Stadt im Internet schaffen, in der Menschen sich treffen, Häuser und Wohnungen beziehen, am Stadtleben teilnehmen und Erfahrungen und Ideen austauschen können. Und das alles virtuell per Internet. Die meisten hätten wahrscheinlich den Kopf geschüttelt und das als eine schier unmögliche Fantasterei abgetan. Wie gesagt, aus dieser Idee entstand eine Kapitalgesellschaft, die an der Börse gehandelt wird: fortunecity.com. Der Unterschied zwischen einer Zielgruppe und einer Interessengruppe besteht meines Erachtens in der Art des Ansatzes. Eine Zielgruppe wird häufig nach messbaren Kriterien definiert wie Zugehörigkeit zu einer Branche, beispielsweise Maschinenbau, Firmengröße, Umsatz und Mitarbeitern oder im privaten Bereich nach Familienstruktur ob verheiratet oder Doppelverdiener mit einem bestimmten zu versteuernden Einkommen. Das klappte in den 80er und 90er Jahren durchaus sehr gut, als die Menschen noch relativ wenige Rollen gleichzeitig innehatten. Marketing-Profis wissen heute, dass es immer schwieriger wird, den einzelnen Menschen zu erfassen, weil er abhängig von Situationen seine Rolle dramatisch verändern kann und damit ein völlig neuer Bedarf entsteht. In der Marketingwelt redet man deshalb von einer Atomisierung der Kundenanforderungen. Immer vielfältiger, immer individueller, immer optionaler. Ich habe dafür stets ein sehr gutes Beispiel parat. Stellen Sie sich einmal vor, Bayern München hat ein Heimspiel. Angenommen, der Vorstandsvorsitzende von Siemens hat seinen beiden Söhnen versprochen, gemeinsam mit ihnen dieses Heimspiel in München im ausverkauften Stadion zu besuchen. Mit hoher Wahrscheinlichkeit wird er seine beiden Söhne abholen lassen; nach meiner Kenntnis wird er, da er zu einem der sicherheitsrelevanten Menschen in Deutschland zählt, mit einer Wagenkolonne von drei Autos – ein Sicherheitsfahrzeug vorne, sein Fahrzeug in der Mitte, ein Sicherheitsfahrzeug hinten – zum Fußballstadion gefahren werden. Man wird separate Parkplätze für ihn reserviert haben. Ich könnte mir vorstellen, dass er mit Franz Beckenbauer noch kurz ein Glas Champagner in der VIP-

5. Die Konzeption Ihres Erfolges

Lounge trinkt und dann mit seinen beiden Söhnen auf der VIP-Etage Platz nimmt und das Fußballspiel interessiert verfolgt. Ihm gegenüber sitzt – allerdings auf der anderen Seite des Stadions – ein Arbeitsloser, der nicht weiß, wo er heute Abend schlafen, was er essen soll. Er hat die Eintrittskarte gefunden, die jemand verloren hat. Weil es sein Traum gewesen ist, ein Fußballspiel zu sehen, das er sonst nicht verfolgen kann, sitzt er ebenfalls im Stadion. Einverstanden, das sind Extreme, aber eines eint alle 50.000 Menschen, die sich in diesem Stadion befinden. Sie haben für 90 Minuten das gleiche Interesse, nämlich ihre Lieblingsfußballmannschaft siegen zu sehen. Danach gehen alle diese Menschen wieder ihre eigenen Wege. Wie wollen Sie diese Menschen, vor allem kostenrelevant vertretbar, später überhaupt erreichen können? Fußballclubs haben darauf längst reagiert und erzielen mittlerweile zwei Drittel ihrer Einnahmen mit Fan-Produkten und Fan-Artikeln. Diese Clubs und Communities gehen bereits den modernen Weg: Spezialisierung auf das Interesse Ihrer Kundengruppe. Koppeln Sie Ihre Fähigkeit mit den Interessen Ihrer Kundengruppe und der Erfolg wird Ihnen Recht geben.

Verblüffung und Innovation

Wenn Sie in die Geschichte des Wachstumserfolges eingehen wollen, müssen Sie die Grundregeln eines Geschäftes, einer Branche, einer Kundengruppe oder schlicht die Grundregeln, nach denen wir leben, ändern. Das sollte Ihre Grundidee sein und das ist die wesentliche Aufforderung dieses Buches: Brechen Sie die Regeln.

Das bedeutet, dass Sie keinesfalls darüber nachdenken sollen, wie Sie zufriedene Kunden bekommen oder wie Sie möglicherweise Ihren Chef zufrieden stellen. Zufriedenheit ist die größte Fata Morgana der 90er Jahre. Ein zufriedener Kunde erwartet nichts Neues. Genauso wie Ihr Chef erwarten wird, dass er zufrieden mit Ihnen sein kann. Anders ausgedrückt ist Zufriedenheit ein Hygienefaktor. Sie bedeutet eine neutrale Situation. Sind der Kunde oder der Chef zufrieden, ist die Erwartungshaltung erfüllt, aber Sie haben damit weder den Auftrag noch die Gehaltserhöhung in der

Zufriedenheit ist die größte Fata Morgana

Ich will nach oben

Tasche. Denn es wurde ja nichts übererfüllt. Sind allerdings der Kunde oder der Chef unzufrieden, kippt die ganze Situation. Kundenzufriedenheit bringt ein Unternehmen also nicht weiter, denn zufriedene Kunden sind gelangweilt. Allerdings wäre es in manchen Branchen und für manche Unternehmen schon ein toller Fortschritt, wenn es überhaupt gelingen würde, Kunden zufrieden zu stellen. Denn wir wissen, dass ein zufriedener Kunde dies wenigstens drei weiteren potenziellen Käufern erzählen wird. Wenn wir nun ein System dafür entwickeln, die Namen dieser drei potenziellen Kunden überhaupt in Erfahrung zu bringen, und wir aus diesen drei Kunden nur einen Neukunden gewinnen, so ist das sensationell. Denn dann unterhalten wir uns gerade über eine Verdoppelung Ihres Kundenstammes und damit eventuell über die Verdoppelung Ihres gesamten Umsatzvolumens. Für die einzelne Karriere gilt der gleiche Effekt. Wenn es Ihnen gelingt, Ihre Inszenierung so ins rechte Licht zu rücken, dass Sie zufriedene Geschäftspartner und Kollegen haben, so wird auch dies weitererzählt. Auf diesem Weg erhöhen Sie permanent Ihren Bekanntheitsgrad und Ihre Kontaktmöglichkeiten. Je mehr es Ihnen gelingt, Ihre Kontakte zu vermehren, umso mehr steigen Ihre Chancen auf dem Weg nach oben. Die Formel für die Karriere ist ganz einfach: Mehr Kontakte bringen mehr Erfolg. Auf ein Unternehmen angewandt, heißt das: Mehr Frequenz bringt mehr Geschäft. Es gilt also darüber nachzudenken, wie Sie mehr Menschen kontaktieren können oder wie Sie Ihren Bekanntheitsgrad erhöhen. Dazu müssen Sie aber das Zufriedenheitsfeld verlassen. Streichen Sie „einen zufriedenen Kunden" oder „einen zufriedenen Chef" aus Ihrer Wortliste und fragen Sie stattdessen: „Wie *begeistere* ich meinen Kunden?" beziehungsweise „Wie *begeistere* ich meinen Chef?"

Mehr Kontakte bringen mehr Erfolg

Mehr Frequenz bringt mehr Geschäft

Gehen wir noch einen Schritt weiter. Ihre wirkliche Aufgabe besteht darin, Ihre Kunden und Ihren Chef zu verblüffen. Das ist eine Schlüsselkomponente auf dem Weg nach oben. Denn Sie müssen die Erwartungshaltung völlig verändern. Nur wenn Sie verblüffen, sind Sie der Ideenführer. Sie sind das Original, das die neue Grundregel

Verblüffen Sie Ihre Kunden und Ihren Chef

5. Die Konzeption Ihres Erfolges

geschaffen hat. Das ist ein entscheidend anderer Ansatz als der, den Sie in den meisten Fällen in der Literatur finden. Wenn Sie es den Kunden und Ihrem Chef recht machen, wird gar nichts passieren. Brechen Sie die Regeln.

Interessant ist auch, dass die meisten Kundenzufriedenheitsstudien nach dem dritten oder vierten Mal keinen Fortschritt mehr bringen, weil der Kunde im Grunde nur das wiedergibt, was er aus seiner eigenen Erfahrung und Vergangenheit heraus bewerten kann. Das ist ein entscheidender Unterschied. Sie sind der Erfinder einer neuen Welt, nicht Ihr Kunde, nicht Ihr Chef. Häufig entgegnet man mir, die durch das Unternehmen durchgeführten Kundenzufriedenheitsstudien würden ergeben, dass den Kunden durchaus nichts fehlt. Das habe ich beispielsweise einige Male im Lebensmitteleinzelhandel zu hören bekommen. Mein Vorschlag ist dann immer: „Nennen Sie mir bitte fünf Kunden, die Sie befragt haben und die zufrieden sind. Ich fahre mit ihnen eine Woche nach New York zum Shoppen und wenn ich zurückkomme und diese Kunden die gleiche Bewertung abgeben wie vorher, hänge ich meinen Job an den Nagel." Bis heute ist keiner auf dieses Angebot eingegangen, weil wir wissen, dass es nur eine subjektive Kundenzufriedenheit gibt. Da uns oft die Vergleichsgrundlage fehlt, sind wir mit sehr wenig zufrieden. Deshalb ist mein Argument auch immer: „Deutschland ist ein Service-Wunderland", in Kenntnis des Artikels in einer Zeitschrift, dessen Überschrift lautete: *Servicewüste Deutschland*. Ich sage immer: „Bis auf Schlagen lassen sich die Kunden in Deutschland alles gefallen."

Deutschland ist ein Service-Wunderland

Unsere Kunden wollen verblüfft werden.

Was ist Verblüffung? Verblüffung ist alles, was der Kunde oder Ihr Chef so nicht kennt oder erwartet. Das kann eine Produktidee oder eine Serviceidee sein, das kann ein Clubkonzept, ein Community-Konzept sein. Das kann auch eine höhere Hilfsbereitschaft sein. Ihrer Kreativität sind keine Grenzen gesetzt. Es muss nur ein Ziel erreicht werden: Die Verblüffung im positiven Sinn auf ein so hohes Maß zu steigern, dass die Mund-zu-Mund-Propaganda automatisch zunimmt. Verblüffung ist wie das Lösen des Gordischen

Unsere Kunden wollen verblüfft werden

Knotens. Und er ist ausgesprochen einfach zu lösen, wenn Sie ein System einhalten, das ich gleich beschreiben werde.

Stellen Sie sich doch einmal vor, wie vielen Menschen Sie von Ihrem letzten tollen Restaurantbesuch erzählt haben. Waren es drei Menschen oder mehr? In aller Regel haben Sie es fünf oder zehn, wenn nicht mehr Menschen erzählt. Wenn nur ein geringer Teil davon nun ebenfalls das Restaurant ausprobiert, wächst der Kundenstamm automatisch. Manchmal sogar schneller, als dem Restaurantbesitzer vielleicht lieb sein könnte. Das ist oft die Grundlage vieler dramatischer Wachstumssteigerungen von Firmen am neuen Markt für Aktien in Deutschland. Sie haben eine echte Marktlücke entdeckt, verblüffen damit ihre Kunden und schaffen dadurch eine riesige Nachfrage.

Sie können die Verblüffung sogar noch weiter steigern. Denken Sie einmal daran, wie vielen Menschen Sie davon erzählt haben, dass Sie Ihren Lebenspartner kennen gelernt haben. Ich vermute, es waren 20, 30, 40 oder sogar noch mehr.

Das Empfehlungsgeschäft hängt vom Verblüffungsgrad ab

Die Mund-zu-Mund-Propaganda oder das Empfehlungsgeschäft, bekanntlich die einfachste Form des Wachstums, hängt offensichtlich entscheidend vom Verblüffungsgrad ab.

Damit ist Verblüffung die nächste Schlüsselkomponente auf dem Weg nach oben. Die entscheidende Frage lautet, falls Sie bereits Unternehmer sind: Wann haben Sie das letzte Mal absichtslos mit Ihren Kunden zusammengesessen? Nicht, um ihnen ein neues Produkt vorzustellen, sondern einzig und allein um zu erfahren, wie Ihre Kunden denken, welche Probleme, Träume und Motive sie haben.

Das Gleiche gilt für die Karriere. Wann haben Sie das letzte Mal mit Ihren Chefs und Kollegen zusammengesessen, um zu erfahren,

Wann haben Sie das letzte Mal mit Ihren Chefs zusammengesessen?

was man Innovatives tun könnte oder was dem Einzelnen fehlt? Es gab einmal einen kleinen Jungen, der zu seinem Vater sagte: „Papi, es wäre schön, wenn aus diesem Fotoapparat direkt ein Foto herauskommen würde." Die Firma, die diese Idee realisiert hat, heißt heute Polaroid. Es gibt ein Buch von Daniel Goeudevert mit dem Titel *Mit Träumen beginnt die Realität*. Ich finde diesen Titel

5. Die Konzeption Ihres Erfolges

sehr treffend. Denn oft entstehen phänomenale Firmengeschichten dadurch, dass jemand sagte „Es wäre schön, wenn es das geben würde, aber das gibt es ja leider nicht." Sollten Ihr Kunde oder Ihr Chef einen Satz so beginnen, dann hören Sie genau zu. Sie haben wahrscheinlich die Chance, eine Firmengeschichte zu schreiben, vor sich.

Im Zusammenhang mit dem Buch *Abschied vom Verkaufen. Wie Kunden wieder alleine zu Ihnen finden* erzähle ich auf der Bühne immer wieder die Geschichte von Ford und General Motors. Ford hatte mit Henry Ford einen begnadeten Verkäufer, der für seine Automodelle der damaligen Zeit einen fantastischen Satz geschaffen hatte: „Sie können dieses Auto in jeder Farbe kaufen, die Sie haben wollen, vorausgesetzt sie ist schwarz." Auf einen solch verkaufsfördernden Satz muss man erst einmal kommen. Damals gab es ein Unternehmen, das gerade startete, heute General Motors heißt und auch bei uns in Deutschland unter dem Namen Opel agiert. Dieses Start-up-Unternehmen machte es von Anfang an richtig, weil es einer Philosophie folgte, die auch der Gründer von Sony zu seinem Firmencredo erklärt hat. Sie lautet: „Folgen Sie niemals der Idee eines anderen, denn Sie können nur noch zweiter werden." General Motors erkannte damals, dass es nicht möglich sei, mit den gleichen Spielregeln gegen Ford anzutreten, und suchte die Lücke. Man beschäftigte sich mit dem gerade entstehenden Thema Marketing. Innerhalb des Marketings gab es ein „Rosinchen", das man sich herausgriff. *Frage deine Kunden!* Dieses Rosinchen heißt: Frage deine Kunden, was sie wirklich wollen. General Motors fragte seine Kunden: „Wollt ihr wirklich alle schwarze Autos?" Die meisten antworteten: „Nein, aber es gibt keine anderen." Daraufhin wurde General Motors zum ersten Autohersteller, der farbige Autos anbot. Frage deine Kunden!

Vielleicht sagen Sie jetzt, das sei eine Idee, die heute nicht mehr funktioniert. Weit gefehlt. Frauen beispielsweise fahren seit Jahren Auto. Statistisch betrachtet sogar besser als Männer. Sie bekommen günstigere Versicherungsprämien und gelten durchaus als vorsichtigere Fahrerinnen. Die Automobilindustrie scheint dies jedoch erst vor wenigen Jahren erkannt zu haben, denn erst seit dieser Zeit gibt es frauengerechtere Autos. Und was ist mit den

Ich will nach oben

Kindern, die in Autos mitfahren? Vor wenigen Jahren war Volvo der erste Hersteller, der anfing, Kindersitze in den Rücksitz seiner Autos zu integrieren.

Die Liste der noch ausstehenden Innovationen und bestehenden Marktlücken ließe sich übrigens beliebig weiter fortsetzen, so dass ich behaupte, dass es noch unvorstellbar viele Marktlücken und damit Marktchancen gibt. Lassen Sie mich nur ein weiteres Beispiel bringen. Es ist die Firma Apple, die, nachdem Steven Jobs ins Unternehmen zurückkehrte, ebenfalls etwas Sensationelles erkannt hatte. Es gibt Menschen, die keine grauen, farblosen Computer besitzen möchten. Apple war der erste Hersteller, der mit farbigen Designer-Computern, so genannten i-macs, weltweit für Furore sorgte und nach meinem Wissensstand in den USA dadurch wieder zu einem vom Absatz her führenden PC-Anbieter wurde. Bei Federal Express erkannte man, dass das Einhalten von Terminen verblüffen kann. Manchmal sind es die einfachsten Dinge der Welt, die eine Marktlücke darstellen, man muss es nur ein bisschen besser machen, und das konsequenter als die Wettbewerber.

Aber Vorsicht. Orientieren Sie sich niemals an Ihren Wettbewerbern. Das gilt unter dem Karrieregesichtspunkt innerhalb einer Firma genauso wie für die klassischen Wettbewerber im Unternehmensbereich. Innovativ und damit verblüffend werden Sie nicht, indem Sie Ihre Wettbewerber beobachten, sondern indem Sie eine einfache Frage stellen, und das konsequent: Was sind die KBFs Ihrer Kunden oder Ihrer Interessengruppe? KBF heißt Kittel-Brenn-Faktor. Wo brennt Ihren Kunden der Kittel? Was empfinden sie als Mangel? Welches Defizit, das noch nicht gelöst ist, gibt es? Was wäre schön, wenn es das geben würde? Sie müssen sich nur Zeit nehmen und sich mit Ihrer Kundengruppe oder Interessengruppe zusammensetzen. Fünf bis sechs Menschen reichen aus. Wenn Sie sich regelmäßig mit ihnen treffen, eine Focus-Gruppe bilden und diese Focus-Gruppe auch auf maximal ein Jahr begrenzen, so werden Sie permanent neue Ideen und Inputs bekommen. Es gibt keinen einfacheren und schnelleren Weg, um auf den ständig schneller werdenden Wandel reagieren zu können. In den meisten Fällen gibt es übrigens auch keinen billigeren Weg, denn so

Wo brennt Ihren Kunden der Kittel?

5. Die Konzeption Ihres Erfolges

kostengünstig gibt es keine zweite Chance, an Informationen aus erster Hand zu kommen. Denken Sie daran: Kunden signalisieren oft sehr frühzeitig Trendwechsel.

Anfang der 90er Jahre, als ich meine Crash-Situation erlebte, hatte ich einen großen Fehler gemacht. Denn die ersten Kunden signalisierten mir bereits, dass unsere Verkaufssteigerungsprogramme, auf die wir damals spezialisiert waren, aus ihrer Sicht immer weniger funktionieren würden. Manch einer sagte zu mir: „Sie mit Ihren Neukundengewinnungsaktionen! Wir sind froh, wenn wir den Umsatz mit unseren bestehenden Kunden in diesem Jahr überhaupt halten können." Ich habe das nicht ernst genommen und damit die entscheidenden Signale überhört. Was habe ich übersehen? Unsere Verkaufssteigerungsprogramme waren ausschließlich auf Neukundengewinnung ausgerichtet. Das war der Fehler. Zu spät bemerkte ich, dass es einen Wandel von der Neukundengewinnung zur Kundenbindung gegeben hatte. Bekanntlich habe ich Glück gehabt und mich an die Spitze dieses neuen Trends setzen können. Allerdings bin ich heute sehr viel mehr darauf sensibilisiert, auf Kundenreaktionen zu achten, als das früher der Fall gewesen ist.

Stellen Sie, um die Kittel-Brenn-Faktoren Ihrer Kunden kennen zu lernen, drei entscheidende Fragen:

- Welche brennenden Probleme haben Ihre Kunden und Partner in ihrem täglichen Leben heute?
- Welche Träume haben Ihre Kunden und Partner heute?
- Welche Motive treiben Ihre Kunden und Partner heute an?

Welche Träume haben Ihre Kunden und Partner heute?

Ohne Zweifel würden die Innovationsbereitschaft und der Verblüffungsgrad zunehmen, wenn Menschen und Firmen regelmäßig diese Fragen stellen und aus den Antworten entsprechende Konzepte ableiten würden. Natürlich wird es für ein neu gegründetes Unternehmen oder für den Karriereaufbau einer Einzelperson einfacher sein, denn es gibt kaum alten Ballast zu berücksichtigen. Mit der richtigen Einstellung jedoch ist ein kritisches Hinterfragen für jeden und zu jedem Zeitpunkt möglich und notwendig.

Ich bekam vor einiger Zeit von einem der größten deutschen Versicherungskonzerne den Auftrag, die Vertriebsmitarbeiter mit einem Programm zu unterstützen. Es gibt da eine sehr einfache Aussage zum Thema „Rente in Deutschland". Wer im Jahr 2000 bereits 50 Jahre und älter ist, bekommt noch Rente. Wer zu diesem Zeitpunkt unter 50 Jahre alt ist, muss sich darauf einstellen, dass es nichts oder so gut wie nichts mehr geben wird, wenn er in Rente geht. Das hat die Diskussion um das Thema „Zusatzrente" zu einem topaktuellen Thema werden lassen. Marktforschungen bestätigten den Versicherungskonzernen, dass dieses Thema auch von jedem Einzelnen als ein zentrales Thema gesehen wird. Auf die Frage also: „Glauben Sie, dass Sie eine Zusatzrente benötigen?" antworteten die meisten Befragten mit Ja. Der Konzern wollte deshalb das Thema Zusatzrente in den Mittelpunkt unseres Programms stellen. Ich weigerte mich jedoch, dies umzusetzen und machte einen anderen Vorschlag: „Geben Sie mir 50 von Ihnen ausgesuchte Verkäufer und Verkäuferinnen und 100 Tage Zeit." Nach anfänglicher intensiver Diskussion akzeptierten sie meinen Vorschlag.

Ich lud diese 50 Verkäuferinnen und Verkäufer ein – wenn Sie eine eigene Firma haben, können Sie zu jedem Zeitpunkt das Gleiche tun – und bat alle Teilnehmer, zwei Aufgaben zu erfüllen. Sie sollten sich erstens fünf oder sechs Kunden, insbesondere abgesprungene Kunden aussuchen, sich mit ihnen zusammensetzen und ihnen diese drei Schlüsselfragen stellen: „Was sind Ihre brennenden Probleme, schönsten Träume und dringlichsten Motive?" Das stieß auf breite Akzeptanz. Die zweite Bitte ließ die Anwesenden im Raum allerdings sehr ruhig werden: „Bitte präsentieren Sie in 100 Tagen die Ergebnisse der Maßnahmen schriftlich und in Zahlen, die Sie aus diesen Fragen abgeleitet haben." Damit war allen Teilnehmern klar, dass dies richtig Arbeit bedeutete, denn keiner wollte in 100 Tagen schlecht dastehen. 50 Verkäufer und Verkäuferinnen entwickelten in 100 Tagen 68 verschiedene Maßnahmen. Es wurden teilweise sogar zwei und drei Maßnahmen parallel begonnen. Dabei erzielte eine Aktion im Verhältnis zu allen anderen einen überproportionalen Erfolg. Die Umsatzsteigerung belief sich in 100 Tagen auf 125 Prozent. Von zehn *Kontaktversuchen* gab es neun Termine und sieben bis acht

5. Die Konzeption Ihres Erfolges

Abschlüsse. Hieß diese Aktion „Zusatzrente"? Mitnichten. Die erfolgreichste Aktion hieß: Wie Sie mehr Geld am Monatsende in Ihrem Portemonnaie haben. Das ist ein eindeutiger Kittel-Brenn-Faktor und ich vermute, auch Sie würden nicht Nein sagen bei diesem Angebot. Das Unternehmen verfügte sogar über ein Angebot auf diesem Gebiet, es ging nur bei den vielen anderen Aktionen und Produkten einfach unter.

Der eindeutige Kittel-Brenn-Faktor

Verblüffend zu sein ist einfach. Die Ideen zu Verblüffung und Innovationen kommen Ihnen oft nicht sofort und zeitgleich mit der Nennung des Problems. Ideen entstehen überall. Ich habe mit vielen, sehr innovativen Ingenieuren gesprochen, die eine Vielzahl von Patenten besitzen, und ich fragte sie, wann sie ihre Ideen entwickelten. Praktisch ausnahmslos antworteten sie mir: „Zu allen unmöglichen Zeiten und in unmöglichen Situationen, allerdings niemals dort, wo es stattfinden sollte – in der Firma." Die meisten von ihnen trugen permanent entweder ein Diktiergerät oder ein Notizheft mit Kugelschreibern mit sich herum, um – egal wo sie sich befinden – eine Idee, einen Lösungsansatz sofort festzuhalten. Denn die Erfahrung zeigt: Wenn Sie es nicht sofort tun, ist die Wahrscheinlichkeit groß, dass diese Idee wieder verloren geht. Wenn es eine konkrete Aufgabe gibt, ist Ihr Unterbewusstsein in der Lage, genau dafür Lösungen zu entwickeln. Darauf ist es programmiert. Sie müssen Ihrem Gehirn nur eine konkrete Denkaufgabe stellen und Ihrem Kopf etwas Zeit für die Lösung lassen. Interessanterweise entstehen diese Ideen oft aus Ihrem Unterbewusstsein heraus. Sie kennen ja den Satz: Ich muss mal eine Nacht darüber schlafen. Auch das ist begründbar, denn in der Nacht sind wir in der Lage, Gedanken zu verarbeiten, zu sortieren und zu verdauen, sodass wir dadurch zu Entscheidungen kommen können. Andere wiederum nutzen bestimmte Situationen, beispielsweise das Joggen, gezielt dafür, sich eine Aufgabe zu stellen und darüber nachzudenken. Denn oft ist man beim Joggen besonders kreativ. Auch das ist erklärbar, denn während man läuft, wird das Gehirn bis zu zehnmal mehr durchblutet als zu normalen Zeiten. Das

Verblüffend zu sein ist einfach

Das Gehirn wird zehnmal mehr durchblutet

103

bedeutet, dass Ihr Gehirn nur so vor Kreativität sprudelt. Jetzt müssen Sie nur noch mit einem Diktiergerät sicherstellen, dass Sie diese Ideen auch sofort auf ein Tonband sprechen können.

Mit diesem Gesamtkonzept können Sie Verblüffung systematisieren und vor anderen auf Marktlücken stoßen. Dann sind Sie der Katalysator auf dem Weg nach oben.

Vernetzung und Verschmelzung

Wir sind zu einem kausalen Denken erzogen worden. Vernetztes Denken als Lehrinhalt gibt es an unseren Schulen nicht. Das ist umso erstaunlicher, als die Natur genau das ist. Die Natur ist ein vernetztes System von sich ergänzenden Komponenten ist. Sie stellt ein komplexes System dar, bei dem jedes Teilchen eine eigene Rolle spielt und keines auf die Idee kommen würde, dominieren zu wollen. Ich erkläre das immer gerne anhand des eigenen Körpers. Wissen Sie, wie oft Sie pro Minute ein- und ausatmen und wie viel Sauerstoff dabei transportiert wird? Wissen Sie, wie oft Ihr Herz schlägt? Wissen Sie, wie viel Prozent Sie über Ihre Haut ein- und ausatmen? Kennen Sie den Protein-, Kohlehydrat- und Fettanteil in Ihrem Körper? Mit hoher Wahrscheinlichkeit wissen Sie das alles nicht, außer Sie beschäftigen sich damit sehr intensiv. Trotzdem funktioniert Ihr Körper als ein in sich selbst geschlossenes System, bei dem übrigens kein einziges Organ auf die Idee kommen würde, dass seine eigene Rolle wichtiger sei als die des anderen. Das Herz würde beispielsweise nie dominant sein wollen, obwohl seine Funktion existenziell wichtig ist. Unser Körper ist ein sich selbst steuerndes vernetztes System. Selbst wenn Sie sich richtig Mühe geben, dieses System durcheinander bringen zu wollen, wird es Ihnen kaum gelingen, denn Ihr gesamtes Körpersystem wird sofort Gegenaktivitäten entwickeln, um das Gleichgewicht wieder herzustellen. Das ist ein komplexes Beispiel für ein funktionierendes vernetztes System. Das Gleiche gilt für die Natur. Schauen Sie sich einen Baum an, er wächst nach oben, hat einen Stamm, Zweige und Blätter; er richtet sich nach Sonne und Wasser aus und passt sich seiner Umwelt an. Eine ähnliche Entwicklung werden wir immer häufi-

5. Die Konzeption Ihres Erfolges

ger in Unternehmen feststellen. Im Grunde genommen gibt es heute schon immer weniger klassische Unternehmen, wie ich sie selbst noch kannte. Als Großkonzern groß geworden, galt früher das Thyssen-Hochhaus in Düsseldorf als Bollwerk einer Unternehmenswelt. Die Hierarchien waren klar gegliedert, das Ziel war vorgegeben und die Organisationsstrukturen waren klar definiert. Heute entstehen immer mehr virtuelle Unternehmen, denen es schwer fällt, die Anzahl ihrer Mitarbeiter überhaupt zu nennen, weil sie immer weniger Mitarbeiter im eigentlichen Sinne haben. Es gibt freie Mitarbeiter, Lizenzpartner, Kooperationspartner, Netzwerkpartner. Das führt zu den folgenden Annahmen:

Es wird keine Firmen mehr geben, wie wir sie kennen, sondern vernetzte Systeme, untereinander partnerschaftlich verbunden, weltweit tätig, klein, schnell, flexibel und extrem lernfähig. Die traditionellen Hochhäuser bisheriger Firmenzentralen werden verschwinden. Es entstehen globale Systeme, die durch Computertechnologie vernetzt sind. Orts- und zeitunabhängiges Arbeiten wird in Zukunft immer mehr Menschen ermöglicht werden. Es wird auch keine Kunden mehr geben, wie wir sie kennen. Vernetzung ist das Thema – diese Kunden werden eher Partner und am Erfolg beteiligt sein.

Es wird keine Firmen mehr geben, wie wir sie kennen

Es gibt auch keine Mitarbeiter mehr in dem Sinne, wie wir sie kennen. Der zukünftige Mitarbeiter ist selbst verantwortlich und am Unternehmen beteiligt, d.h. Mitunternehmer und mitverantwortlich. Innerhalb der nächsten zehn Jahre wird die überwiegende Mehrheit der Unternehmen jeden Mitarbeiter in irgendeiner Form am Erfolg des Unternehmens beteiligen.

Es wird keine Mitarbeiter mehr geben, wie wir sie kennen

Es wird auch keinen Markt mehr geben, wie wir ihn kennen. Jeder ist Bestandteil eines globalen Bewusstseins – im besten Fall einer weltweiten Community. Das wird 24 Stunden am Tag und 365 Tage im Jahr ohne Unterbrechung so sein. Auf dem Weg nach oben wird es entscheidend sein, diese Entwicklungen miteinander zu vernetzen und im eigenen Sinne umzusetzen.

Es wird auch keinen Markt mehr geben, wie wir ihn kennen

Beziehung und Partnerschaft

Wie viele Telefonnummern und Adressen umfasst Ihr persönliches Telefonverzeichnis? Sind es 100, 500, 1.000 oder sogar noch mehr? Ich meine Ihr persönliches Telefonverzeichnis und damit nur diejenigen Menschen, zu denen Sie auf irgendeine Art und Weise eine persönliche Beziehung haben. Wissen Sie, wer die Menschen sind, die Ihnen auf dem Weg nach oben helfen können?

Viele Menschen, insbesondere diejenigen, die zu den 98 Prozent gehören, die nicht an der Spitze ankommen, werden wahrscheinlich über nicht mehr als eine Handvoll Adressen verfügen. Diese sind in den meisten Fällen auch noch im privaten, familiären Bereich.

Eine einzige Beziehung aber kann bereits der Schlüsselfaktor für Ihren Erfolg auf dem Weg nach oben sein. Um wie viel Prozent mehr stiegen Ihre Chancen, wenn Sie über eine Adressliste verfügten, die Geheimnummern vieler prominenter Wirtschaftsleute enthalten würde? Um wie viel Prozent würde Ihr Marktwert wachsen, wenn Sie einen Großteil der deutschen Firmenführer anriefen, deren Sekretärinnen Sie namentlich bereits kennen oder möglicherweise sogar an der Stimme identifizieren würden? Keiner gewinnt alleine. Mein Partner Alfred J. Kremer hat das Buch *Reich durch Beziehungen* veröffentlicht. Er hat in diesem Buch bewiesen, dass erfolgreiche Menschen über ein fantastisches Netzwerk von Beziehungen verfügen.

Reich durch Beziehungen

Ein Netzwerk trachtet danach, sich selber weiter zu vernetzen. Das bedeutet, sind Sie einmal in einem Netzwerk, werden Sie automatisch weitergereicht. Diese Idee ist auch die Grundlage meines Clienting-Konzepts, das ich in dem Kapitel *Durchsetzung Ihres Erfolges* detailliert vorstellen werde.

Die Basisidee für den Weg nach oben ist sicherlich frappierend einfach. Durch die richtigen Kontakte und Beziehungen werden Sie automatisch nach oben getragen. Vielleicht könnte das sogar wichtiger sein als die eigentliche Fähigkeit. Den Wirtschaftsbossen dieser Welt wird immer wieder von Journalisten vorgeworfen, dass sie praktisch einen Insiderclub bildeten, bei dem nicht die Kompetenz im Vordergrund stünde, sondern die Zugehörigkeit zum elitären Club der Wirtschaftsbosse. Man befördere sich in den

5. Die Konzeption Ihres Erfolges

seltensten Fällen selbst hinaus, geschweige denn man würde hinausgeworfen. Einmal dabei, nie mehr allein.

Die meisten Menschen streben allerdings nicht systematisch nach dem Aufbau von Beziehungen. Meistens geschieht das zufällig. Dabei gibt es Orte, Clubs, Vereinigungen, Veranstaltungen, wo es ausgesprochen einfach ist, neue Kontakte zu knüpfen. Je angenehmer die Atmosphäre ist, umso besser sind die Chancen, Beziehungen aufzubauen. Sie müssen diese Gelegenheiten nur suchen. So gibt es Clubtreffen, beispielsweise der Marketing-Clubs in Deutschland oder des Lion's-Clubs, dessen Mitglieder über ausgezeichnete Beziehungen und Kontakte verfügen. Sind Sie einmal dabei, werden Sie weitergereicht. Es gibt Wohltätigkeitsveranstaltungen, gerade in Köln und Düsseldorf, aber auch in vielen anderen Städten, bei denen Sie neue Kontakte knüpfen können. Für die Erfolgreichsten dieser Welt sind die Beziehungen der Rohstoff ihres Vermögens. Sie haben praktisch für jedes Problem und jedes Thema eine Telefonnummer und zögern nicht, sie auch zu benutzen. Gestern las ich ein interessantes Beispiel für einen professionellen Umgang mit dem Aufbau von Beziehungen. Ich las im Internet-Telegramm *topline.com* von Mallorca folgenden Hinweis: *Geld für Kirche ... Der Golfclub Biniorella in der Gemeinde von Andratx hat 7,5 Millionen Peseten für die Restauration der Altarbilder der Kirche des Ortes gestiftet. Der Geschäftsführer des Golfclubs, Ebertz, unterschrieb zusammen mit der Bürgermeisterin Margarita Moner und Pfarrer Guardiola den Vertrag. Vor zwei Jahren zeigte sich die Golf- und Hotelfirma ebenfalls spendabel. Sie bezahlte die Grundausrüstung des Fußballvereins der Gemeinde.*

Dabei müssen Sie wissen, dass der Geschäftsführer des Golfclubs Dr. Ebertz aus Köln ist, der auf Mallorca ein Golfhotel auf höchstem Niveau besitzt. Ich kenne Dr. Ebertz seit langen Jahren persönlich und halte ihn für einen der erfolgreichsten Geschäftsleute. Seine Unternehmensgruppe erzielt mittlerweile einen Umsatz von mehr als einer halben Milliarde Euro. Kompliment, Herr Dr. Ebertz, Sie wissen, wie man Beziehungen in jedem Land zu jedem Zeitpunkt professionell aufbaut.

Werden auch Sie zu einem Profi im Aufbau von Beziehungen. Treten Sie in einen Club ein, der Ihnen Kontakte bringt. Fragen

Ich will nach oben

Sie sich, welche Menschen Sie kennen, die Ihnen wiederum Türen zu anderen Menschen öffnen können. Das Entscheidende beim Aufbau von Beziehungen ist die Absichtslosigkeit. Wenn Sie Beziehungen erst dann knüpfen, wenn Sie sie brauchen, ist es zu spät. Sie müssen sie vom ersten Tag Ihres bewussten Lebens an systematisch aufbauen und pflegen. Kinder reicher Eltern in der ganzen Welt gehen deshalb bereits im Vorschulalter in Elite-Kindergärten internationaler Prägung, damit sie dort Kontakte in der ganzen Welt knüpfen. Später ermöglichen es internationale Elite-Schulen, genau dieses weiter fortzusetzen – auf hohem Niveau weltweite Verbindungen zu knüpfen, auf die dann zurückgegriffen werden kann, weil der Freund eine führende Position in Tokio, London, San Francisco oder Hongkong innehat.

> *Das Entscheidende beim Aufbau von Beziehungen ist die Absichtslosigkeit*

Alfred J. Kremer sagt dazu: „Gras wächst auch nicht schneller, wenn man daran zieht." Damit meint er, dass auch eine Beziehung Zeit braucht, um zu wachsen, dass Sie sie nicht erzwingen können und dass der absichtslose Aufbau von neuen Beziehungen zur Vermehrung Ihres Erfolges führen kann. Wenn Sie das geschafft haben, gehören Sie zu einem elitären Zirkel, der ganze Branchen mit seinen Beziehungen regieren kann. War Ihnen die Erfolgsbedeutung des „Vitamin B" – also von Beziehungen – vorher schon so bewusst? Falls nicht, stellt jetzt diese neue Bewusstheit eine Chance für Sie dar auf dem Weg nach oben.

Für Unternehmen wird die Zukunft aus meiner Sicht entscheidend davon abhängig sein, wie es ihnen gelingen wird, glaubwürdige Partnerschaften aufzubauen. Man hat mich immer wieder gefragt, nachdem ich Anfang der 80er Jahre das Thema „Kunde" in Deutschland populär gemacht habe, was meine Prognose für das Jahr 2010 sei. Ich habe geantwortet: „2010 werden die Firmen die höchsten Wachstumshorizonte erreichen, denen es gelingen wird, glaubwürdige Partnerschaften nach allen Seiten aufzubauen." Der Erfolg eines Unternehmens wird zu einem vernetzten System, bei dem die Fähigkeit, Partnerschaften zu schließen, eine wichtige Rolle spielen wird. Man wird noch sehr viel lernen müssen, wie Partnerschaften funktionieren, denn ich glaube, dass wir da noch sehr wenig Erfahrung haben. Ende dieses Jahrzehnts, im Jahre

5. Die Konzeption Ihres Erfolges

2010 – rufen Sie mich an! – werden die Unternehmen die höchsten Wachstumsraten erreicht haben, denen es gelungen sein wird, glaubwürdig in Partnerschaften zu denken und zu handeln. Dann wird auch der Begriff Partnerschaft eine ganz andere Bedeutung haben. Anfang der 90er Jahre wussten wir eigentlich gar nicht, was Kundenbindung, Kundenzufriedenheit, Kundenorientierung bedeuten. Es waren Schlagworte, die inhaltlich wenig ausgefüllt waren. Heute wissen wir genau, wie wir diesen Ansprüchen gerecht werden können. Ähnliches wird mit dem Wort Partner und den Inhalten der Partnerschaft passieren. Wir werden lernen, dass Partnerschaft nicht bedeutet, dass nur der eine Partner etwas schafft, sondern dass es um eine gemeinsame Leistung geht. Wir werden Verbesserungen erzielen auf dem Gebiet der Firmenfusionen, denn das sind auch Formen von Partnerschaften. Wir wissen heute, dass 50 Prozent bis zwei Drittel aller Fusionen scheitern. Woran scheitern sie? Nach allen bisherigen Erkenntnissen scheitern sie an den Menschen in den Unternehmen, die nicht am gleichen Strang mitziehen. Auch hierfür werden wir in Zukunft bessere Lösungen erwarten können, obwohl diese Erkenntnis nicht neu ist. Wenn Sie in Ihr Unternehmen – angenommen, Sie haben bereits eins – zurückkommen und vielleicht aufgrund dieses Buches sagen: „Ab heute werden wir alles anders machen", so werden Sie drei unterschiedliche Reaktionen bekommen. Von zehn Mitarbeitern werden zwei sagen: „Eine ganz tolle Idee, ich habe die ganze Zeit darauf gewartet. Mir war längst klar, dass wir andere, neue Wege gehen müssen, um die Grundregeln unseres Erfolges zu ändern. Endlich passiert hier etwas." Das ist das obere Ende. Am unteren Ende werden Sie genau das Gegenteil finden, zwei werden sagen: „Oje, das brauche ich überhaupt nicht." Oder: „Tolle Idee, machen wir auch nicht." Viele nicken, denken aber: Lass den Alten mal machen, nach zwei bis drei Tagen ist der sowieso wieder im Tagesgeschäft versunken, und hat seine Veränderungsflausen wieder vergessen. Sechs von zehn in der Mitte, das sind – wie ich immer so schön sage – die Beckenbauer-Fans, die sagen: „Schauen wir mal." Sie sind weder besonders euphorisch, noch sind sie besonders pessimistisch, sie wollen eigentlich erst einmal abwarten.

Partnerschaft wird eine ganz andere Bedeutung haben

Damit haben Sie in ähnlicher Art und Weise eine gleiche Reaktionsstruktur, also zwei-sechs-zwei. Das bedeutet, dass Sie bei allem, was Sie tun, in jedem Fall eine achtzigprozentige Erfolgschance haben oder ein achtzigprozentiges Risiko zu scheitern. Wieso?

Die achtzigprozentige Erfolgschance

Wenn es Ihnen gelingt, mit den beiden begeisterten Vordenkern in Ihrer Firma die sechs Verharrenden zu motivieren, so haben sie 80 Prozent auf Ihrer Seite. Wenn es Ihnen gelingt, diese acht Mitarbeiter zu den ersten Schritten der Umsetzung zu bewegen, wird dies eine Eigendynamik geben, die zum Erfolg führt. Wenn Sie es allerdings zulassen, dass die zwei Verweigerer am unteren Ende Einfluss auf die sechs in der Mitte nehmen, dann werden Sie zu 80 Prozent, wenn nicht sogar gänzlich, scheitern. Das ist die Ursache für viele gescheiterte Veränderungsprozesse in Unternehmen. Im Grunde genommen liegt das nur an 20 Prozent der Mitarbeiter, die, was immer passiert, nie Interesse an einer Veränderung haben. Dann kommt es auf Ihre Toleranzbereitschaft an und auf Ihre Konsequenz, es ändern zu wollen. Sie haben sogar eine Chance, 90 Prozent Wahrscheinlichkeit zu erreichen. Denn wenn Sie einen der zwei Verweigerer erkennen können, identifizieren Sie ihn und – ich sage das ganz deutlich – entlassen Sie ihn. Häufig ist dann nämlich der zweite Verweigerer sehr schnell bereit, auf den neuen Weg einzuschwenken. Eine Chance für jedes Unternehmen, die Umsetzungschancen zu verbessern.

Betrachten wir noch einmal den Partnerschaftsaspekt. Dieses Mal sollten Sie den Partner in den Mittelpunkt Ihrer Unternehmensstrategie stellen und die einzelnen Ausprägungen der bisherigen Kontakte daraufhin überprüfen. Fangen wir noch einmal mit dem Kunden an. Wenn Sie die Grundregeln Ihres Geschäfts verändern wollen, ist mein Argument immer wieder, dass Sie den Begriff Kunde streichen müssen. Mit einem Denken in Kundenkategorien werden Sie die Grundregeln nicht verändern.

Streichen Sie den Begriff Kunde

Streichen Sie bitte den Begriff Kunde und ersetzen Sie ihn durch den Begriff Partner. In diesem Moment können Sie sich bereits eine entscheidende Frage stellen: Welches glaubwürdig gelebte, nachvollziehbare Partnersystem haben Sie mit Ihren Kunden? Falls Sie keines haben, ist jetzt Handlungsbe-

5. Die Konzeption Ihres Erfolges

darf angezeigt. Partnerschaftsmodelle werden Kundenmodelle in Zukunft bei weitem von der Bedeutung her überragen. Das habe ich von den Firmen gelernt, die bereits seit Jahren sehr erfolgreich Partnerschaftsmodelle mit Kunden umsetzen. Sie sagen mir heute im Rückblick auf ihre Erfahrungen Folgendes: „Nicht jeder Kunde ist partnerschaftsfähig." Das ist eine sehr entscheidende Schlüsselaussage, mit der auch Sie gut leben können, denn Sie brauchen nicht jeden Kunden. Nach allen Erfahrungen können Sie durchschnittlich auf mindestens 20 Prozent Ihrer Kunden verzichten, ohne dass irgendetwas passiert. Partnerschaftszentrierte Firmen würden heute viel deutlicher sagen, was sie geben, allerdings auch gleichzeitig, was sie erwarten. Denn oft ist es so, dass die Erwartungshaltung der Kunden völlig überzogen ist und das Unternehmen irgendwann diese überzogene Erwartungshaltung gar nicht mehr erfüllen kann. Koppelt sich die Erwartungshaltung des Kunden von der Vorstellung ab, ebenfalls eine Leistung erbringen zu müssen, kippt das Partnerschaftskonzept. Sagen Sie deutlich von Anfang an, was Sie geben und was Sie erwarten. Insgesamt betrachtet wird aber den Partnersystemen unter Kundengesichtspunkten die Zukunft gehören.

Der nächste interessante Aspekt unter dem Partnergesichtspunkt ist der Mitarbeiter. Ich habe bereits in einem anderen Zusammenhang erwähnt, dass wir keine Mitarbeiter im eigentlichen Sinne mehr brauchen, sondern Mitunternehmer. Denn der heutige Mitarbeiter muss immer mehr unternehmerisch tätig werden. Die erfolgreichsten Firmen werden ihre Mitarbeiter als Partner betrachten und am Erfolg beteiligen. Partnerschaftsmodelle unter Mitarbeitergesichtspunkten werden in immer mehr Personalabteilungen eine zentrale Rolle spielen. Schon heute gehen viele Unternehmen mit dem Motiv an die Börse, auf diese Weise ihre Mitarbeiter in Form von Aktienoptionen am Erfolg zu beteiligen.

Die nächste Partnerdimension ist der Lieferant. Auch hier wird es immer mehr Modelle geben, denen eine viel intensivere Zusammenarbeit zugrunde liegen wird. Lieferanten werden ebenfalls zu Partnern und in das gesamte System integriert, direkt in Entwicklungsprozesse mit eingeschlossen und eines Tages auch möglicherweise am Erfolg des Unternehmens mitbeteiligt sein.

Ich will nach oben

Die nächsten Partnerschaftsmodelle werden mit Clubs, Gemeinschaften, Verbraucherverbänden, Kreditkartengesellschaften entwickelt, die im Wesentlichen keine Produkte mehr besitzen oder liefern, sondern Mitglieder haben. Je mehr es uns gelingt, mit solchen Gemeinschaften in Kontakt zu treten und sie in unser Partnersystem einzubinden, umso größer wird auch unser vernetztes System. Auch die Rolle der Kapitalgeber verändert sich. Sie werden zu Partnern, beteiligen sich am Unternehmen, verzichten auf Honorare, erhalten dafür Aktienoptionen und sind damit integrierter Bestandteil eines Gesamtsystems. Im Rahmen eines solchen vernetzten Systems wird das Denken in Partnerschaften in den nächsten Jahren ungeahnte Dimensionen erreichen.

Ein Aspekt der Partnerschaft wird ebenfalls eine sehr wichtige Rolle spielen: die Partnerschaft mit Wettbewerbern. Insofern wird die Daimler-Chrysler-Fusion eines Tages vielleicht nicht mehr als Fusion bewertet, sondern als ein Partnerschaftsmodell zweier einander ergänzender Automobilkonzerne. Wir stehen am Anfang einer großen Fusionswelle in dieser Welt. Offensichtlich liegt den meisten Fusionsansätzen der Partnerschaftsgedanke zugrunde, denn das bietet die besten Chancen, dass aus eins plus eins auch wirklich zwei wird.

Die Weiterentwicklung des Partnerschaftsgedankens wird Community heißen

Was kommt nach den Partnern? Sie wissen, dass diese Frage immer wieder gerne gestellt wird, obwohl wir gerade erst lernen, wie Partnerschaften funktionieren. Ich bin überzeugt, dass die Weiterentwicklung des Partnerschaftsgedankens Community heißen wird.

Jedes Jahrzehnt hat bisher ein Thema gehabt, das vor allen anderen eine entscheidende Rolle gespielt hat. Den Unternehmen, denen es gelungen ist, in den 70er Jahren Marketing vor allen anderen Firmen professionell umzusetzen, gehört heute noch in den meisten Fällen die Marktführerschaft. Denn durch die Konzentration auf Marketing erzielten die besten Unternehmen sensationelle Aufschwünge. In den 80er Jahren wurde das Thema Qualität wiederentdeckt. Dieses Mal allerdings nicht in Deutschland oder Europa, sondern in Japan. Fortan hieß es „Made by Sony" und nicht mehr „Made in Japan". Durch Kaizen Total Quality Management wurden neue Qualitätswerte eingeführt. Heute ist

Qualität eine Art Hygienefaktor geworden, der Kunde erwartet sie, aber den Auftrag erhalten wir dadurch nicht. Dazu muss mehr passieren. Die 90er Jahre waren sicherlich das Jahrzehnt, in dem man den Kunden wiederentdeckt hat. Ohne Zweifel hat es ihn schon immer gegeben, nur die Unternehmen, die den Fokus darauf richteten, wurden in den 90er Jahren zu den Marktführern ihrer Branche. Das nächste Jahrzehnt wird das Jahrzehnt sein, in dem Partnerschaften die entscheidende Rolle spielen werden.

Einzigartigkeit und Konzentration

Gegen welches ewige Gesetz des Erfolges verstoßen Menschen und Firmen aus Ihrer Sicht am meisten? Ich vermute, es werden die Aspekte Einzigartigkeit und Konzentration sein. Wir haben nie gelernt, uns zu konzentrieren. Ich habe es in einem anderen Zusammenhang bereits in diesem Buch geschildert. Viel eher neigen wir dazu, uns zu verzetteln.

Als ich meine Crash-Situation erlebte, analysierte ich, wie viele Dienstleistungen wir zu diesem Zeitpunkt anboten. Ich stellte fest, dass wir mehr als 100 verschiedene Leistungen in Form von Seminaren, Programmen und Coachings anboten. Es war klar, dass ein 20-Mann-Unternehmen sich eine solche Verzettelung nicht dauerhaft leisten kann. Vobis, eine Computerhandelskette, war einstmals Marktführer in Deutschland, jetzt ist sie zu einem Problemfall geworden. Der neue Vorstandsvorsitzende hatte zuerst einmal entschieden, rund 5.000 der 7.500 Artikel nicht mehr in den Geschäften zu vertreiben, sondern sie entweder ganz fallen zu lassen oder per Internet zu verkaufen. In den 80er und Anfang der 90er Jahren waren die Diversifikationsstrategien weltweiter Unternehmen en vogue. Der Mischkonzern war gängige Praxis. Globale Unternehmen kauften sich fast wie wild in alles ein, dessen sie habhaft werden konnten, und begründeten oft erst im Nachhinein den Sinn dieser Beteiligungen.

Auch vor deutschen Firmen machte dieser Größenwahn nicht Halt und so hatte manch deutscher Konzern in den 80er und in den 90er Jahren Milliardenverluste abzuschreiben für nicht profitable Geschäftsbereiche. In den meisten Fällen waren es Einheiten, die nicht zum Kerngeschäft des Unternehmens gehörten. Dabei konnte man es vorhersehen, denn die Natur verhält sich grundsätzlich anders, nämlich immer konzentriert, genauer gesagt: engpasskonzentriert. Sie sucht die Lücke zwischen den bestehenden Systemen. Das ist energieschonend, was für das Überleben existenziell wichtig ist. Oft glauben wir Menschen allerdings, die Gesetze der Natur aushebeln zu können. Beobachten Sie einmal einen Grashalm, der zwischen den Steinen auf einer Terrasse nach oben wächst. Was macht dieser Grashalm? Er sucht sich die Lücke zwischen den Steinen, er würde niemals versuchen, mit seiner geringen Kraft von unten gegen einen Stein zu drücken, um dann nach oben zu kommen, weil das von Anfang an unmöglich ist. Genau das versuchen aber sehr viele Unternehmen mit ihren Produkten. Sie schaffen Me-too-Produkte, die sich in nichts von den Produkten ihrer Wettbewerber unterscheiden, und wundern sich dann, dass es zu einem Preiskampf kommt. Der entscheidende Satz lautet: „Gehen Sie raus aus der Vergleichbarkeit." Das gilt für Sie als Einzelperson genauso wie für ein Unternehmen. In dem Moment, in dem Sie vergleichbar sind, sind Sie austauschbar und reduzieren damit Ihre Einzigartigkeit.

Gehen Sie raus aus der Vergleichbarkeit

Nehmen wir noch einmal das Beispiel meines ersten Buches. Damals war ich ein unbekannter Autor. Ich ging in die Buchhandlung und analysierte die lieferbaren Verkaufsbücher. Es waren bereits Hunderte. Oft waren es renommierte Autoren, die ich zum Vorbild hatte. Fast hätte mich bei diesem Überangebot an Verkaufsbüchern der Mut verlassen, ein eigenes Buch zu schreiben, denn wodurch sollte ich mich von ihnen unterscheiden? Wie sollte ich ein Buch schreiben, das eines der meistgelesenen Verkaufsbücher werden sollte? Denn mit dieser Absicht trat ich an. Schnell war mir klar, dass ich, um aus der Vergleichbarkeit herauszukommen, entweder die Art des Schreibens verändern musste oder die Art der Aufmachung. Sie kennen bereits die Spielregel: Folgen Sie niemals der Idee eines anderen, wenn Sie innovativ sein wollen. Ich überlegte eine Zeit lang und irgendwann fand ich die Marktlücke. Es gab viele Verkaufsbücher sehr renommierter Autoren, aber im Grunde genommen waren sie alle nach dem gleichen Prinzip aufgebaut: Bücher sind zum Lesen da. Dieses System habe ich hinterfragt und ein Verkäufer half mir dabei, einen neuen Weg zu finden.

Ich führte damals sehr häufig so genannte Bordsteingespräche mit Verkäufern durch, das heißt, ich begleitete sie einen ganzen Tag lang zu ihren Kunden, um sie vorher und hinterher zu coachen. In einer solchen Situation befand ich mich mit einem Verkäufer, der ein Abschlussgespräch in der Firma Karmann vor sich hatte, bei dem es um Einsatzteile für ein Cabrio ging. Der Verkäufer sagte mir, dass er 30 Prozent zu teuer war und in fünf Minuten das Gespräch mit dem Kunden führen musste. Deshalb fragte er mich, was mein Vorschlag wäre, wie er den Auftrag bekommen kann. Ich sagte erst einmal: „Oh, das ist schwierig", woraufhin er lapidar meinte: „Das stimmt, allerdings haben wir jetzt nur noch viereinhalb Minuten Zeit, um uns etwas einfallen zu lassen." Damit hatte er mir das Problem eines jeden Verkäufers geschildert. Wie erhalte ich in fünf Minuten einen Tipp, mit dem ich mehr verkaufen kann?

Dieses Gespräch bildete die Grundlage meines ersten Verkaufsbuches, denn der Untertitel lautete *Die Einseiten-Methode*. Die Idee war sehr einfach und wurde entsprechend vermarktet. Die Werbung für dieses Buch lautete: Kaufen Sie ein Buch, das Sie nicht lesen müssen. Gemeint war damit, dass dieses Buch aus 200 Fragen und 200 Antworten bestand und dass jede Frage inklusive der Antwort in weniger als fünf Minuten zu lesen war. 200 Fragen zur täglichen Praxis des Verkaufens mit 200 Antworten, jede Seite für sich selbst abgeschlossen und als ein Kapitel zu lesen. Somit hatte ich ein Verkäufer-Lexikon geschaffen. Die Nachfrage war enorm, oft lag das Buch auf dem Beifahrersitz des Verkäufers. Selbst an einer Ampel konnte man kurz hineinschauen und bekam neue Ideen und Anregungen. Dieses Buch bildete unter anderem den Durchbruch für meine Karriere und Laufbahn als Verkaufsberater.

Sie kennen möglicherweise das Pareto-Gesetz, auch bekannt als die 20:80-Formel. Pareto hat bewiesen, dass 20 Prozent der Kunden 80 Prozent des Ergebnisses bringen. Diese Gesetzmäßigkeit können Sie ausweiten. Wir wissen, dass annähernd 20 Prozent unserer Produkte 80 Prozent des Deckungsbeitrages bringen. Weiter ist uns bekannt, dass 20 Prozent unserer Kunden 80 Prozent unseres Erfolges ausmachen. Die größten Unternehmen erzielen

Ich will nach oben

mit 20 Prozent der Geschäftsstellen 80 Prozent ihres Ergebnisses. Hierbei handelt es sich wiederum um das Konzentrationsgesetz.

Konzentrationsgesetz Mit relativ wenig Einsatz erzielen wir bereits den größten Teil unseres Erfolges. Leider gilt natürlich auch die umgekehrte Formel: Mit den verbleibenden 80 Prozent unseres Einsatzes erzielen wir nur noch 20 Prozent unseres Ergebnisses. Diese Formel ist in der Regel bekannt.

Das führte dazu, dass Unternehmen A-, B-, C-Bewertungen im großen Stil einführten. Wir halten jedoch eine Differenzierung für weitaus interessanter und damit eine Einteilung in drei Kategorien, und zwar in die Kategorien T – E – V. T sind die Top-Kunden und Top-Produkte. Müssen wir uns darauf konzentrieren? In der Regel nicht, denn in den meisten Fällen ist dort schon sehr viel Arbeit geleistet worden. Gehen wir in die andere Kategorie V. V steht für Verzichten. Auf welche Kunden und auf welche Produkte wollen Sie verzichten? Die Erfahrung lehrt, dass Sie durchaus auf 20 Prozent Ihrer Kunden verzichten können, ohne dass irgendetwas passiert. Das interessante Spielfeld stellen jedoch die entwicklungsfähigen Kunden und Produkte dar. Das sind in der Regel rund 60 Prozent des Gesamtvolumens. Meistens kommen diese allerdings zu kurz, weil alle Kunden gleich behandelt werden. Konzentrieren Sie sich auf wenige ausgesuchte entwicklungsfähige Kunden und Produkte, Sie werden feststellen, dass Sie Ihre Wachstumschancen erheblich erhöhen, und das nur, weil Sie eine Fokussierung durchgesetzt haben. Auf welche Produkte und auf welche Kunden Sie sich allerdings konzentrieren, müssen Sie selbst entscheiden, denn es sind Ihre Bewertungsregeln, die als Grundlage dienen. Für Ihre Karriere gilt das gleiche System. Auf welche entscheidende Person wollen Sie sich konzentrieren?

Die Konzentration auf eine Marktlücke wie beispielsweise die Einseiten-Methode, die Konzentration auf einen ausgesuchten

Konzentration auf eine Marktlücke Kundenkreis wie beispielsweise bei Apple im DTP-Desktop-Publishing-Markt und die Konzentration auf entwicklungsfähige Produkte und Dienstleistungen, wie es beispielsweise die Direktbanken in letzter Zeit geschafft haben, erhöhen die Wachstumschancen auf dem Weg nach oben signifikant.

5. Die Konzeption Ihres Erfolges

Ein Wissenschaftler namens Liebig hat ebenfalls einen entscheidenden Beitrag zur Erkenntnis dieser Gesetzmäßigkeiten geleistet. Liebig hat festgestellt, dass der Boden aus Tausenden von Substanzen besteht. Für das Wachsen und Gedeihen von Getreide sind allerdings nicht alle Substanzen gleichzeitig verantwortlich, sondern immer nur einer von vier Elementen, die im Boden am wenigsten vorhanden sind. Er hat sie die „Minimum-Faktoren" genannt. Diese vier sind Kali, Stickstoff, Phosphor und Schwefel. Liebig hat bewiesen, dass das Wachstum des Getreides dann gestoppt wird, wenn einer der vier Faktoren das Minimum an Konzentration erreicht hat. Interessant dabei ist, dass man in diesem Fall beliebig viel von den anderen drei Faktoren hinzugeben kann, es wird trotzdem nichts mehr passieren, höchstens eine Übersäuerung des Bodens. Die Zugabe des fehlenden Stoffes im richtigen Verhältnis führt dagegen zu einer ansehnlichen Steigerung der Getreideernte. Mit Hilfe dieser Erkenntnis wurde eine völlig neue Generation von Düngemitteln geschaffen.

Minimum-Faktoren

Also es war immer nur ein Faktor für das weitere Wachstum verantwortlich und nicht Hunderte gleichzeitig. Viele Unternehmen und Menschen denken aber genau anders herum. Sie sehen oft den Wald vor lauter Bäumen nicht. Sie versuchen, mit Aktionen und Programmen alle existierenden Probleme gleichzeitig anzupacken, und werden damit zwangsläufig scheitern. Deshalb lautet die entscheidende Schlüsselfrage, zum Wachstum eines jeden Menschen: Welcher Engpass Nr. 1 verhindert heute meine Weiterentwicklung am meisten? Gelingt es Ihnen, Ihren persönlichen Engpass, der als so genannter Minimum-Faktor am geringsten ausgeprägt ist, zu erkennen und zu lösen, werden Sie überproportional wachsen, bis Sie wiederum den nächsten Engpass vor sich haben.

Welcher Engpass verhindert heute meine Weiterentwicklung am meisten?

In der Natur gibt es interessanterweise keine Probleme in dieser Hinsicht, die kennen nur wir Menschen. Die Natur „denkt" anders, sie definiert ein Problem immer nur als ungelöste Aufgabe, die eine Weiterentwicklung am meisten hindert. Die Natur weiß, dass Erfolg das Lösen einer unendlichen Kette aneinander gereihter Engpässe bedeutet. Probleme als

Die Natur definiert ein Problem immer nur als ungelöste Aufgabe, die eine Weiterentwicklung am meisten hindert

solche kennt sie nicht, alles ist eine Nivellierung auf dem Weg nach oben. Gibt es wiederkehrende Engpässe? Ja, es gibt sie. In der Finanzdienstleistung sehe ich beispielsweise immer wieder die gleichen vier immer wiederkehrenden grundsätzlichen Minimum-Faktoren einer Weiterentwicklung. Diese lauten:

- Termine
- Rekrutierung
- Führung
- Aktionen

Jedes Finanzdienstleistungsunternehmen wird nach erfolgreicher Bewältigung des aktuellen Minimum-Faktors bereits wieder den nächsten vor sich haben und dieser Prozess ist interessanterweise permanent erkennbar. Menschen wie Mewes, Pareto und Liebig haben die Grundlagen des Wachstums eindrucksvoll erforscht und den Weg nach oben damit aufgezeigt.

Ich möchte Ihnen nun eine entscheidende Frage stellen: Was ist Ihr Kerngeschäft der Zukunft? Halten Sie bitte einen Moment inne, klappen Sie das Buch zu, nehmen Sie sich ein Blatt, schreiben Sie einmal auf, was Sie als Ihr Kerngeschäft der Zukunft betrachten. Wenn Sie das getan haben, lesen Sie bitte das Beispiel des Unternehmens IBM. Betrachten Sie IBM bitte nur als ein Beispiel unter vielen.

Was ist Ihr Kerngeschäft der Zukunft?

Jeder kennt IBM. IBM ist eines der erfolgreichsten Unternehmen in den 80er Jahren gewesen und hat gerade wieder ausgesprochen erfolgreiche Zahlen in den USA präsentiert. IBM hat in seiner besten Zeit – wir nennen es die zweite Dimension der unternehmerischen Weiterentwicklung – rund 4,5 Milliarden Dollar Gewinn gemacht. Ich darf einmal drei Definitionen beziehungsweise drei Dimensionen des Kerngeschäfts aufzeigen, von denen IBM zwei umgesetzt hat. Anschließend erlaube ich mir zu präzisieren, was ein möglicher dritter Weg, eine dritte Dimension sein sollte.

Interessanterweise kritisierten 1999 Aktienexperten IBM, obwohl dieses Unternehmen gerade zu diesem Zeitpunkt beste Zahlen präsentierte. Profis bemängelten, dass das Unternehmen eine entscheidende Zukunftskomponente noch nicht konsequent genug umgesetzt hätte. Wenn Sie weiterlesen, finden Sie die Erklärung dafür.

In den 50er Jahren hat das Unternehmen die Frage nach dem Kerngeschäft so beantwortet: „Unser Geschäft ist die Herstellung von Lochkartenmaschinen." Dieser Satz stellt eine so genannte produktbezogene Definition des Kerngeschäfts dar. Wie lange geht eine solche Definition des Kerngeschäfts gut? So lange, bis es einem Wettbewerber gelingt, das gleiche Produkt ein bisschen besser und ein bisschen billiger zu machen, und so lange der Markt automatisch weiterhin wächst. Sie entscheiden, in welcher Phase Sie sich befinden und ob Ihrerseits ein Wechsel erforderlich ist. Wenn ein produktbezogenes Kerngeschäft noch funktioniert, ist ja alles in Ordnung. Bleiben Sie dabei. Nur in den meisten Fällen reicht das heute nicht mehr aus. Deshalb hat das Unternehmen IBM clever die Dimension verändert. Es hat eine neue Dimension seines Kerngeschäfts eingeführt. Bei IBM hat man später gesagt: „Unser Geschäft ist die Datenverarbeitung." Anders ausgedrückt: In diesem Fall ging es um eine so genannte problemlösungsbezogene Definition des Kerngeschäfts. Das ist sehr interessant, denn dieses Mal steht nicht eine produktbezogene, sondern eine problembezogene Lösung im Vordergrund. Diese heißt: Wir lösen das Problem Datenverarbeitung besser als jeder andere. Doch auch hier haben sich die Zeiten verändert.

IBM hätte ein drittes Mal umschalten müssen und noch einmal das Kerngeschäft verändern sollen. Dieses Mal hätte IBM nicht mehr die Problemlösung in den Vordergrund stellen müssen, sondern einen anderen Aspekt. Der Schlüsselsatz lautet: „Unser Geschäft besteht darin, mit allen Mitteln und Möglichkeiten zu helfen, dass unsere Kunden selbst bessere Geschäfte machen." Das gilt für den Business-to-Business-Bereich. Falls Sie Privatkunden haben, gilt

Unser Geschäft besteht darin, mit allen Mitteln und Möglichkeiten zu helfen, dass unsere Kunden selbst bessere Geschäfte machen

mit einer kleinen Abwandlung der gleiche Ansatz: Unser Geschäft besteht darin, mit allen Mitteln und Möglichkeiten zu helfen, damit unsere Kunden selbst besser leben können.

Die dritte Dimension ist damit ein entscheidender und dramatischer Sprung in eine neue Zukunft. Sie bedeutet, dass Sie kein

Bieten Sie aktive Lebenshilfe und aktive Lebensunterstützung

Problemlöser und auch kein Produktanbieter mehr sind, sondern dass es Ihr Selbstverständnis ist, dafür zu sorgen, dass Sie Ihren Kunden und Partnern aktive Lebenshilfe und aktive Lebensunterstützung bieten.

Sie werden damit zu einem Kunden-Erfolgssteigerungspartner. Eines ist offensichtlich: Helfen Sie Ihrem Kunden und Partner, mit dem, was Sie anzubieten haben, ein Stückchen besser und einfacher leben zu können, ein Stückchen erfolgreicher zu werden, so sind Sie herzlich willkommen. Wenn Sie dann auch noch beweisen, dass Ihre Konzepte funktionieren, haben Sie die besten Chancen zur Marktführerschaft.

Fiel Ihnen beim Lesen ein kleines, unscheinbares Wort auf? Dieses Wort heißt „helfen". Sie können es sich sehr einfach machen. Analysieren Sie erfolgreiche Start-up-Firmen, Marktführer, Firmenkonzepte und persönliche Karrieren einmal auf dieses Wort hin. Ist es diesen Menschen und Firmen gelungen, ihren Kundengruppen mit einer neuen Lösung und einem innovativen Konzept zu helfen? Dann werden sie zu den Siegern gehören.

Es hört sich fast zu einfach an, aber es entspricht den Tatsachen. Eine schnellere, einfachere und bessere Lösung, die dem

Helfen Sie und Ihnen wird geholfen

Kunden hilft, sein Geschäft besser, einfacher und professioneller zu erledigen, hat ein riesiges Marktpotenzial. Aus diesem Grund wird es noch unvorstellbar viele Geschäftschancen geben, weil sich die meisten Unternehmen immer noch nicht als Helfer ihrer Kunden und Partner verstehen. Helfen Sie und Ihnen wird geholfen.

Lesen Sie eine weitere ausführliche Erklärung zu diesem Themenbereich in dem Kapitel *Clienting*. Auf unseren Web-Seiten finden Sie als Fallstudien Beispiele von Firmen, die dieses Gesetz bereits erfolgreich umgesetzt haben.

Anziehungskraft und Positionierung

Sie können diesen Themenbereich auch Profiling nennen. Sie brauchen eine Positionierung, die Sie in dieser Form einmalig macht, denn Sie müssen dafür sorgen, dass Ihre Anziehungskraft

5. Die Konzeption Ihres Erfolges

immer weiter zunimmt. Ihre Zielsetzung ist, die Nummer eins zu werden oder zu bleiben. Sie können sich die Disziplin selbst aussuchen. Im Zweifelsfall können Sie einen neuen Markt schaffen. Da ich der Erfinder des Begriffes Clienting bin und daraus eine Lehre entwickelt habe, war es relativ leicht, den Titel „Clienting-Papst" zu erhalten.

Wie schon gesagt sind alle Bilanzen, die wir veröffentlichen, im Grunde genommen falsch. Sie sind aus zwei Gründen falsch. Erstens beziehen sich diese Bilanzen auf einen falschen Zeitraum, auf 365 Tage und nicht auf rund 1.000 Tage. Aber sie sind aus einem noch viel entscheidenderen Grund falsch. Unsere Bilanzen sind Zahlenbilanzen. Dort stehen die Zahlen für Umsatz und Profit. „Profit is the name of the game" haben viele lange argumentiert, in Unkenntnis dessen, dass es eine viel wichtigere Bilanz gibt. Es ist die Spannungsbilanz. Die Frage lautet: Wie spannend sind Sie für Ihre Kunden, Mitarbeiter und Lieferanten? Denn sind Sie spannend, werden Sie automatisch Anziehungskraft und Attraktivität entwickeln, was wiederum dazu führt, dass Kunden und Mitarbeiter von alleine zu Ihnen kommen. Das senkt Ihre Vertriebskosten und steigert Ihren Profit. Der Erfolgskreislauf fängt offensichtlich woanders an, nicht bei den Zahlen. Zahlen sind ein direktes Ergebnis anderer Prioritäten. Das gilt genauso für den einzelnen Menschen. Wer immer nur auf sein Gehalt schaut, wird den wirklichen Grund seines Erfolges gar nicht erkennen, denn nur die Erhöhung der Spannungsbilanz führt zu höheren Gehältern, Einkommen und eines Tages Vermögen. Es sollte gelingen, von irgendwelchen Druckmethoden auf Sog umzustellen. Die Idee lautet: Sog statt Druck. Je mehr Sog Sie erzeugen können, umso mehr werden Sie automatisch nach oben getragen, weil viele ein Interesse daran haben werden, Sie genau dort oben an der Spitze zu sehen. Es ist wie ein Naturgesetz: Sie sind der Magnet und alles bewegt sich auf Sie zu. Das stellen Sie bei jedem Promi fest. Jeder würde gerne einen oder mehrere Prominente kennen, weil man sich für sich selbst Vorteile davon erhofft.

Wie spannend sind Sie für Ihre Kunden?

Sog statt Druck

Sie sind der Magnet und alles bewegt sich auf Sie zu

Wie wird man Promi? Indem man eine einzigartige Positionierung umsetzt. Management-Gurus in den USA beispielsweise wissen,

121

dass es ihnen gelingen muss, ein Thema für sich zu besetzen, denn dann sind sie gefragte Menschen und begehrte Redner. In den USA gibt es ein regelrechtes Rennen um die höchste Akzeptanz in den Bereichen Führung oder Management und in vielen anderen Disziplinen. Deshalb wird geforscht, es werden Thesen aufgestellt und Begriffe wie Re-Engineering erfunden, die eine klare und eindeutige Positionierung ermöglichen.

Unterschätzen Sie die Bedeutung der Positionierung niemals. Allein durch die Kenntnis und Umsetzung Ihrer Positionierungsidee können Sie Ihr Einkommen und Ihre Karriere dramatisch verbessern. Auch in Deutschland hat man mittlerweile die Bedeutung der Positionierung einer einzelnen Person erkannt und es gibt inzwischen den führenden europäischen Money-Coach, den Fitness-Papst, den Business-Coach, den Motivationsguru und den Zeitmanagement-Papst.

Schaffen Sie sich Ihre eigene Positionierung. Wenn Sie die vorgenannten Spielregeln akzeptieren und die Konzepte der Einzigartigkeit realisieren, dürfte es Ihnen leicht fallen, eine einzigartige Positionierung zu erreichen. Übertragen Sie dieses Profiling an keine andere Person, das ist Ihre eigene Chefsache. Wenn Sie Ihre Positionierung geschaffen haben, werden Sie feststellen, dass es am Anfang sehr viele Kritiker geben wird, die das nicht akzeptieren wollen. Bleiben Sie konsequent. In dieser Phase wird sich erweisen, ob Sie Ihre Anziehungskraft auf dem Weg zu einer Positionierung erhöhen können. Man wird versuchen, Sie genau von dieser Positionierung abzubringen. Man wird Sie anzweifeln, kritisieren, in Frage stellen, einfach alles versuchen, damit Sie nicht einzigartig werden, weil das den meisten Menschen nicht gefällt. Gelingt es Ihnen, auf Ihrer Linie zu bleiben, ist der Weg zur Kundenführerschaft und damit Marktführerschaft offen. Haben Sie dann auch noch das Gesamtkonzept dieses Buches akzeptiert, umgesetzt und realisiert, werden Sie zu einem vermögenden Menschen werden. Nützt Ihre Positionierung Menschen und Firmen, hilft sie ihnen im täglichen Leben, werden Sie steinreich.

Schaffen Sie sich Ihre eigene Positionierung

Profiling, das ist Ihre eigene Chefsache

5. Die Konzeption Ihres Erfolges

Timing und Wandlung

Der siebte Faktor der ewigen Gesetze des Erfolges, ist der Zeitfaktor. Er ist ebenfalls ein entscheidender Schlüsselfaktor. Manche Idee zum falschen Zeitpunkt ist genauso katastrophal, wie keine Idee zu haben. Ich selbst habe auch das am eigenen Leib erfahren. Ich habe Ihnen meinen Traum geschildert, Erfolg demokratisieren zu wollen.

Anfang der 90er Jahre kam ich mit Apple zusammen. Apple plante damals ein sensationelles Produkt, der Code-Name hieß „Sweat Pea". Sweat Pea war ein Wunderding, technologisch betrachtet. Sweat Pae sollte ein tragbarer CD-ROM-Player sein mit eingebautem LCD-Bildschirm, anschließbar an jeden PC, Fernseher und Macintosh und später mit integriertem Internet. Mich faszinierten diese Idee und die Technik, vor allen Dingen, weil ich in Paris bereits die ersten Prototypen in den Händen gehalten hatte. Dieses Produkt brauchte Inhalte, Contents, wie man heute sagt. Ich sollte einer der Content-Lieferanten sein, denn mein Ziel war es, einen elektronischen Unternehmensberater zu entwickeln, der mit diesem Gerät vertrieben werden sollte. Die Idee war faszinierend. Ein System sollte in der Lage sein, viele Fragen zum beruflichen Aufstieg und Erfolg zu beantworten zu und das auf eine sehr einfache und tragbare Art und Weise. Leider hat mich diese Idee viel Geld gekostet, ich musste etwa eine halbe Million Mark abschreiben, weil dieses Produkt zum damaligen Zeitpunkt schlicht und einfach technisch nicht machbar war. Es waren fixe Ideen der Technologiefanatiker. Selbst eine abgespeckte Version mit dem Namen „Apple Newton" war von der Idee her sicherlich gut, von der Umsetzung in der ersten Version aber schlicht und einfach nicht einmal benutzbar. Die ersten ausgelieferten 50.000 Exemplare konnte man unbesehen wegwerfen, denn sie waren im täglichen Gebrauch einfach nicht einzusetzen. Ich selbst besitze noch heute ein Exemplar zum Andenken und als Erinnerung daran, dass man sich nicht blind begeistern lassen darf. Die technologische Idee war gut und soweit es mir bekannt ist, wird Anfang dieses Jahrhunderts Nokia mit einem ähnlichen Systemansatz – allerdings hoffentlich dieses Mal funktionierend – auf den Markt kommen. Das Timing hatte nicht gestimmt. Diese bittere, aber einfache Erkenntnis hat mich viel Geld gekostet.

Ich will nach oben

Den Unterschied zwischen richtigem und falschem Timing erkläre ich heute noch am liebsten anhand zweier Göttergestalten aus dem griechischen Olymp. Das führt uns zwar etwas weit in die Vergangenheit zurück, zeigt aber, dass bereits die alten Griechen über das Thema Zeit differenziert nachgedacht haben.

Auf dem Olymp gab es zwei Götter für die Zeit, der eine hieß Chronos, der andere hieß Kairos. Der Name des Chronos begegnet uns auch heute noch im Chronometer, obwohl schon damals Kairos der wichtigere von beiden war.

In unserer heutigen Zeit dominiert sicherlich Chronos, denn Chronos bedeutet das Denken auf einer Zeitschiene, eben den Ablauf der Zeit. Dieses Denken liegt zum Beispiel auch heute noch dem Zeitmanagement zugrunde. Wir versuchen, auf einer Zeitschiene immer mehr zu erledigen, also immer produktiver zu werden, bis wir eines Tages merken, dass unsere physischen und psychischen Grenzen erreicht sind. Denn kein Mensch kann voll konzentriert und dauerhaft wie eine Maschine durcharbeiten. Im Unterschied dazu symbolisierte Kairos die Gunst des Augenblicks, die Sekunde. Kairos wusste, dass eine einzige Sekunde – richtig erkannt – über Erfolg und Misserfolg entscheiden kann. Allerdings nur, wenn man für den Augenblick sensibilisiert ist. Wer nicht weiß, dass Chronos und Kairos zusammengehören, wird die entscheidenden Momente vielleicht nie erkennen.

Die Gunst des Augenblicks

Viele Erfinder sagen, dass ihre Erfindungen eher zufällig und ungeplant entstanden sind. Viele neue Konzepte werden eher zufällig und spontan geboren, wenn man bereit ist, die Gunst des Augenblicks zu erkennen. Wie ist Ihr Verhältnis, bei all Ihren Aktivitäten, zwischen Chronos und Kairos?

Diese Ansätze stellen die klassischen Planungsprinzipien immer mehr in Frage. Denn viele Planungsmechanismen basieren auf Variablen. Aber in unserer heutigen Welt des Hyperwettbewerbs, des Tempomanagements wird es immer schwieriger, auf Kontinuität zu setzen. Wir brauchen offensichtlich eine andere Form der Wandlungsfähigkeit. Wir werden immer mehr auf Kopplungen setzen. Das bedeutet, wir koppeln uns an eine Kundengruppe und gehen mit den Anforderungen, Vorstellungen, Träumen dieser Kunden-

Wir werden immer mehr auf Kopplungen setzen

gruppe permanent mit. Verändern sich die Anforderungen und Vorstellungen dieser Kundengruppe, verändern wir unser Angebot. Mit diesem Konzept können wir unser Tempo der Anpassung erheblich erhöhen, sofern wir bereit sind, unsere Produktionsstätten daran auszurichten. Deshalb machen sich auch immer mehr Unternehmen konsequent Gedanken darüber, wie sie Fertigungskapazitäten immer schneller auf- und im Zweifelsfall abbauen können, um auf das Wandlungstempo des Marktes reagieren zu können. Das gilt noch mehr für Firmen, die Moden unterliegen, beispielsweise im Fashion-Bereich. Timing und Kopplung sind entscheidende Erfolgskomponenten. Ihre gesamte Entwicklung muss darauf ausgerichtet sein, immer schneller in der Lage zu sein, auf neue Herausforderungen der Kunden und Partner reagieren zu können. Das führt auch zu virtuellen Organisationsformen und immer weniger fest angestellten Mitarbeitern. Firmen werden zu Projektorganisationen. Im Vordergrund steht dann nicht die Hierarchie eines Unternehmens, sondern ein Projekt wie die Einführung eines neuen Produktes oder der Aufbau einer neuen Kundengruppe. Nach der Erreichung des Ziels löst sich das Projektteam in den meisten Fällen auf, damit sich alle einzelnen Teammitglieder wieder neuen Projekten zuwenden können.

In meinem Buch *Clienting* schrieb ich: „Immer mehr Stimmen werden laut, die die rein rationale Planung in Frage stellen. So sollen viele weltverändernde Erfindungen eher zufällig entstanden sein; viele Karrieren haben eher zufällig begonnen; manche standen zum richtigen Zeitpunkt eher zufällig neben der richtigen Person." Andere wiederum sind der Überzeugung, dass es keine Zufälle gibt. Denn wenn Sie das Wort Zufall in Silben trennen, heißt es sinngemäß: Es fällt zu. Das bedeutet, dass Sie selbst die Voraussetzung dafür geschaffen haben.

Zufälle gibt es nicht

Ich persönlich habe damals im Alter von 24 Jahren, als meine Laufbahn als Consultant begann, den Manager einer internationalen Beratungsfirma, der mich einstellte, an seinen besten Mann erinnert, an einen Schweden, den ich noch nie vorher oder hinterher gesehen habe. Der Manager erzählte mir später, das sei der wesentliche Grund für meine Einstellung gewesen.

Ich will nach oben

Kann das jedem passieren? Grundsätzlich ja. Es gibt offensichtlich die Gunst des Augenblicks als entscheidendes Moment für den persönlichen Erfolg. Doch ist dieser Ansatz in unserer kopflastigen Welt eher verpönt. Da müssen schon mehr handfeste *Facts und Figures* auftauchen, damit etwas passiert. Erfolg hängt nicht von einem Moment ab, sondern von einem wohl durchdachten Plan – so glaubt fast jeder. Die Erfolgsgeschichten sprechen eine andere Sprache. Es ist oft das entscheidende Timing, das den Erfolg erst möglich macht. Und vor allen Dingen: Kann man die Gunst des Augenblickes beeinflussen?

Glück hat nur der Tüchtige

Die Summe an Aktivitäten hat erheblichen Einfluss auf den Erfolg

Beachten Sie bitte einen weiteren sehr bekannten Satz: „Glück hat nur der Tüchtige." Wir wissen heute: Glück ist ein System. Aus eigener Erfahrung kann ich bestätigen, dass die Summe an Aktivitäten erheblichen Einfluss auf den Erfolg hat. Aktivitäten hängen nun einmal mit dem Fleiß sehr eng zusammen. Und wenn Sie Fleiß mit einem System kombinieren, wachsen Sie.

Wir wissen heute, dass die Anzahl der Aktivitäten pro Tag, um einen bestimmten Prozentsatz gesteigert, beispielsweise bei Kundenbesuchen, zwangsläufig zu mehr Vertragsabschlüssen führen muss. Welche Kunden dann jedoch genau bestellen, ist unvorhersehbar. Sie haben sicher auch schon oft festgestellt, dass fast hundertprozentig sichere Projekte nicht zum erwarteten Auftrag und nebenbei eingestufte plötzlich zu einem Millionenauftrag führten. Sie müssen also die Gunst des Augenblicks, zum richtigen Zeitpunkt am richtigen Ort zu sein, steigern, indem Sie Ihre Aktivitäten erhöhen. Wer dann letztendlich kaufen wird, ist Zufall. Dass gekauft wird, ist System. Die Gunst des Augenblicks ist damit eine Frage des richtigen Timings und der Mischung aus richtigen und durchaus manchmal experimentellen Aktivitäten. Sie müssen sich nur dafür sensibilisieren.

Wann gibt es die Gunst des Augenblicks? Es gibt sie immer und überall, beispielsweise bei einem Kontakt auf einem Kongress, inmitten eines Kundengesprächs, bei einer hitzigen Diskussion mit ihren Kollegen – unter dem Motto: „Es wäre schön, wenn es das geben würde." Man muss nur gewillt sein, danach zu suchen.

5. Die Konzeption Ihres Erfolges

Und man muss „entlernen" können, denn all das entspricht nicht dem üblichen Denken. Viel einfacher ist es doch, an eine ständig funktionierende Maschinerie zu glauben und daran, dass alles nur eine Frage der Planung sei.

Man muss „entlernen" können

Das stimmt sogar bis zu einem gewissen Punkt. Denn jetzt müssen Sie planen, wie Sie genügend Raum für Zufälle schaffen.

Nehmen wir einmal als Referenzbeispiel meine eigene Entwicklung. In den 80er Jahren konzentrierten wir uns darauf, Verkaufssteigerungsprogramme zu entwickeln. In den 90er Jahren stand das Entwickeln und Konzipieren von Kunden-Erfolgssteigerungsprogrammen durch das Clienting-Konzept im Mittelpunkt. Die gesamte Organisationsstruktur wurde daraufhin angepasst. Was wird in Zukunft passieren? Auf der Grundlage unserer 7-Jahresplanung legten wir 1999 fest, unser Motto lautet jetzt: „Geffroy goes Internet". Der wichtigste Schlüsselfaktor für Wachstum ungeahnten Ausmaßes, wird in Zukunft das Internet sein.

Damit schließt sich der Kreis. Zur Konzeption Ihres Erfolges kennen sie nun die sieben ewigen Gesetze des Erfolges. Es sind die vorgenannten Bereiche Fähigkeiten, Verblüffung, Vernetzung, Beziehung, Einzigartigkeit, Anziehungskraft und Timing. Warum sind das ewige Gesetze des Erfolges? Es sind ebenfalls die Gesetze der Natur.

Fragt man erfolgreiche Leute, warum sie erfolgreich sind, gehen die Meinungen sehr stark auseinander. Viele sind intuitiv richtig vorgegangen und haben später ein Imperium aufgebaut oder in anderen Bereichen wie dem Sport eine große Karriere gemacht. Es gibt aber nicht nur ein einziges Kriterium für Erfolg, es ist die Summe des Ganzen, die mehr ist als die Einzelteile. Natürlich kann bereits eines der in diesem Buch genannten Kriterien Ihr Schlüssel für den Weg nach oben sein. Greifen Sie nur die Fähigkeit der Eigeninszenierung heraus, die Einzigartigkeit oder die herausragende Positionierung. Nicht jeder kann alles erlernen. Allerdings kann ein Defizit auf einem Gebiet durch die besondere Verstärkung eines anderen Kriteriums überkompensiert werden. Beispielsweise kann die fehlende Fähigkeit zur Eigeninszenierung überkompensiert wer-

Greifen Sie nur die Fähigkeit der Eigeninszenierung heraus, die Einzigartigkeit oder die herausragende Positionierung

den durch die Erfindung eines einzigartiges Produktes, das die Welt braucht.

Ein Thema eint offensichtlich alle erfolgreichen Menschen. Sie lehnen es vehement ab, Glück im eigentlichen Sinne als die Grundlage ihres Erfolges zu erklären. Ich behaupte allerdings, dass die überwiegende Mehrheit der Menschen, die nicht erfolgreich sind, es genau so sehen. Sie rechtfertigen ihre Situation, indem sie argumentieren, andere hätten mehr Glück gehabt und sie selbst hätten besonderes Pech erlitten. Das macht es natürlich ausgesprochen einfach, denn dadurch wird man nicht selbst verantwortlich für das eigene Leben sein müssen. Glück ist ein System, das allen Menschen angeboten wird. Ob wir es zu nutzen wissen, entscheidet über unseren Weg nach oben. Ich gebe zu, dass Erziehung, Ausbildung und Umgebung ohne Zweifel stark beeinflussende Faktoren sind, auf der anderen Seite hat niemals jemand gesagt, dass man sich diesen Faktoren unterwerfen muss. Nur so kann man es sich erklären, dass junge Menschen ohne jegliche Voraussetzung klassischer Definition die Welt verändert haben. Auf der anderen Seite aber wiederum stehen Menschen, denen, wie man sagt, alles in die Wiege gelegt worden ist und denen in ihrem ganzen Leben nichts gelungen ist.

Für den Erfolg eines Menschen auf dem Weg nach oben und für den Erfolg einer Firma auf dem Weg nach oben ist in letzter Konsequenz die Umsetzung entscheidend. Die beste Marktidee, die beste Positionierung, die beste Inszenierungskunst nützt nichts, wenn die Welt nichts davon erfährt. Auch das entspricht meiner persönlichen Erfahrung, dass es eher besser ist, mit der Umsetzung zu starten, selbst wenn nicht alles komplett geplant und organisiert ist.

6. Kapitel
Die Durchsetzung Ihres Erfolges

Vor Jahren las ich die Aussage: „Erfolg ist ein Prozent Inspiration und 99 Prozent Transpiration." Wenn ich diese Zahl auch für etwas zu hoch gegriffen halte, zeigt sie eindeutig eine Tendenz. Eine Idee ist nur so gut, wie sie umgesetzt wird.

Eine Idee ist nur so gut, wie sie umgesetzt wird

Widerstände

Sie haben eine geniale Idee? Sie haben eine Marktlücke gefunden? Sie haben etwas, was die Welt wirklich braucht? Sie wissen, was man in Ihrer Firma erheblich besser machen könnte, und erhoffen sich dadurch eine Karriere? Sie wissen, wie die Strategie Ihres Unternehmens erheblich verbessert werden kann?

Sie haben eine geniale Idee?

Dann machen Sie sich ab jetzt auf etwas gefasst. Denn jetzt beginnt Ihr Spießrutenlauf. Jetzt werden Menschen über Sie herfallen. Jetzt wird man Sie missachten, ignorieren, meiden oder auslachen. Man wird Ihnen mit einer fassungslosen Miene völlige Verständnislosigkeit signalisieren. Man wird an Ihrem Verstand zweifeln. Man wird Ihnen gut gemeinte Ratschläge geben, genau diese Idee am besten zu vergessen. Man wird Sie auch bestrafen, wenn es sein muss, mit dem Ausschluss aus der Gemeinschaft. Das gilt für einen Kegelclub genauso wie für eine Firmenabteilung. Warum?

Dahinter stecken Gedanken wie:

Unternimm ja nichts, um aus unserer Einheit auszuscheren. Denn dann bist du gezwungen, unsere „Komfortzone" zu verlassen. Wir haben uns doch mittlerweile eine wunderschöne Scheinwelt aufgebaut, in der alles organisiert und systematisiert abläuft. Zwar nicht besonders spannend und auch nicht besonders erfolgreich, aber immerhin irgendwie akzeptabel. Klar könnte man mehr daraus machen, aber dafür braucht man ja das berühmte Quäntchen Glück, das aus irgendeinem Grund permanent an uns vorbeigeht.

Da taucht plötzlich jemand auf, der alles in Frage stellt, der neue Wege gehen will, der eingefahrene Geleise verlassen will und der unerträglich optimistisch ist, dass es klappt.

Diesem Störenfried werde ich erst einmal beweisen, dass er mit allem, was er sagt, Unrecht hat, denkt der Kollege. Schließlich bin ich länger in der Firma, ich habe mehr Lebenserfahrung und eigentlich müsste die Idee, wenn überhaupt, von mir kommen. Schaffe ich es dann noch, mehrere Leute auf meine Seite zu bringen, dass alles so bleibt, wie es ist, werde ich diesem Revolutionär schon klarmachen können, dass seine Ideen allesamt nichts bringen werden. Richtig, bei allem bin ich auch noch ein kleines bisschen egoistisch, denn wenn er sich wirklich mit seinen Ideen durchsetzen sollte, ist meine Karriere gelaufen.

Jetzt ahnen Sie vielleicht, warum viele geniale Menschen Erfinder waren, zu ihren Lebzeiten allerdings nie davon profitierten.

Das Fax und den Computer, um nur zwei Beispiele zu nennen, haben andere Menschen entwickelt als die, die diese Geräte vermarktet haben. Etwa die Hälfte bis zwei Drittel aller Firmenfusionen scheitern. Sie scheitern nicht an den Konzepten, sondern sie scheitern an den Menschen, die nicht mitziehen.

Wenn Sie jetzt kein Kämpfer, kein Fanatiker, kein Besessener oder kein Getriebener sind, werden Sie aufgeben. Sehen Sie es ähnlich wie bei einer Befruchtung. Es kann nur einer ankommen.

Sie können es auch wissenschaftlicher ausdrücken: Sie haben auf dem Weg nach oben sozialen Widerstand zu überwinden. Dieser Gegenwind wird Ihnen aus allen Richtungen, ob gut oder egoistisch gemeint, entgegengeblasen. Von gut gemeinten Ratschlägen wie „Das schaffst du nie" bis „Damit wirst du dich und deine Familie ruinieren" werden Sie die gesamte Bandbreite aller Vorschläge zu hören bekommen. Und je mehr Ihre Idee oder Konzeption sich von der Normalität entfernt, umso größer wird der Druck, es doch zu lassen.

Die Menschen, die Ihnen diese Ratschläge geben, handeln aus unterschiedlichen Motiven heraus. In der Regel werden Ihre Mutter und Ihr Vater Ihnen gut gemeinte Ratschläge geben aus allem Verständnis und aller Liebe zu Ihrem Kind heraus. Ihre Freunde werden Ihnen gut gemeinte Ratschläge geben aus ihrem Verständnis heraus, wie sie Sie als Mensch kennen gelernt haben. Ihre Arbeitskollegen haben schon eine höhere Portion Egoismus. Es ist nicht verkehrt anzunehmen, dass Ihnen in dieser Phase sogar gezielt falsche Vorschläge gemacht werden, nur um ein Ausscheren nach oben zu verhindern.

Um es noch einmal ganz deutlich zu sagen: Die Grundlage jeglichen menschlichen Denkens und Handelns ist der Egoismus. Es ist ein Überlebensprinzip. Und wenn Ihre Eltern und Ihre Familie Ihnen Ratschläge erteilen, geschieht dies auch aus egoistischen Gründen. Denn Ihre Familie wird so, wie sie selbst ihre bisherige Welt erlebt hat, auch Ihre Idee beurteilen. Doch die Erfahrungen Ihres Vaters müssen keinesfalls identisch sein mit Ihrer zukünftigen Welt.

Die Grundlage jeglichen menschlichen Denkens und Handelns ist der Egoismus. Es ist ein Überlebensprinzip

Das heißt, Sie sollten zwar genau zuhören, welche Vorschläge Ihnen gemacht werden, anschließend allerdings genauso sorgfältig prüfen, aus welcher eigenen „Glashütte" heraus dieser Vorschlag gemacht worden ist.

Sie brauchen in dieser Phase Durchhaltevermögen und Zuspruch. Sie müssen mindestens einen, wenn nicht mehrere Menschen haben, die an Sie glauben. Ich habe Professor Frederic Vester kennen gelernt, der vernetztes Denken hoffähig gemacht und viele andere Wissenschaftler kritisiert hat ob ihres Scheuklappendenkens. Seine Frau und er erzählten uns, gegen welche Widerstände – teilweise dramatischen Ausmaßes – er zu kämpfen hatte. Ein Erfolgreicher sagte mir einmal, früher hätte man solche Leute auf dem Scheiterhaufen verbrannt, heute müsste man geschicktere Methoden einsetzen.

Als ich den Begriff Clienting schützen ließ, war mir dessen Bedeutung am Anfang gar nicht bewusst. Erst als die kontroverse Diskussion in der Öffentlichkeit begann, nahmen auch die gut gemeinten Ratschläge meiner Kollegen, Freunde und Bekannten zu. Sie gipfelten in den allermeisten Fällen in dem Vorschlag: „Schaffe es einfach wieder ab." Ich zweifelte damals auch oft an

Ich will nach oben

mir selbst. Denn mir wurde immer bewusster, dass ich mit der Clienting-Idee auch Verantwortung übernommen hatte. Mehr und mehr Menschen und immer mehr Firmen stellten ihre Konzeption auf das Clienting-System ab, bauten ihre Firmen entsprechend um, zogen teilweise weitreichende Konsequenzen und bauten fest auf die unerschütterliche Richtigkeit meines Ansatzes. Eine Zeit lang bekam ich sogar regelrecht Angst, denn mittlerweile standen Existenzen auf dem Spiel. Sollte meine Clienting-Konzeption nicht funktionieren, würden Menschen und Firmen scheitern. In dieser Phase nahm die Kritik zu, allerdings auch der Zuspruch. Und ich stand mittendrin. Auf der einen Seite gab es Menschen und Firmen, die mir persönlich, per Fax, per E-Mail, Brief oder auf anderen Wegen bestätigten, dass ich ihr Leben verändert hätte. Schauen Sie nur in unsere Internetseiten und Sie finden heute noch eine ganze Menge Beispiele dafür. Auf der anderen Seite machten mir so genannte Experten deutliche Vorwürfe.

Ich darf Ihnen heute sagen, dass ich mich in dieser Phase miserabel fühlte, denn es gab noch zu wenige Erfolgsbeispiele für das Funktionieren meiner Clienting-Konzeption. In dieser Phase hat mir meine Frau sehr geholfen, die meine Selbstzweifel vehement ausräumte. Als ich zweifelte, bekräftigte sie mich darin, dass ich jetzt erst recht den Namen Clienting beibehalten müsse und jetzt erst zu beweisen wäre, dass diese Idee erfolgreich umgesetzt werden kann. Über diese entscheidende Hürde sind wir jetzt weit hinaus. Vor einigen Monaten gab es beispielsweise in Minsk (Weißrussland) ein Seminar mit dem Titel *The Future of Business is Clienting*. Welche Idee Sie auch immer haben, zuerst einmal werden Sie soziale Widerstände zu überwinden haben. Sie müssen sich dessen bewusst sein, dass dies ein natürlicher Prozess ist. Sie sollten nicht enttäuscht sein über die Menschen, denn sie handeln aus ihrer eigenen Welt und Lebenssituation heraus. Deswegen können manche dieser Vorschläge durchaus gut gemeint sein, für Sie allerdings nicht zutreffen.

Je sensationeller Ihre Idee sein wird, desto kontroverser wird sie diskutiert werden

Sie werden auch feststellen, je sensationeller Ihre Idee ist, umso kontroverser wird sie diskutiert werden. Interessant ist,

6. Die Durchsetzung Ihres Erfolges

dass zwei Lager entstehen: Auf der einen Seite will man vehement bei den alten Spielregeln bleiben, auf der anderen Seite bekommen Sie Unterstützung von Erneuerern und Herausforderern, die sich als Ihre Alliierten betrachten. Diese Menschen sind jetzt für Sie sehr wichtig, denn Sie brauchen ihren Zuspruch. Gelingt es Ihnen, Alliierte zu gewinnen, die wiederum über einen erheblichen eigenen Einfluss und über ein sehr wichtiges Beziehungsnetzwerk verfügen, nimmt die Wahrscheinlichkeit Ihres Umsetzungserfolges dramatisch zu. Aus diesem Grund gehen auch Profis in den meisten Fällen den umgekehrten Weg. Sie verschaffen sich erst eine „Hausmacht" mit ihren Alliierten, um dann mit dem Netzwerk gemeinsamer Interessen die geniale Idee auf dem Weg nach oben umzusetzen.

Sie verschaffen sich erst eine „Hausmacht" mit ihren Alliierten

Sie werden in dieser Phase kämpfen müssen. Sie werden Kompromisse schließen, vielleicht einen Teil Ihrer Idee anders gestalten müssen, als Sie es sich ursprünglich vorgestellt haben. Sie werden dann für eine lange Zeit Ihre „Komfortzone" verlassen müssen, um dann eines Tages dort oben zu sein und das erreicht zu haben, was Sie sich vorstellen.

Allianzen

Angenommen, Sie haben eine geniale Idee, mit der Sie die Welt verändern können, wem würden Sie diese Idee zuerst erzählen? Fällt Ihnen auf Anhieb jemand ein oder müssen Sie einige Zeit nachdenken? Wie lange brauchen Sie, um in Gedanken einen Zirkel von Leuten einzuladen, denen Sie diese Idee vorstellen können und die Ihnen bei der Durchsetzung dieser Idee behilflich wären?

Keiner gewinnt alleine. Ein weiteres Mal wird Ihre Fähigkeit, Beziehungen aufzubauen und halten zu können, eine wichtige Rolle spielen. Ohne Beziehungen ist jeder Mensch zum Scheitern verurteilt. Das fängt bei der Mutter-Kind-Beziehung an, geht über die schulischen Beziehungen bis zur Partnerbeziehung und Gründung einer eigenen Familie und entwickelt sich fort zu einem beruflichen Netzwerk der Gleichgesinnten hinaus.

Keiner gewinnt alleine

Gibt es in der frühen Kindheit Defizite in Bezug auf Beziehungen, entstehen dort bereits die Neurosen. Ein berühmter Psychologe soll einmal gesagt haben: „Geben Sie mir 25 Kinder im jungen Alter und ich mache aus ihnen, was Sie mir vorher sagen, ob Richter, Anwalt, Arzt oder Verkäufer." So entscheidend wirken sich Beziehungserfahrungen auf die Entwicklung eines jeden Menschen aus.

Jeder braucht seinen eigenen Coach. Ohne Coach wird die Durchsetzung der eigenen Ziele sehr schwer. Denn Einzelkämpfer haben gerade in der heutigen Zeit keine Chancen mehr. Der Widerstand gegen die Ideen anders denkender Menschen dürfte auch den Hartnäckigsten von seinem Weg abbringen.

Jeder braucht seinen eigenen Coach

Ihr Coach sollte bereits bewiesen haben, dass er erfolgreich ist, bestenfalls wird er Ihnen weitere Beziehungen ermöglichen. Er wird Sie in Clubs mitnehmen, in die Sie sonst nicht hineinkämen. Er wird aktiv mithelfen, damit Sie Ihr Netzwerk an Kontakten permanent ausbauen können. Er kann im Zweifelsfall auch für jedes Spezialgebiet einen Experten nennen, den Sie dann mit ins Boot holen können. Ihr Coach ist Ihr Lebensbegleiter auf dem Weg nach oben. Mit ihm können Sie Ihre Gedanken und Ideen austauschen – wenn es sein muss, 24 Stunden rund um die Uhr, egal wo Sie sich befinden.

Ihr Coach ist Ihr Lebensbegleiter auf dem Weg nach oben

Führung

Wer nach oben will, braucht Menschen. Und auf dem Weg nach oben werden wir in die Rolle einer Führungskraft hineinwachsen müssen. Somit ist die Fähigkeit zu führen und zu managen eine unabdingbare Voraussetzung auf dem Weg zum Erfolg. Das ist nichts Neues, die Frage ist nur, wie führt man Menschen erfolgreich auf dem Weg nach oben.

Welche Eigenschaft braucht man als Führungskraft? Gibt es einen einheitlichen Nenner? Kennen Sie den Unterschied zwischen einer Führungskraft, im englischsprachigen Gebrauch oft „Führer" genannt, und einem Manager? Führung und Führer gibt es seit Anbeginn der Menschheit.

6. Die Durchsetzung Ihres Erfolges

Muss heute anders geführt werden als noch im letzten Jahrhundert? Ohne Zweifel ist die Annahme als gesichert zu betrachten, dass sich die Inhalte der Führung geändert haben. Da ich das Thema Führung bereits seit 25 Jahren als entscheidend empfinde, habe ich die Führungsstile vieler Menschen beobachtet, um anhand verschiedener Beispiele einen gemeinsamen Nenner zu finden. Meine vielseitige berufliche Laufbahn ermöglichte es mir, viele Führungskräfte, Top-Manager und Firmeninhaber kennen zu lernen. Ich habe in den vergangenen 25 Jahren sehr viele Erfahrungen sammeln dürfen. Ich habe Manager erlebt, die autoritär führten, andere wiederum gaben ihren Mitarbeitern extrem viele Freiheiten. Ich habe Inhaber von Firmen kennen gelernt, die ihren Mitarbeitern vollkommen vertrauten, und wiederum andere, die keinem über den Weg trauten. Ich habe den charismatischen Typ kennen gelernt genauso wie den knöchernen Buchhaltertyp. Ich habe den sympathischen Chef kennen gelernt, genauso aber auch den arroganten. Ich kenne Führungskräfte, die im Wesentlichen nur Anweisungen geben und sich im Grunde genommen keinen Deut um den Menschen scheren. Ich habe aber auch genau das Gegenteil kennen gelernt, Manager und Firmeninhaber nämlich, die den Menschen in den Mittelpunkt stellten. Ich habe extrem faire und extrem egoistische Führungskräfte getroffen, es gab extrovertierte und auch introvertierte Manager.

Im Grunde genommen glaubte ich, gescheitert zu sein auf der Suche nach einem gemeinsamen Nenner für die ideale Führungskraft. Das war schon frustrierend, vor allen Dingen gab es auch in der Führungsliteratur kein einziges überragendes Standardwerk, das die Grundlagen liefern konnte. Ganz im Gegenteil, dort findet man eher eine verwirrende Anzahl verschiedener Führungsansätze und -konzepte, die im Zweifelsfall bereits vom nächsten Ansatz wieder abgelöst werden. Auf der anderen Seite ist Führung für den Erfolg auf dem Weg nach oben elementar. Viele sind daran gescheitert, dass sie die falschen Mitarbeiter einsetzten oder die Mitarbeiter falsch führten, was letztendlich zum gleichen Ergebnis führte. Auf der anderen Seite ist auch nachvollziehbar, dass Führung von Menschen ein komplexes Thema ist. Wie auch dieses Buch bisher ergeben hat, ist kein

Ich will nach oben

Mensch auf dieser Welt gleich. Jeder ist ein Unikat. Führen Sie diese Menschen zu einem Team zusammen, kann man die Komplexität durchaus erahnen.

Gibt es einen gemeinsamen Nenner trotz all dieser unterschiedlichen Führungsstile, so dass jeder daraus für sich die Konsequenzen ziehen kann? Ich habe lange Jahre gesucht, bis ich die faszinierend einfache Antwort in dem Buch *Management Guide* von Joseph H. Boyett und Jimmie T. Boyett fand. Warum wurden Menschen zu erfolgreichen Führern? Weil sie alle eines gemeinsam hatten. Ich darf es mit einem Zitat aus dem Buch deutlich hervorheben: „Das Einzige, was Führer eindeutig von nicht zum Führen geeigneten Menschen unterscheidet, ist die Tatsache, dass Sie freiwillige Gefolgsleute haben. Führer haben freiwillige Gefolgsleute, Nicht-Führer haben keine. Niemand ist ein Führer, solange er nicht freiwillige Gefolgsleute um sich geschart hat." Soweit das Zitat aus diesem Buch, das ich Ihnen auch zum Lesen empfehlen darf.

Führer haben freiwillige Gefolgsleute, Nicht-Führer haben keine

Als ich diese Zeilen las, fiel es mir wie Schuppen von den Augen und ich ließ meine bisherige Entwicklung Revue passieren. Ich halte diese Sätze für elementare Schlüsselsätze bei der Durchsetzung Ihres Erfolges. Wäre mir diese Schlüsselaussage bereits vor fünfzehn Jahren bewusst gewesen, hätte ich wesentliche Fehler vermeiden können. Es gibt keinen einheitlichen Führungsstil, es gibt nur die Chance, Menschen für die eigenen Ziele und Ideale zu begeistern und sie zu treuen Gefolgsleuten zu machen. Natürlich hat das nichts mir Jasagertum zu tun, ganz im Gegenteil. Der Mitarbeiter muss bereit sein, den Führer so zu akzeptieren, wie er ist, mit allen Stärken und Schwächen. Der Mitarbeiter wird zum echten Partner des Führers auf dem gemeinsamen Weg nach oben.

Ich hoffe, ich kann Ihnen diese entscheidende Botschaft übermitteln, bevor Sie erst jahrelang eigene Erfahrungen sammeln müssen.

Die Krisen meiner Entwicklung kann ich mit diesem Schlüssel nun sehr genau zuordnen. Im Nachhinein betrachtet kann ich eindeutig bestätigen, dass ich ab dem Start meiner eigenen Ver-

6. Die Durchsetzung Ihres Erfolges

kaufsberatungsfirma im Jahre 1984 gemeinsam mit meinem Partner Hias Oechsler bis 1989 tatsächlich treue Gefolgsleute gehabt habe. Durch den Ausstieg meines Partners 1989 entstand in der Firma ein Vakuum, da Hias Oechsler die Funktion des „Innenministers" innehatte. Das bedeutete, dass alle personellen Angelegenheiten seine Sache waren, ich war eher der „Außenminister" und Visionär. 1989 wurde ein weiterer wesentlicher Fehler gemacht, denn wir verstärkten unsere Mannschaft erheblich durch die Einstellung neuer Mitarbeiter. Wir bedienten uns eines Personalberaters, der in kürzester Zeit unsere Mannschaft verdoppelte. Ich hatte bei manchen dieser Neueinstellungen von Anfang an ein komisches Gefühl, glaubte jedoch, mich auf das Urteil des Personalberaters verlassen zu können, da es ja seine Kernkompetenz war. Das war ein entscheidender Fehler, denn er mag zwar Personalkompetenz besessen haben, doch besaß er keine Kompetenz bezüglich der spezifischen Situation unserer Firma. Diese Fehler waren rückblickend betrachtet entscheidend für den Crash 1991, dessen Voraussetzungen bereits rund 1.000 Tage vorher geschaffen worden waren. Ende der 80er Jahre traten Berater und Mitarbeiter ins Unternehmen ein, die keineswegs eine persönliche Beziehung zu mir hatten und die ich heute keinesfalls als treue Gefolgsleute bezeichnen kann. Ganz im Gegenteil, ein Teil dieser Mitarbeiter ging sogar vorsätzlich gegen mich vor, indem mir Aufträge von Kunden, die zu unserem Unternehmen fließen sollten, vorenthalten wurden, weil man sich während der Angestelltenzeit bei mir bereits auf die Selbstständigkeit mit diesen Kunden vorbereitete. 1992 musste ich auch daraus Konsequenzen ziehen.

Meine Überzeugung, die ich noch bis vor wenigen Monaten vertrat, dass nämlich eine dramatische Veränderung der Marktentwicklung im Jahre 1991 für den Crash sorgte, muss ich jetzt revidieren. Heute bin ich eher davon überzeugt, dass der 1989 erfolgte Managementausstieg von Hias Oechsler, kombiniert mit dem rapiden Mitarbeiteranstieg, diese Krisensituation heraufbeschwor. Meine bisherige Erklärung, wir hätten damals den Trend nicht rechtzeitig erkannt, dass Firmen keine Neukundengewinnungsprogramme mehr durchführten, sondern Kundenbindungsprogramme, sehe ich heute nur noch als eine Teilerklärung an. Immerhin habe ich bei der Wiederentdeckung des Kunden eine führende Rolle eingenommen. Das kann es im Nachhinein betrachtet also nicht gewesen sein.

Es hatte offensichtlich mehr damit zu tun, welche Art von Mitarbeitern ich hatte. Und die entscheidende Frage war, ob es treue Gefolgsleute gewesen sind. Interessanterweise ist die Notwendigkeit, treue Gefolgsleute zu haben, nicht an die Firmengröße gebunden, denn jede Managementebene hat in der Regel nur den direkten Kontakt zu ihrer Management-Crew und das ist auch nur eine überschaubare Anzahl von Mitarbeitern.

Diese Erkenntnis untermauert eine weitere Lebenserfahrung. Ich sah, wie erfolgreiche Manager das Unternehmen wechselten und im nächsten Unternehmen kläglich scheiterten. Warum? Heute weiß ich, dass sie in ihrem alten Unternehmen treue Gefolgsleute hatten, allerdings im neuen genau dieses nicht der Fall gewesen war. Die Konsequenz aus dieser Erfahrung ist: Scharen Sie treue Gefolgsleute um sich herum. Ohne ein Team, das für Sie durch dick und dünn geht, werden Sie auf dem Weg nach oben an die Spitze keine Chance haben. Das mag fast wie eine Binsenweisheit klingen. Ich glaube jedoch, dass die Umsetzung sehr schwer sein wird, weil man sich sehr häufig auf Experten verlässt, die bestätigen, dass der Bewerber ein Profi auf seinem Gebiet und somit der ideale Kandidat ist. Ihr Gefühl sagt Ihnen vielleicht, dass trotzdem irgendetwas nicht stimmt. Häufig lässt man dieses Gefühl, das sowieso schwer zu artikulieren ist, von Experten totreden. Lassen Sie das zukünftig nicht mehr zu.

Scharen Sie treue Gefolgsleute um sich!

Ein weiterer Schlüsselsatz: Jeder Mitarbeiter, den Sie einstellen, fängt in Ihrem Team bei Null an. Lassen Sie es zu, dass der neue Mitarbeiter in der ersten Phase seine eigene Erfahrungswelt über Ihre spezielle Situation stülpt, haben Sie bereits verloren. Er mag der erfolgreichste Mensch in einem Konzern gewesen sein, wenn er bei Ihnen anfängt, ist er ein Lehrling. Er ist der Lehrling Ihrer speziellen Firmensituation.

Jeder Mitarbeiter, den Sie einstellen, fängt in Ihrem Team bei Null an.
Er ist der Lehrling Ihrer speziellen Firmensituation

Das war einer meiner nächsten Fehler als Führungskraft, den ich interessanterweise immer wiederholt habe. In

6. Die Durchsetzung Ihres Erfolges

den 90er Jahren nahm die Fluktuation der Mitarbeiter immer mehr zu, was aus heutiger Sicht auf folgende Ursache zurückzuführen ist: Wir hatten gezielt Profis in allen möglichen Bereichen gesucht und eingestellt: Marketing-Profis, Internet-Profis, Sekretariats-Profis. Dann wurde die hohe Erwartungshaltung mit Vorschusslorbeeren kombiniert. Heute weiß ich, dass wir uns unsere eigenen Probleme schufen, denn die Situationen und Ergebnisse wiederholen sich auf immer die gleiche Art und Weise. Die Profis, die zumeist vorher in großen Konzernen gearbeitet hatten, übertrugen alles auf unsere kleine Firma. Am Anfang hörte man sich die Vorschläge immer wieder an, obwohl man bereits zu diesem Zeitpunkt Zweifel hegte. Da es sich jedoch um Profis handelte, gab man ihnen eine Chance. Dadurch brachte jeder seinen eigenen Stil ins Unternehmen ein und es entstand die Spirale der Probleme.

Ein mir sehr gut bekannter Top-Manager sagte mir einmal: „Es gibt keine guten oder schlechten Mitarbeiter, sondern nur gut oder schlecht geführte." Da ich meine Mitarbeiter in der Fehlannahme, sie seien Profis, nicht führte, habe ich selbst die Voraussetzungen für die Probleme geschaffen und dafür die Verantwortung zu übernehmen.

Es gibt keine guten oder schlechten Mitarbeiter, sondern nur gut oder schlecht geführte

Ihre eigene kleine oder auch große Firma ist Ihre eigene Insel des Erfolges. Da gibt es eigene Spielregeln, die nur bei Ihnen gelten müssen und keinen Anspruch darauf haben, in der nächsten Firma Gültigkeit zu besitzen. Mein Partner Hias Oechsler sagte einmal: „Mehr als 90 Prozent aller Menschen haben eine Sucht nach Führung." Wenn Sie Sucht – bildhaft ausgedrückt – mit Orientierung gleichsetzen, haben Sie ein immer währendes Prinzip.

Mehr als 90 Prozent aller Menschen haben eine Sucht nach Führung

Die Annahme, dass jeder Mensch eigenverantwortlich handeln will und muss, kann zu einem frühen Zeitpunkt sogar schädlich sein. Eigeninitiative, Engagement, Leistungswille und selbstständiges Handeln gehören zu einem Entwicklungsprozess, den Sie in vier Stufen erklären können und den ich Ihnen in diesem Buch aufzeigen darf.

Was unterscheidet einen Führer noch von einem Nicht-Führer? Wenn ich in Seminaren frage: „Welches ist die wirkliche Aufgabe von Führungskräften?", so höre ich sehr häufig Antworten wie: „Ziele setzen, kontrollieren und motivieren." Ich höre sehr selten das Wort „helfen". Wenn ich dieses Wort als wichtig definiere, schauen mich viele Führungskräfte verwundert an.

Meine Definition von Führung ist: Unser Geschäft ist es, mit allen Mitteln und Möglichkeiten zu helfen, damit unsere Mitarbeiter selbst besser leben können.

Als Führungspersönlichkeit haben Sie Verantwortung übernommen für diejenigen, die Sie führen. Diese Menschen haben Ihnen ihre Existenz, ihre Familie, ihre Häuser, ihre Zukunft anvertraut.

Richtig verstanden ist es ein Vertrag auf partnerschaftlicher Basis. Sie übernehmen Verantwortung und helfen Ihren Mitarbeitern, ein Stückchen besser zu leben. Ihre Mitarbeiter sind dafür bereit, Sie bei der Umsetzung Ihrer Visionen, Vorstellungen und Träume zu unterstützen. Das ist auch der Unterschied zwischen einem Führer und einem Manager. Ein Führer ist ein Visionär, der den Weg in die Zukunft zeigen kann. Er hat eine Vorstellung davon, was in drei, fünf oder zehn Jahren passieren wird. Er liebt es, Menschen in ein unbekanntes Terrain zu führen und sie anzutreiben, unlösbar scheinende Probleme zu meistern. Der Manager, den der Visionär genauso braucht, ist der Organisator von Prozessen. Er organisiert Abläufe, schafft Strukturen und die Organisation, er kontrolliert vor allem die Ergebnisse. Er ist der Performance-Profi. Allerdings braucht auch er den Visionär.

Führer sind Diener ihrer Leute

Richtig verstanden sind Führer und Manager Diener ihrer Leute. Ja, Sie haben richtig gelesen. Sie dienen ihren Leuten. Sie führen ihre Mitarbeiter auf dem Weg nach oben, sie definieren die Spielregeln, sie sorgen für ihre Einhaltung und sie übernehmen die Verantwortung.

Die Begriffe „treue Gefolgsleute", „Diener seiner Leute", „Verantwortung" und „Hilfsbereitschaft" wirken auf Sie vielleicht nicht modern genug, gibt es doch gerade in der Führungsliteratur immer wieder neue Begriffe. Ich glaube, dass die Grundlagen der Führung immer die gleichen waren und auch in Zukunft genauso bleiben werden.

6. Die Durchsetzung Ihres Erfolges

Als ich von einem Computerunternehmen darüber gefragt wurde, welche Themen ich für die Mitarbeitermotivation und Mitarbeiterführung der Zukunft als wesentlich erachte, habe ich einen Vortrag gehalten. Diesen Vortrag können Sie von unserer Homepage herunterladen.

Sie erfahren darin, warum es auch entscheidend ist, unseren Mitarbeitern ein gutes soziales Umfeld zu bieten. Wir müssen ihnen die Möglichkeit geben, in unserer Firma erfolgreich zu sein und anerkannt zu werden. Denn wenn es diese Möglichkeit in der Firma nicht gibt, werden sich die Mitarbeiter ihre Erfolgserlebnisse in der Freizeit holen.

Ich komme gerade von einer viertägigen Vorstandssitzung, die als Business-Planungssitzung regelmäßig im Januar stattfindet. Die Ausgangsvoraussetzungen waren bestens. Das anvisierte Jahresergebnis des Vorjahres wurde sogar um 20 Prozent überschritten. Solche Rahmenbedingungen sind auch für das kommende Jahr ausgesprochen positiv.

Sie kennen das: Der Vertrieb präsentiert seinen Business-Plan, die Zentrale präsentiert die neuen Produkte. Plötzlich war man mitten in einer Diskussion, die sehr persönlich geführt wurde und in der es um Führungsstil und Führungsarbeit ging. Jeder Vorstand argumentierte aus seinem Blickwinkel heraus und versuchte, den jeweils anderen von seinem Führungsstil und der eigenen Führungsarbeit zu überzeugen. Sie wissen, wie hitzig solche Diskussionen manchmal geführt werden, vor allen Dingen, wenn es um menschliche Stärken und Schwächen geht.

Wie sollte man den Gordischen Knoten lösen, so dass jeder für sich selbst betrachtet durchaus Recht haben kann, es aber trotzdem eine andere Führungsarbeit gibt, die abhängig vom Führungsstil des Vorstandes ist? Erst der Hinweis darauf, dass jeder gute Manager seine eigenen treuen Gefolgsleute hat, beruhigte die Gemüter. Das heißt nicht, dass man den Führungsstil seines Kollegen unbedingt kopieren muss, doch sollte man lernen, die erfolgreiche Führungsarbeit des anderen zu akzeptieren. Denn wenn er mit seiner Art, seinem Stil und seiner Führungsarbeit erfolgreich ist und die Zahlen es beweisen, dann ist diese individuelle Führungsarbeit unstrittig, selbst wenn man persönlich anderer Ansicht ist.

Diese Diskussion führte zu einer neuerlichen Hinterfragung des Begriffes „Führungsqualität". Der erfolgreiche Vorstand praktizierte sehr konsequent alle mir bekannten Führungsprinzipien. Er versteht sich als Partner seiner Mitarbeiter und hat es hier mit sehr individuellen Menschen zu tun wie jeder andere sicherlich auch. Die Kunst ist, diese Individuen auf die gemeinsame Zielsetzung auszurichten und zu motivieren. Er führt konsequent mit jedem Mitarbeiter einmal im Monat so genannte bilaterale Gespräche, in denen alle anstehenden Themen und was den Einzelnen im abgelaufenen Monat bewegte angesprochen werden. Das Führungsteam wird regelmäßig alle 14 Tage zu einem Coach-Meeting zusammengerufen, bei dem die Meinungen, die Ansichten und die Ideen aller Beteiligten zusammengetragen und daraus Handlungen und Aktivitäten abgeleitet werden. Neue Mitarbeiter werden von dieser Führungskraft insbesondere in den ersten 48 Stunden persönlich eingewiesen und instruiert. Denn die ersten 48 Stunden entscheiden über das, wie sich der neue Mitarbeiter im Unternehmen einsetzen wird.

Führungsqualität entscheidet

Ist das alles oder kann man aus diesem Ansatz ein geschlossenes Führungskonzept entwickeln? Wir haben ein Konzept entwickelt, das auf vier Säulen beruht. Bevor die einzelnen Bausteine dieses Führungskonzepts erläutert werden, schildere ich Ihnen dessen Entstehung.

Wir erhielten von IBM den Auftrag, einen Vortrag zum Thema „Mitarbeitermotivation" zu halten. Zuerst waren wir über das Anliegen überrascht, denn gerade IBM als ein amerikanisch geführtes Unternehmen beschäftigt sich ausgesprochen intensiv mit Führungsprinzipien und Motivationsgrundsätzen. Sie haben es vielleicht selbst schon einmal erlebt: Sie nehmen den Auftrag an, legen den Hörer hin und dann wird Ihnen erst bewusst, was Sie getan haben. Sie haben gerade eine Zusage gemacht, obwohl Sie gar nicht genau wissen, wie sie umzusetzen ist. In unserer Firma machte sich Panikstimmung breit, denn uns wurde immer klarer, dass man von uns sicherlich nicht die bekannten Führungsprinzipien und Muster erwartete, denn das konnte die eigene Trainingscrew mindestens genauso gut.

6. Die Durchsetzung Ihres Erfolges

Was heißt heute schon Mitarbeitermotivation? Jeder weiß, dass kein Unternehmen – erst recht nicht in der Zukunft – ohne motivierte Mitarbeiter existenzfähig ist. Ich habe bereits mehrfach beschrieben, dass wir in einem Jahrzehnt der Wiederentdeckung des Menschen leben werden. In der „Human Ressource" liegt die stärkste Chance verborgen, ein Unternehmen und damit sich selbst nach oben zu bringen. Was also sollten wir tun jenseits der bekannten Methoden und Konzepte?

Was heißt heute schon Mitarbeitermotivation?

Mein Partner hatte damals die zündende Idee und sagte: „Dann beschreiben wir einfach, wie wir unsere eigenen Mitarbeiter motivieren." Zu diesem Zeitpunkt waren wir rund zehn Mitarbeiter und hatten wirklich eine tolle Stimmung im Unternehmen. Wir waren sofort begeistert, denn wir erkannten, dass es keine Theorie sein würde, die wir beschrieben, sondern unsere eigene gelebte Praxis. Nach der ersten Euphorie trat allerdings auch wieder Ernüchterung ein, denn die entscheidende Frage lautete: Was motivierte eigentlich uns und unsere Mitarbeiter? Welches waren die Grundlagen – und konnte man daraus ein System machen?

Wir schwärmten in alle Richtungen aus und versuchten zunächst zu analysieren, warum Mitarbeitermotivation heute etwas anderes ist als in der Vergangenheit. Wir stellten sehr interessante Parallelen zu dem Begriff „Zeit" fest. Welche Bedeutung hat Zeit im Zusammenhang mit Motivation? Sehr einfach, Sie brauchen nur entweder das Wort „Frei" oder das Wort „Arbeit" vor das Wort „Zeit" zu setzen. Dann bekommt der Begriff Zeit auf den ersten Blick eine völlig andere Bedeutung. Wir gehen davon aus, dass Freizeit in Konkurrenz zur Arbeitszeit steht und dass viele Menschen heute viel mehr zur Freizeit tendieren und in dieser Zeit auch nicht bereit sind, über die Arbeit nachzudenken. Freizeit steht im Wettbewerb mit der Arbeitszeit und das Unternehmen hat einen entscheidenden Einfluss darauf, was der Mitarbeiter bevorzugt.

Warum Mitarbeitermotivation heute etwas anderes ist als in der Vergangenheit

Ich höre jetzt schon den Aufschrei der Gewerkschafter, bezogen auf alle Regeln, die nun gebrochen werden. Die mögen vielleicht noch für einen Konzern gelten, für ein Startup-Unternehmen würde das Denken in solchen Prinzipien den Tod bedeuten. Frei-

Ich will nach oben

zeit konkurriert mit Arbeitszeit und Sie entscheiden darüber, wer diesen Kampf gewinnt. Das bedeutet, alle Aktivitäten so auszurichten, dass der Mitarbeiter freiwillig mehr Spaß daran hat, in der Firma zu sein, als seine Freizeit irgendwo anders zu verbringen. Wir wissen, dass Menschen mit sehr viel Freizeit keine Spur glücklicher sind.

Ich finde die 35-Stunden-Woche toll

Ich darf noch einmal betonen, dass mein Motto lautet: Ich finde die 35-Stunden-Woche toll, ich finde sie so toll, dass ich sie gleich zweimal pro Woche mache. Ohne freiwilligen Mehreinsatz, ohne engagierte Mitarbeit und ohne eine Spur Besessenheit und Überengagement werden wir nicht nach oben kommen. Ich besuche in letzter Zeit immer häufiger Startup-Unternehmen im Softwarebereich. Am Anfang war ich überrascht, was ich dort überall herumstehen sah. Da gab es auf allen Fluren und Gängen Körbe mit Gummibärchen, Schoko-Riegeln, Erdnüssen, Bananen und weiteren guten Sachen. Ich fragte mich am Anfang, ob diese Leckereien einem vielleicht den Weg zum Besucherzimmer versüßen sollten. Doch dann stellte ich fest, dass diese Körbe im ganzen Unternehmen verteilt waren. Jeder Mitarbeiter nahm sich im Vorbeigehen gerade das mit, was ihm selbst am besten schmeckte. Dann tauchte eine Reinigungsfirma auf und brachte einen gereinigten Anzug und gebügelte Hemden zurück. Auf einem Tisch sah ich noch die Reste einer Geburtstagstorte. Da wurde mir bewusst, dass Arbeitsleben und Privatleben – richtig verstanden – auf der gleichen Idee basieren: Spaß am Leben zu haben.

Viele Menschen, die ich in letzter Zeit in jungen Unternehmen traf, sind viel weniger auf Geld fixiert als darauf, Bestandteil einer großen Idee zu sein, eine Herausforderung zu bestehen. Dabei zu sein, wenn etwas Neues geschaffen wird.

Netterweise fand mein Vortrag im November statt, und zwar am 11.11. Alle Karnevalisten kennen dieses Datum, denn am 11.11. um 11:11 Uhr beginnt die Faschingssaison. Noch lustiger war es, dass dieser Vortrag in Mainz stattfand, in einem größeren Saal nebenan eröffnete die Mainzer Fastnachtsgesellschaft um 11:11 Uhr ihre lustige Zeit. Eine bessere Bestätigung meines Ansatzes hätte es nicht geben können.

6. Die Durchsetzung Ihres Erfolges

In den nächsten zehn Jahren wird das Verständnis von Arbeitszeit und Freizeit eine sehr entscheidende Rolle spielen. Es ist davon auszugehen, dass die Kluft zwischen Arm und Reich weiter auseinander driften wird. Es gibt heute schon Branchen, in denen Spezialisten ausgesprochen rar und sehr hoch bezahlt sind. Die neue Generation der Mitarbeiter, die ich eher Mit-Unternehmer nenne, muss heute völlig anders geführt und motiviert werden.

Lassen Sie uns jetzt für eine kurze Zeit in eine Motivationswelt einsteigen, die vielleicht eine andere ist, als man sie bisher in den meisten Firmen kennt. Durch die vielen Gespräche mit Führungskräften in Unternehmen habe ich festgestellt, dass es oft die gleichen Chancen und Risiken sind, die Mitarbeiter entweder in den Himmel hineinwachsen lassen oder zu einer inneren Kündigung führen.

Lassen Sie mich auch noch einmal eines der Motive nennen, die mich dazu gebracht haben, mich selbstständig zu machen. Eine Führungskraft hat mir einmal gesagt: „Jeder ist ersetzbar." Das mag aus heutiger Sicht vielleicht sogar stimmen. Mich demotivierte es allerdings damals so sehr, dass ich ernsthaft die Selbstständigkeit erwog. Nur dieser eine Satz. Wenn ich ihn allerdings heute in einer Firma höre, weiß ich, dass die Motivation halbiert ist und damit doppelt so viele Mitarbeiter benötigt werden, um das Gleiche zu schaffen wie ein hochmotiviertes Team. Für mich ist es der Killersatz Nummer 1. Als ich ihn vernahm, habe ich gedacht: Wenn ich wirklich nichts wert bin, wenn ich wie eine Nummer ausgetauscht werden kann, dann sollen sie doch ihren Kram alleine machen.

Killersatz Nummer 1: Jeder ist ersetzbar

Schlüsselsätze können also offensichtlich weitreichende Handlungsprozesse auslösen. Wir können diesen Ansatz allerdings auch positiv sehen. Also haben wir mehrere Schlüsselsätze zur Führung und Motivation entwickelt. Einer von ihnen heißt: „Ich brauche Sie!" Das mag ein Satz sein, der vielleicht einfach dahingesagt wird, der aber als Schlüsselsatz zu fantastischen Ergebnissen führen kann. Und Sie wissen, dass für jeden Menschen Anerkennung eines der wichtigsten Motive ist. In dem Moment, in dem man einem Mitarbeiter – und nach unserer Definition einem Partner – das Gefühl vermittelt, dass er gebraucht wird, dass er im Team eine wichtige Rolle spielt, wird dieser Mensch über sich hinauswachsen. Sie haben damit einen sehr entscheidenden Motivationsschlüssel in der Hand. Natürlich wird es dabei immer Menschen geben, die ein sehr hohes Selbstwertgefühl haben, und andere, die überhaupt nicht an sich selbst glauben. Die Aufgabe der Führungskraft ist es, sensibel kenntlich zu machen, dass man akzeptiert ist und gebraucht wird.

Ein weiterer Schlüsselsatz lautet: „Ich verlasse mich auf Sie!" Dieser einfache Satz hebt das Wertgefühl des Mitarbeiters und er denkt: „Wenn er weiß, dass ich etwas Wichtiges für ihn tue, kann er sich auf mich verlassen." Es sind einfache Botschaften, die Menschen motivieren. Sicher gibt es auch andere Konzepte der Führung, die auf eher menschenverachtenden Prinzipien basieren. Doch erstens will ich mich damit nicht identifizieren und zweitens glaube ich nicht, dass sie dauerhaft erfolgreich sind.

„Ich verlasse mich auf Sie!"

Ich bin immer noch davon überzeugt, dass der Führungsanspruch der Zukunft heißt: Wie führt sich das Unternehmen selbst? Und nicht: Wie führe ich das Unternehmen? Das ist auch der Grund, weshalb ich beim Aufbau meines neuen Unternehmens klassische Führungsstrukturen strikt ablehne. Ich gehe so weit, dass jeder Mitarbeiter im Unternehmen eine Ergebnis- und damit auch Profitverantwortung hat. Das bezieht sich auf die Sekretärin wie auf den Buchhalter. Jeder Mitarbeiter hat dabei auf drei Ebenen seine Aufgaben zu erfüllen: Auf der Ebene seiner Basiskomponente, der Fachkompetenz und der Ergebnisverantwortung für einen Bereich. Beispielsweise wird der Controller vielleicht keine Lust haben, die Buchhaltung zu organisieren. Ich betrachte das allerdings als eine der Basiskompetenzen. Die Fachkompetenz ist wiederum eine Fähigkeit, bei der der einzelne Mitarbeiter profundere Kenntnisse über ein Spezialgebiet hat als jeder andere im Unternehmen. Auf diesem Spezialgebiet werden dem Mitarbeiter auch alle Informationen zugetragen. Auf Grund seiner Fähigkeit auf diesem Gebiet gilt er als Informationsdienstleister für alle anderen. Die Ergebnisverantwortung ist durch Umsatz oder Aufbau eines Geschäftsfeldes definiert. Durch die jeweiligen Basis- und Fachkompetenzen und die Ergebnisverantwortung ist jeder Mit-

6. Die Durchsetzung Ihres Erfolges

arbeiter sowohl für das Team, als auch für den Erhalt des Unternehmens verantwortlich.

Stellen Sie sich einmal vor, Sie könnten Ihre Firma früher verlassen als Ihre Mitarbeiter, weil Sie wissen, dass es von alleine läuft. Stellen Sie sich einmal vor, Sie haben Mitarbeiter, die wirklich nicht freiwillig nach Hause gehen und nicht ab halb fünf gucken, ob sie ihre Sachen schon einpacken können, weil um fünf Uhr offiziell Feierabend ist. Stellen Sie sich bitte einmal vor, Sie haben keine Einstellungssorgen, weil sich Leute bei Ihnen von alleine bewerben und sagen: „Ich habe mitbekommen, dass das, was Sie machen, eine gute Sache ist. Ich möchte eigentlich gerne mitmachen. Sie haben ein so gutes Team, dass ich in diesem Team mitarbeiten will." Klaus Kobjoll, Inhaber des Schindlerhofes in Nürnberg und aus meiner Sicht der erfolgreichste deutsche Führungsexperte, kann jährlich auf über 200 freiwillige Bewerbungen zurückgreifen. Mittlerweile hat sich die Spannungsbilanz dieses Hotels so aufgebaut, dass sich aus allen Teilen Deutschlands und mittlerweile aus der ganzen Welt Menschen bei ihm bewerben. Stellen Sie sich auch einmal vor, was heute in vielen Unternehmen bereits ein Problem geworden ist, Sie müssten sich keine Sorgen darüber machen, dass sich Ihre besten Mitarbeiter selbstständig machen. Denn in einer Informationsgesellschaft wird der Wissensfaktor oft die Grundlage für eine mögliche Selbstständigkeit sein. Wir brauchen heute keine Maschinen mehr und keine Anlagen, denn unsere Fabrik besteht oft nur noch aus 20 mal 20 Zentimeter Größe. Das ist der eigene Kopf.

Dies ist besonders gefährlich für kleinere Firmen, zu denen auch meine eigene Firma zählt. In einer kleineren Firma sind Sie noch stärker davon abhängig, dass Mitarbeiter mitziehen und insbesondere, dass sie im Boot bleiben. Denn die Kopfarbeiter können zukünftig sehr schnell bei der nächsten Wettbewerbsfirma anfangen. Und stellen Sie sich bitte einmal vor, dass es Mitarbeiter gibt, die Ihnen immer wieder bestätigen: „Es macht Spaß, mit Ihnen gemeinsam etwas aufzubauen." Aus diesem Grund sollte das Wort „Partnerschaft" gegenüber Mitarbeitern mindestens genauso häufig fallen wie im Umgang mit Kunden.

Die Werte der Mitarbeiter haben sich radikal geändert. Sie wollen etwas bewegen, sie wollen bei einer großen Herausforderung dabei sein. Leistung allein wird in der Gesellschaft kaum noch honoriert. Deshalb muss man Mitarbeitern eine Heimat geben, damit sie mit Überzeugung zum Unternehmen stehen. Denn oft gibt es Kritik aus dem privaten Bereich und der engagierte Mitarbeiter bekommt zu hören: „Warum kommst du denn so spät nach Hause? Alle anderen sind doch schon längst daheim."

Die Werte der Mitarbeiter haben sich radikal geändert

Bereits in den 80er Jahren und noch stärker in den 90er Jahren wurde auch das Gehalt als entscheidender Motivationsfaktor immer mehr in den Hintergrund gedrängt. Durch Umfragen und regelmäßige Veröffentlichungen in Zeitschriften wurde das Gehaltsniveau immer transparenter. Die Unternehmen mussten sich immer mehr anpassen und heute kann man im Internet auf Gehaltsstatistiken für viele Berufszweige zugreifen.

Auch Incentives, das wissen wir inzwischen, haben durchaus nur einen sehr kurzfristigen Charakter. Ich zweifele jedoch nicht an, dass sie in einigen Branchen immer noch ihre Wirkung zeigen. Doch ist eine Gehaltserhöhung bereits nach wenigen Wochen zur Normalität geworden. Der Mitarbeiter fällt wieder in seine alte Erwartungsrolle zurück und könnte dadurch sogar frustrierter sein als vorher. Sicherlich besteht die Notwendigkeit, gerechte Gehälter zu zahlen. Andererseits weiß ich mittlerweile aus eigener Überzeugung, dass selbst hohe Gehälter keinerlei Garantie für motivierte Mitarbeit bilden können. Gehalt als Motivation ist bereits seit langem out. Geld zu verdienen sicherlich nicht. Deshalb entstehen auch immer mehr Anreizsysteme durch Mitarbeiterbeteiligungsmodelle in Form von Aktienoptionen und ähnlichen Angeboten. Ich gehe davon aus, dass erfolgreiche Unternehmen ihre Mitarbeiter innerhalb der nächsten zehn Jahre auf irgendeine Art und Weise am Erfolg des Unternehmens beteiligen werden.

Es gibt jedoch einen sehr entscheidenden Motivationsfaktor, der für alle gilt. Jeder hat Lust, gut zu sein. Jeder hat Lust auf Erfolg. Es gibt auch Unternehmen, die Spaß daran haben, ja regelrecht eine Lust daran haben, siegen zu wollen. Es gibt auch die Lust, etwas bewegen zu wollen. Unsere Chance als Führungskraft

6. Die Durchsetzung Ihres Erfolges

besteht darin, die positiven Faktoren zu nutzen. Wenn wir das nicht schaffen, werden die gleichen Menschen auf dem Fußballplatz siegen wollen. Oder sie werden es beim Squashspiel oder beim Tennisspiel versuchen.

Mitarbeiter wollen heute ihre Fähigkeiten weiter entwickeln. Geben Sie ihnen Gelegenheit, es in Ihrer Firma zu tun. Führen Sie jeden Monat ein bilaterales Gespräch mit jedem Ihrer Mitarbeiter. Entwickeln Sie gemeinsam die herausragende Fähigkeit Ihres Mitarbeiters, wenn er sich selbst dessen nicht bewusst ist. Sie sind der Coach Ihrer erfolgreichen Partner im Unternehmen. Sie müssen die Kreativität der Leute fördern.

Was Mitarbeiter als Nächstes entscheidend motiviert, ist, an einer Vision mit zu arbeiten. Das heißt: Wir müssen mehr vermitteln, als mit einem Gehalt bezahlt werden kann. Wir müssen eine Botschaft vermitteln. Wir müssen unseren Mitarbeitern sagen, dass es nicht einfach nur darum geht, das Ziel zu erreichen, sondern dass es darum geht, die Welt ein Stück zu verändern. Wir müssen die Botschaft vermitteln, etwas Überragendes schaffen zu wollen. Viele Lösungen sind so entstanden. Denken Sie nur an apple's Vision vom menschlichen Computer. Führungskräfte sollen die Botschaft vermitteln, dass man gemeinsam etwas Einmaliges schaffen wird, das die Welt verändert.

Eine Vision zu haben oder nicht, macht einen entscheidenden Unterschied im Unternehmen. Sie ist etwas Imaginäres, Sie können sie nicht anfassen, sie auch nicht am Ende des Monats als Deckungsbeitrag oder Umsatz bei so und so viel Verkauf benennen, sie ist etwas kaum Greifbares. Menschen, die mit ihrer Vision etwas verändert haben, sagen: „Es fasziniert mich, Einzigartiges zu schaffen. Ich brauche die Herausforderung, etwas zu schaffen, was es bis jetzt noch nicht gegeben hat." Sie werden feststellen, dass es viele Menschen geben wird, die an einer Vision mitarbeiten wollen.

Das alles hat vielleicht mit unserem Business-Denken immer noch sehr wenig zu tun, in einer Welt, in der es um facts und figures und um Logik geht. Wir wissen allerdings, dass die meisten Menschen überhaupt nicht logisch sind. Doch das sind die psychologischen Chancen, die wir nutzen können. Wir müssen ihnen nur sagen, dass wir einen Traum realisieren wollen. Und wir müssen es nicht nur einmal sagen, sondern mehrfach, so lange, bis es alle verinnerlicht haben.

Sie müssen die Botschaft vermitteln: Wir werden die Besten auf unserem Gebiet, wir haben die beste Lösung. Dann werden Sie feststellen, dass Ihre Leute plötzlich diese Herausforderung annehmen, gegen Ihre Wettbewerber antreten und alles geben werden, die Besten zu sein. Geben Sie ihnen Träume, mit denen sie die Welt verändern können. Geben Sie ihnen die Chance, gemeinsam mit Ihnen etwas zu Wege zu bringen, was normalerweise gar nicht zu erreichen ist. Wenn wir das übertragen können, das heißt, wenn wir das umsetzen können und damit mehr vermitteln als die klassischen Ziele, haben Sie höchst motivierte Mitarbeiter in Ihrem Boot.

Das heißt, Sie sind nicht nur Unternehmensführer, Sie sind Visionär, Sie sind der Botschafter einer Idee. Bringen Sie diese Botschaft in die Köpfe Ihrer Mitarbeiter und vermitteln Sie damit einen Wert, für den es sich lohnt zu kämpfen. Etwas, was mehr ist, als von morgens bis abends den Job zu erledigen. Ich habe einmal gehört, dass man davon ausgeht, dass nur zehn Prozent der Mitarbeiter Führungsqualitäten besitzen. 90 Prozent – und das ist sicherlich interessant – wollen geführt werden. Überspitzt könnte man also sagen: 90 Prozent der Mitarbeiter haben Spaß daran, geführt zu werden. Geben Sie ihnen die Möglichkeit, an etwas zu glauben, was in der Ferne liegt. Geben Sie ihnen einen Traum, der Berge versetzt.

Vielleicht haben Sie einmal von ganz bestimmten Autos geträumt, wollten ganz bestimmte Ziele in Ihrem Leben erreichen. Wahrscheinlich haben Sie sich jedes Mal, wenn Sie sie erreicht hatten, die Frage gestellt: Was mache ich jetzt? Geben Sie Ihren Mitarbeitern die Chance, nach einem erreichten Ziel bereits zu wissen, wohin es weitergeht. Denn Führungskräfte werden Mitarbeiter um sich scharen, die geführt werden wollen. Führung ist die Fähigkeit, einen Menschen dazu zu bringen, zu tun, was man will, wann man es will und wie man es will, weil er es selbst tun will. Wenn Sie dann auch die nächste entscheidende Botschaft vermitteln: „Ich will Sie!", dann werden Sie alles erreichen, was Sie erreichen wollen.

6. Die Durchsetzung Ihres Erfolges

Wenn ich vorher gesagt habe, wir brauchen Visionen, dann sage ich als Nächstes: Wir brauchen in unserer Firma ein soziales Spielfeld. Bitten Sie einmal Ihre Mitarbeiter, ein Blatt zu nehmen und alle positiven Eigenschaften einer Familie aufzulisten. Positive Eigenschaften sind zum Beispiel loben, unterstützen, helfen. Welche Eigenschaften treffen für eine glückliche und zufriedene Familie zu? Gemeinsam Erfolge feiern, sich ergänzen, sich auf andere verlassen können, etwas gemeinsam zu Ende bringen und mit Menschen zusammen sein, die man schätzen gelernt hat. Möglicherweise kann man jetzt argumentieren, dass ich von einem Ideal ausgehe. Es gibt in jeder Familie sicherlich schwarze Schafe, es gibt Kinder, die genau das Gegenteil von dem tun, was gut für sie ist. Da jedoch immer mehr Menschen in Single-Haushalten leben, wird die Firma immer mehr als Ersatz für eine nicht vorhandene Familie dienen müssen. So ist es ein sehr starker und motivierender Ansatz, wenn eine Firma eine Familie ersetzen kann. Denn wir wissen, dass Menschen die Gemeinschaft brauchen. Da nach vielen Hochrechnungen die Anzahl der Singles in den nächsten Jahren immer weiter zunehmen wird – und dies durchaus unfreiwillig –, kann eine Firma – richtig geführt – eine tragende Bedeutung als soziales Spielfeld zugesprochen bekommen. Natürlich gibt es auch in der Familie ab und zu Streit, warum auch nicht, denn danach ist die Versöhnung um so schöner. Warum sollten wir nicht auch davon profitieren, dass man Dinge in einer Firma ausdiskutieren kann, ohne direkt mit negativen Konsequenzen rechnen zu müssen?

Wenn Ihre Mitarbeiter die Liste mit den positiven Eigenschaften einer Familie komplettiert haben, dann streichen Sie bitte „Familie" durch und setzen Sie „Firma" darüber. Dann stellen Sie die Frage: „Welche dieser positiven Eigenschaften können Sie nicht auf eine Firma übertragen?" Sie werden feststellen, dass praktisch alle diese Eigenschaften übertragbar sind, ohne Ausnahme.

Das heißt, wir schaffen ein soziales Spielfeld, eine Atmosphäre, wo wir alle diese Dinge, die in der Freizeit Spaß machen, leben können. Wir schaffen es, indem wir uns gegenseitig loben und helfen, und indem wir uns gegenseitig unterstützen.

Die Erfolgsformel klingt fast zu einfach: Die Firma schafft eine familienähnliche Situation und jeder wird als Mensch mit all seinen Stärken und Schwächen akzeptiert. Dazu muss man aber darauf achten, dass der jeweilige Mitarbeiter auch ins Team passt. Er muss Kompetenzen einbringen, die sich synergetisch ergänzen. Anders ausgedrückt: Der Fehler wird in der Regel bereits zum Zeitpunkt der Einstellung gemacht. Ich habe in den letzten 20 Jahren mittlerweile mehr als 60 Menschen geführt. Wenn ich sie alle einzeln an mir vorbeiziehen lasse, dann kann ich tatsächlich im Geiste bestätigen, dass ich bei den Erfolgreichen von der ersten Sekunde an ein gutes Gefühl hatte, während ich mich bei im Nachhinein festgestellten Fehleinstellungen zu sehr auf andere, beispielsweise auf Personalberater, verlassen habe. Oft haben mich in der Anfangszeit auch Zeugnisse und Ausbildung geblendet. Entscheidend ist das gute Gefühl zum Zeitpunkt des ersten Kontakts. Heute würde ich viel mehr Zeit damit verbringen, die richtigen Mitarbeiter einzustellen. Ich würde es nicht delegieren, sondern Personalberater höchstens als Vermittler in Anspruch nehmen.

Haben Sie die richtigen Mitarbeiter eingestellt, wird die Lebensfreude eine sehr wichtige Rolle spielen. Warum bringen wir nicht die Lebensfreude in unseren Alltag hinein? Offenheit und Ehrlichkeit im Umgang mit Menschen spielen eine große Rolle. In vielen Firmen wird mir gesagt: „Wissen Sie, wenn man uns doch nur die Information geben würde, dann könnten wir etwas daraus machen." Wenn also Ehrlichkeit und Offenheit eine tragende Motivationsrolle spielen, dann haben wir hier noch ein sehr interessantes Feld zu bearbeiten. Tragen wir diese Aspekte in einem weitaus höheren Maße in unsere Firma, als es bisher der Fall gewesen ist.

Die wirklichen Herausforderungen an eine zukunftsorientierte Firma bestehen darin, dass wir die Lebensziele und die Lebensanforderungen vielmehr zu unserer Aufgabe machen müssen. Denn wenn jemand erfolgreich werden will und Anerkennung sucht, so müssen wir eine Karriereplattform schaffen, die dieses ermöglicht. Möglichst viel davon zum Zeitpunkt der Einstellung zu erkennen, wird eine zentrale Aufgabe sein. Sie wissen aus einem anderen Kapitel dieses Buches, dass es einen wesentlichen Unterschied geben kann zwischen dem, was jemand will, und dem, was jemand *wirklich* will.

6. Die Durchsetzung Ihres Erfolges

Das heißt, lassen wir unsere Mitarbeiter das tun, was ihnen Spaß macht und das umsetzen, woran sie Freude haben. Lassen wir sie auch während ihrer Arbeit ihr Leben genießen. Nur achten Sie zum Zeitpunkt der Einstellung darauf, dass beide Vorstellungen kombinierbar sind.

Nehmen wir das Beispiel eines Verkäufers. Der Verkäufer gehört zu den ganz wenigen Menschen mit einer Doppelfunktion. Einerseits muss er ein Einzelkämpfer sein, denn wenn er beim Kunden ist, muss er alleine überzeugen. Aber er muss gleichzeitig in ein Team eingebunden sein. Das ist heute noch das Problem vieler Verkäufer. Sie sind auch in den Firmen isoliert, denn sie sind immer im Außendienst. Verkäufer wollen und suchen jedoch den Informationsaustausch. In einer Umfrage zu dem Thema: „Warum kündigen eigentlich Verkäufer?", wurde herausgefunden, dass die Motivation dann hoch ist, wenn ein regelmäßiger Erfahrungsaustausch stattfindet, und nicht nur dann, wenn es einmal ein Problem gibt.

Wie regelmäßig treffen wir uns mit unseren Mitarbeitern, um über das Tagesgeschäft hinaus Ideen zu entwickeln und Themen zu diskutieren? Lassen Sie Ihre Leute doch ihre eigenen Ideen durchsetzen, selbst wenn Sie manchmal der Ansicht sind, es wären nicht unbedingt die Idealideen, die Sie sich vorstellen. Man kann daran gemeinsam arbeiten und sie auf dem Weg nach oben gemeinsam noch besser umsetzen.

Wir haben den Vorschlag eines Mitarbeiters aufgenommen, Projektabende einzurichten. So treffen wir uns, immer auf freiwilliger Basis, einmal im Monat zu einem Projektabend und diskutieren Themen, die von den Mitarbeitern kommen. Menschen müssen miteinander reden, damit sie sich besser verstehen können. Ich erinnere mich an einen Projektabend, er liegt einige Zeit zurück und für mich selbst war er ein ernüchterndes Erlebnis. Wenn man Inhaber einer Firma ist, seine Ideen immer durchgesetzt hat, wenn man durch Höhen und Tiefen gegangen ist, entwickelt man sicherlich auch ein kleines bisschen Stolz auf die Leistungen der letzten Jahre. Plötzlich sagte ein junger Mitarbeiter impulsiv: „Wissen Sie was? Das, was wir jetzt machen, ist mir eigentlich immer noch nicht gut genug. Es ist eigentlich überhaupt nichts, wenn ich mir das richtig überlege. Sie sagen immer, wir sind in einem globalen Dorf und was haben wir bisher außerhalb Europas getan? Wir sollten uns einmal an unsere eigene Nase fassen und glaubwürdig eine globale Strategie entwickeln." Können Sie nachvollziehen, wie man sich in diesem Moment fühlt? Dass man eigentlich erst einmal sagen will: „Lieber junger Freund, machen Sie erst einmal den Job ein paar Jahre und dann können wir uns noch einmal zusammensetzen." Das ist etwas, was man sich verkneifen muss, wenn man die Motivation der Mitarbeiter nicht unterbinden will. Wenn Sie ein Hochleistungsteam haben wollen, das die Welt verändert, dann werden Sie sogar dafür Spaß entwickeln.

Mit diesem Führungskonzept verbinden wir ein Motivationssystem, das auf vier Säulen beruht. Die erste Säule ist: Schaffen Sie einen Traum, eine Vision. Immer mehr Menschen sind heute auf der Sinnsuche. Wenn wir sie dabei unterstützen, wenn unsere Firma ein Teil der Sinnsuche ist und – ich gehe noch ein Stück weiter – wenn unsere Firma Sinnersatz sein kann für das, was Leute heute suchen, dann sind wir auf dem Weg, Mitarbeiter zu haben, die ihren Job nicht als Beruf, sondern als Berufung betrachten. Die Schlüsselbotschaft dafür heißt: „Ich will Sie!" Ich habe viele Firmeninhaber und Topmanager für die Einstellung einer einzigen Person kämpfen sehen, weil sie genau wussten, dass sie diesen Menschen zur Erreichung ihrer Ziele brauchten. In letzter Zeit stelle ich auch immer mehr fest, dass nicht mehr nur einzelne Topmanager zu anderen Unternehmen wechseln, sondern dass sie oft ihre gesamte Führungsmannschaft mitbringen. Clever. Kompliment. Auch das haben viele gelernt, dass sie ohne ihr Team versagen können.

Schaffen Sie einen Traum, eine Vision

Die zweite Säule ist: Schaffen Sie ein soziales Spielfeld in Ihrer Firma, motivieren Sie Ihre Mitarbeiter so, dass sie sich wie in einer Großfamilie fühlen. Solange ich mich an dieses Konzept gehalten haben, hatte ich Erfolg. Als ich diesen Ansatz in den 90er Jahren nicht mehr berücksichtigte, schaffte ich mir dadurch meine eigenen Probleme. Wir haben eine Zeitlang mit einer sehr einfachen Vorgehensweise gearbeitet, die vielleicht sachlich aussehen mag, aber sehr gute Erfolge zeigt. Von Zeit zu Zeit habe ich Mitarbeiter gebeten, auf einem Blatt im Bereich

Schaffen Sie ein soziales Spielfeld

einer Skala von 1 bis 10 einfach einmal einzutragen, wie sich jeder motiviert fühlt. Es ist schon entscheidend, was man hier einträgt, selbst wenn man dem Chef nur eins auswischen will, weil er eben gerade etwas gemacht hat, was einem nicht gefällt. Der Schlüsselsatz für den zweiten Systemansatz lautet: „Ich brauche Sie!"

Die dritte Säule ist die Säule der Partnerschaft. Sie haben eine Partnerschaft mit Ihrer Herstellerfirma. Sie haben aber auch eine Partnerschaft mit Ihren Mitarbeitern, ein gegenseitiges Aufeinanderzugehen und Aufeinanderverlassen. Es ist das viel zitierte Wort des Teamgeistes, dass wir in unserer Firma das Gefühl schaffen, gemeinsam etwas Wichtiges zu tun. Es geht darum, dass Sie Ihren Mitarbeitern sagen können: „Ich verlasse mich auf Sie!" In einer kleineren Firma in einer Größenordnung von zehn bis 20 Mitarbeitern müssen wir einen Teamgedanken so formen, dass nicht der Eindruck einer Hierarchie entsteht. Das Motto lautet: „Mensch gewinnt Mensch." Das ist anhand meiner Erfahrungen die Schlüsselbotschaft für den Erfolg. Wenn wir es schaffen, mit unserer Partnerschaft Menschen zu gewinnen, haben wir auch viele Dinge berücksichtigt, die entscheidend sind. Mitarbeiter sagen: „Ich bin dann erfolgreich, wenn ich freundlich zum Kunden bin." Aber sie sagen gleichzeitig auch: „Ich möchte auch freundlich behandelt werden und ich möchte auch mit sympathischen Menschen zusammen sein, ich möchte mit Menschen zusammen sein, auf die ich mich verlassen kann."

Die Säule der Partnerschaft heißt Vertrauen

Die vierte Säule unseres Führungskonzeptes stellt den Menschen in den Mittelpunkt der Unternehmensstrategie. Jeder Mensch ist individuell. Es gibt keine Kopie eines Menschen. Wir müssen ihn so akzeptieren wie er ist, mit allen Stärken und Schwächen. Sie müssen nur bei der Einstellung darauf achten, dass Sie Menschen für sich gewinnen können, die grundsätzlich Ihren Idealen entsprechen. Fragen nach Beziehungskompetenz und sozialer Kompetenz bekommen einen immer höheren Stellenwert. Gehen Sie bei der Einstellung keine Kompromisse ein, ein Fehler, den ich jahrelang immer wieder gemacht habe. Um nur schnell eine Stelle zu besetzen, habe ich mich oft selbst betrogen und mir selbst etwas vorgemacht. Anschließend habe ich jedes Mal die Rechnung bezahlen müssen. Ein Controller ist ein völlig anderer Mensch als ein Marketingmann. Dennoch sollten Sie sich fragen, ob die Basis für eine erfolgreiche Zusammenarbeit gewährleistet ist. Rüdiger Wolff, Vorstand der Albis AG, und einer meiner Partner bei Rothmann & Cie. sagt immer: „Jeder Mensch muss so verbraucht werden wie er ist." Das hat bei uns oft intern zu Diskussionen geführt, denn es könnte leicht der Eindruck entstehen, dass man sich benutzt fühlt. Rüdiger Wolff hat darauf hingewiesen, dass es nicht darum geht, jemanden zu benutzen, sondern dass man jeden so akzeptieren muss, wie er es auf Grund seines Naturells ist. Das ist entscheidend. Wir können Menschen nicht verbiegen, wir müssen lernen, die Schwächen eines Menschen zu tolerieren. Die Schlüsselbotschaft heißt: „Ich mag Sie!" Geben Sie den Mitarbeitern das Gefühl, dass Sie sie akzeptieren.

Schlüsselbotschaften sind sehr einfach. Sie müssen sie nur oft genug wiederholen. Sie sind dann am erfolgreichsten, wenn es Ihnen gelingt, Aspekte der Freizeit in die Arbeitswelt hineinzutragen. Es geht weiter, wenn es Ihnen gelingt, dass Mitarbeiter Spaß haben, engagiert sind, etwas selbst gestalten können, siegen können, gestalterisch fähig sind und an einem Traum arbeiten können. Dann gibt es auch keinen Unterschied mehr zwischen Arbeitszeit und Freizeit, unserer größten Konkurrentin. Die Firma bekommt einen familienähnlichen Charakter, wenn das gegenseitige Unterstützen im Vordergrund steht. Wenn Sie dieses Konzept noch mit den vier Schlüsselbotschaften: „Ich will Sie!", „Ich brauche Sie!", „Ich verlasse mich auf Sie!" und „Ich mag Sie!" verbinden, haben Sie die besten Voraussetzungen für eine erfolgreiche Motivation geschaffen.

Wenn Sie jetzt noch wissen, dass jeder Mitarbeiter vier Phasen durchläuft, kann Ihnen auf dem Weg nach oben unter Führungsgesichtspunkten fast nichts mehr passieren. Die vier Phasen lauten: Orientierungsphase, Frustrationsphase, Entscheidungsphase und Produktionsphase.

Die erste Stufe ist die des Beginners. Die Erstprägung des Mitarbeiters hat bereits innerhalb der ersten 48 Stunden stattgefunden. Dann weiß der neue Mitarbeiter, aus seiner Sicht jedenfalls, was „Sache ist". Das zeigt sich an vielen kleinen Beispielen; etwa wenn in der Firma grundsätzlich erst beim fünften Klingelzeichen der

6. Die Durchsetzung Ihres Erfolges

Telefonhörer abgenommen wird, wird er sich genauso verhalten. Wenn bereits eine Viertelstunde vor offiziellem Arbeitsschluss alle einpacken, wird er es auch tun. Er hat bereits die Kultur der Firma, zumindest die offensichtliche, aufgenommen. Deshalb ist es erforderlich, sogar dringend erforderlich, dass die Führungskraft genau diese 48 Stunden mit dem neuen Mitarbeiter verbringt. Nehmen Sie sich in den ersten 48 Stunden Zeit, Ihre Mitarbeiter persönlich zu informieren. In dieser ersten Stufe hat der Mitarbeiter eine sehr niedrige Kompetenz und ein sehr hohes Engagement, denn er will im Unternehmen beweisen, was er kann. Es ist jetzt erforderlich, dass Sie in dieser ersten Stufe klare Anweisungen geben und klare Vorgaben machen, was Sie erwarten – so präzise wie möglich. In dieser Phase müssen Sie autoritär sein. Wenn Sie jetzt anfangen, alles und jedes zu diskutieren und zu hinterfragen, haben Sie bereits in den ersten 24 Stunden verloren. In dieser ersten Phase braucht der Mitarbeiter entweder ein klares Ja oder ein klares Nein. In dieser Phase müssen Sie ihn ganz klar dirigieren. Klare Anweisungen, klare Ergebnisse, pünktliche Erledigung, präzise Erwartungshaltung sind auf der ersten Stufe Ihr erforderlicher Input. Der Mitarbeiter wird auf Null gesetzt. Wie erfolgreich er auch immer gewesen ist, jetzt werden die Uhren für ihn auf Null gestellt. Jetzt ist erst der Beweis zu erbringen, ob er in der Lage ist, den vorher bereits erlebten Erfolg noch einmal zu wiederholen. Exakte Anweisungen, Kontrolle und Komplimente sind in dieser Phase sehr entscheidend, weil der Mitarbeiter sie zur Orientierungssuche braucht. Also gilt es in dieser Phase zu loben und dadurch positive Verstärker auszulösen. Kritik sollte in dieser Phase zurückgehalten werden.

Nehmen Sie sich in den ersten 48 Stunden Zeit, Ihre Mitarbeiter persönlich zu informieren

Die zweite Stufe der Mitarbeiterentwicklung heißt: Etwas Kompetenz und weniger Engagement. Jetzt hat der Mitarbeiter gelernt, wie das Unternehmen funktioniert. Er hat die Interna verstanden. Er hat die ersten Aufgaben erfolgreich bewältigt und dafür Lob bekommen. Er hat jetzt auch ein Orientierungsmuster, was er darf und was er nicht darf und was man von ihm erwartet. Allerdings ist die zweite Stufe die Frustrationsphase. Denn jetzt erkennt der Mitarbeiter, dass er doch nicht im Paradies gelandet ist, dass doch nicht alles so stimmt, wie man es ihm versprochen hat, die Auf-

Ich will nach oben

gabe nicht immer nur Spaß macht, die Kollegen nicht immer nur nett und die Arbeitszeiten doch viel ungeregelter sind als ursprünglich gesagt. Er denkt frustriert: Es bestätigt sich, dass doch nicht alles Gold ist, was glänzt. In dieser Phase ist es ebenfalls noch einmal wichtig, die Richtung anzugeben und die Kontrolle dafür durchzuführen. Der Mitarbeiter ist bei weitem noch nicht in der Lage, selbstständig genug zu arbeiten. Allerdings ist es mittlerweile wichtig, seine Meinung zu hören, ihm zuzuhören und den Sinn der Entscheidungen zu besprechen. Jetzt gilt es auch, gezielt nach seinen Ideen zu fragen und auch erste Kritik anzubringen. Lob und Kritik sollten allerdings in einem gesunden Verhältnis stehen, bei dem das Lob noch überwiegt. Die Beteiligung an Ideen, Projekten, Aufgaben und vor allen Dingen Lösungen kann jetzt zunehmen. Allerdings reden wir noch nicht von einem eigenständigen Arbeiten, weil die Kompetenz längst noch nicht hoch genug ist. Wir müssen jetzt trainieren, um die Kompetenz zu erhöhen. Wir müssen das Selbstvertrauen aufbauen und die Vision verstärken, was wir erreichen wollen, um das gesamte Engagement zu stärken. Jetzt glaubt der Mitarbeiter bereits, das Rad neu erfinden zu können, denn die bisherige Zeit reicht, so glaubt er, um alles auf den Kopf zu stellen. Genau das ist in dieser Phase gefährlich.

Wir müssen das Selbstvertrauen aufbauen

Die dritte Phase ist die Entscheidungsphase. Das ist die kritischste Phase, und zwar für beide Seiten. Es ist die Phase der mittlerweile hohen Kompetenz, aber des schwankenden Engagements. Im negativen Sinn fühlt sich der Mitarbeiter jetzt stark, um gegen alle und alles anzutreten, da er oft in einer Spezialdisziplin besser ist als sein Manager oder die Führungskraft. Das gibt dem Mitarbeiter eine besondere Form der Sicherheit, was sehr häufig zu einer völligen Selbstüberschätzung führen kann. Das Selbstbild steht dann überhaupt nicht mehr im Einklang mit der wahrgenommenen Realität des Alltags. Das ist eine gefährliche Situation. Auf der einen Seite hat man sich an die Zusammenarbeit gewöhnt, die Ergebnisse sind da, allerdings spürt man bereits, dass das Engagement längst nicht mehr so ist, wie es zum Start einmal war. Oft betrügt man sich als Führungskraft in dieser Phase und führt es auf temporäre, familiäre oder private Pro-

Mitarbeiter brauchen jetzt Unterstützung

6. Die Durchsetzung Ihres Erfolges

bleme des Mitarbeiters zurück. Dabei ist jetzt deutliches Handeln angesagt. Ich behaupte, dass in dieser Phase die meisten Mitarbeiter-Führungskraft-Beziehungen kippen. Der Mitarbeiter braucht jetzt Unterstützung. Sie können ihm keine Anweisung mehr geben, sondern sie werden jetzt zum Helfer in seiner Situation und seiner Weiterentwicklung. Allerdings müssen Sie nun Verantwortung aufteilen. Der Mitarbeiter hat Ergebnisse eigenverantwortlich zu produzieren. Jetzt zählen die Ergebnisse. Der Mitarbeiter wird an seiner persönlichen Performance gemessen. Allerdings dürfen Zahlenergebnisse nicht dazu führen, dass man sich über alle anderen Anforderungen hinwegsetzt. Damit sind Teamgeist, Fairness und soziale Kompetenz gemeint. Die Führungskraft wechselt in dieser Phase zum Erfolgscoach des Mitarbeiters. Die Kritik wird zunehmen, weil der Mitarbeiter jetzt sehr viel mehr Fehler machen wird als auf den Stufen eins und zwei. Die Führungskraft befindet sich nicht mehr in der Rolle des Dirigenten, sondern des Coaches. Es wird Hilfe zur Selbsthilfe gelehrt. Sie entsprechen Ihrer Rolle als Diener Ihrer erfolgreichen Mitarbeiter. Jetzt muss es einen Plan geben, wie die Kompetenz des Mitarbeiters erhöht und sein Selbstvertrauen gestärkt werden können. Der Mitarbeiter übernimmt bereits Verantwortung, hat dabei aber immer noch Probleme in der Durchführung. Er braucht jetzt den Coach. Wird der Mitarbeiter in dieser Phase allein gelassen, kann er schalten und walten, wie er will, wird das negative Auswirkungen auf seine Selbsteinschätzung haben. Er könnte sich für den Größten halten und sich damit der Führungskraft überlegen fühlen. Das kann zu gefährlichen Prozessen führen. Deshalb ist diese dritte Phase eine entscheidende Phase, weil die Selbstüberschätzung sehr deutlich vorhanden ist. Das ist genauso, als ob ein kleines Kind gerade schwimmen gelernt hat und unter Anleitung des Schwimmlehrers mit einem riesigen Spaß in die Fluten springt. Mit dieser Erwartungshaltung wird das Kind auch in jeden Pool springen oder ins Meer und sich damit hoffnungslos überfordern. Ist dann keiner zur Stelle, wird es gefährlich. Viele Mitarbeiter auf der Stufe drei sind des Unternehmens Tod.

Die Führungskraft wird zum Erfolgscoach des Mitarbeiters

Erst die Stufe vier ist in der Kunst der Menschenführung die interessanteste. Hier zeigt der erfolgreiche Mitarbeiter ein hohes

Engagement und hat sich eine hohe Kompetenz erarbeitet. Falls jetzt keine persönlichen Schicksalsschläge stattfinden, gibt es keinen Zweifel mehr an der Integrität des Mitarbeiters. Jetzt kann die Führungskraft voll delegieren und die Ergebnisse kontrollieren. Der Mitarbeiter ist jetzt bereit, die volle Verantwortung zu tragen, übernimmt vielleicht selbst schon Führungsaufgaben und ist zur einer Autorität auf seinem Gebiet geworden.

Die Durchsetzung Ihres Erfolges wird auf dem Weg nach oben davon abhängig sein, wie es Ihnen gelingen wird, Führung als einen natürlichen Prozess zu betrachten, der Ihren Mitarbeitern, aber auch Ihnen hilft, Ihre Ziele und Visionen zu erreichen. Deshalb werden Mitarbeiter zu Mitunternehmern und Partnern auf dem gemeinsamen Weg zum Erfolg.

Verkaufen und Präsentieren

Sind Sie ein Verkäufertyp? Fällt es Ihnen leicht, vor einer Gruppe zu stehen und Menschen zu begeistern? Sind Sie ein Beziehungstyp? Haben Sie bereits einmal etwas verkauft und Kunden besucht?

Ich habe begnadete Ingenieure kennen gelernt, die dem Kunden in aller Deutlichkeit klarmachten, dass er ein Idiot ist. Die verkäuferische Fähigkeit ist ohne Zweifel ein weiterer Schlüsselfaktor zur Durchsetzung Ihres Erfolges. Berechtigterweise haben Vertrieb und Marketing in jedem Unternehmen einen hohen Stellenwert. Die Formel lautet heute noch wie früher: No clients, no company. Sinngemäß übersetzt heißt das: Gibt es keine Kunden, gibt es auch keine Firma mehr.

Allerdings ändert sich auch das Verkaufen in diesem Jahrtausend. Angefangen damit, dass es ein Verkaufen ohne Verkäufer immer häufiger gibt, ändert sich auch die Funktion des Verkäufers. Der Verkäufer wird zum Beziehungsmanager, der die Beziehungen zu seinen jetzigen potenziellen Kunden systematisch aufbaut, hält und intensiviert. Verkaufen ohne Verkäufer wird durch das Internet ermöglicht, denn 24 Stunden an 365 Tagen bieten völlig neue Möglichkeiten, Kontakte auf-

Der Verkäufer wird zum Beziehungsmanager

Verkaufen ohne Verkäufer

6. Die Durchsetzung Ihres Erfolges

zubauen. Auf die Chancen des Internets werde ich anschließend noch einmal detailliert eingehen.

Meine beiden Verkaufsbuch-Klassiker *Verkaufserfolge auf Abruf* und *Abschied vom Verkaufen* bieten ein interessantes Spektrum für alle, die verkaufen müssen, wobei die Meinungen darüber auseinander gehen, wer sich als Verkäufer zu verstehen hat. Wenn ich gefragt werde, welches Selbstverständnis ich habe, so antworte ich immer: „Früher habe ich Stahl verkauft, heute verkaufe ich Ideen". Damit will ich sagen, dass der Verkäufer überzeugend motiviert und begeistert.

In dem Buch *Abschied vom Verkaufen* schrieb ich: „Die heilige Kuh Vertrieb wird geschlachtet." Abschied vom Verkaufen ist angesagt. Bisher hat das Unternehmen alles unternommen, damit ein Kunde gefunden wird. Nun drehen wir den Spieß um, wir befinden uns wieder dort, wo früher einmal alles angefangen hat – auf dem Marktplatz. Schaffen Sie Marktplätze, um Ihre Kunden zu begeistern und zu verblüffen, dann werden die Kunden von alleine den Weg zu Ihnen finden.

Abschied vom Verkaufen

Das ist eine zentrale Umkehrung der Erfolgsspielregeln. Früher wurden die Systeme perfektioniert, mit denen der Verkäufer den Weg zum Kunden fand. Das hat auch jahrzehntelang funktioniert. Nun überwiegen allerdings neue Systeme, die das alte auf den Kopf stellen und es dem Kunden ermöglichen, zu uns zu gelangen. Das geschieht auf ganz realen Marktplätzen, die man heute Events, Kundenveranstaltungen oder Kongresse nennt, und auf virtuellen Marktplätzen, die das Internet bietet. Deshalb sind im Internet zurzeit Auktionshäuser ausgesprochen interessant und erfolgreich. Das wird erst der Anfang sein.

Auf dem Weg nach oben wird Ihr Verkaufssystem entscheidend sein: Die Art der Organisation, ob direkter oder indirekter Vertriebsweg, mit eigenen Niederlassungen oder als Franchise-System, exklusiv oder als Zulieferant – Sie entscheiden über die Konzeption. Denken Sie auch über unkonventionelle Vertriebswege nach. Überlegen Sie einmal, was Sie heute an Tankstellen kaufen können und in Kaffeegeschäften. Wenn Sie heute einen

Denken Sie auch über unkonventionelle Vertriebswege nach

PC kaufen wollen, können Sie in Erwägung ziehen, ob Sie ihn auch bei Ihrem Lebensmittelhändler kaufen wollen. Damit meine ich den Aldi-PC, der mittlerweile regelrecht zu einem Kult-Computer geworden ist. Auch dazu gehört Mut, ernsthaft in Erwägung zu ziehen, Computer zwischen Marmelade und Butter zu verkaufen.

In Verkaufsgesprächen sehe ich eine Tendenz hin zu Impulsgesprächen. Was sind Impulsgespräche? Impulse bestimmen unser Leben in jedem Bereich, ob privat oder geschäftlich. Durch eine permanente Informationsüberlastung ist es kaum noch möglich, die wirklich wichtigen Informationen aus der Menge, mit der wir ständig konfrontiert werden, zu selektieren.

Ziel der Impulsmethode ist es daher, die fehlende Sensibilität und Bereitschaft des Empfängers, eine bestimmte Information konzentriert zu betrachten und zu vernetzen, zu steigern. Um diese fehlende Sensibilität und Bereitschaft des Empfängers zu steigern, ist eine neue Form des Denkens erforderlich, die auf den Punkt gebracht sagt: Impulse bestimmen unser Leben. Das bedeutet gerade für den Erstkontakt mit einem Kunden, dass Sie einen Sympathie- und einen Vertrauensimpuls setzen müssen, zum Beispiel durch ein glaubwürdiges Kompliment.

Bedenken Sie, dass nur zehn Prozent unseres Gehirns bewusst, die restlichen 90 Prozent unbewusst eingesetzt werden. Deshalb ist es wichtig, mit Impulsen gezielt das Unterbewusstsein anzusprechen. Wie funktioniert das genau? Das Ziel ist nicht primär ein Verkauf. Der wird erfolgen, falls man die richtigen Schritte einleitet. Das Ziel ist Erfolg durch Beziehungsmanagement. Der Kunde wird mit seinen Wünschen und Zielen absolut in den Mittelpunkt gestellt. Wir wollen mit den Kundenforderungen verschmelzen. Durch systematischen Informationsaustausch können wir flexibel auf sich sprunghaft ändernde Nutzensituationen reagieren.

Es werden nur zehn Prozent unseres Gehirns bewusst, die restlichen 90 Prozent unbewusst eingesetzt

Die Konzentration der Verhandlungsführung auf den Menschen hat immer weniger Spielraum und verlangt eine neue Gesprächsstruktur.

6. Die Durchsetzung Ihres Erfolges

Die Sympathiephase

Durch den Ersteindruck wird die Sympathie zwischen den Gesprächspartnern zu 80 Prozent in den ersten fünf Sekunden geschaffen. Das ist die wesentliche Voraussetzung, um die Filterbereitschaft im Kopf zu öffnen. Das Gleiche gilt übrigens auch für jedes Vorstellungsgespräch, denn ein Vorstellungsgespräch ist nichts anderes als eine Verkaufssituation der eigenen Person.

Die Vertrauensphase

Die zweite Phase bietet die Chance, innerhalb von fünf Minuten Vertrauen aufzubauen. Der Gesprächspartner will sich im Verkäufer psychisch wiederfinden, „spiegeln". Das gelingt durch bewusste Verwendung von Worten, Stimme und Körpersprache. Maximales Vertrauen wird zusätzlich durch Verwendung von Beweisen oder Referenzen durch Dritte erreicht.

Die Impulsphase

Ausschlaggebend zur Nennung des Kundenimpulses ist das situative Eingehen auf den Gesprächsverlauf. Standardisierte Strukturen haben keine Chance. Der Kunde sollte die meiste Zeit sprechen. Durch den Aufbau von Sympathie und Vertrauen sagt der Kunde ständig Dinge, die für ihn wichtig sind. Der Verkäufer konzentriert sich dabei auf die Gunst des Augenblicks. Er verschmilzt mit den Ansichten des Kunden. Seine Aufgabe ist es dann, den Impuls zu erkennen und zu charakterisieren. Schließlich hat sich der Kunde selbst überzeugt. Der Verkäufer verankert zur Sicherheit den Impuls und festigt die mentale Beziehung.

Die Abschlussphase

Der Kunde findet sich spiegelbildlich im Verkäufer wieder. Die mentale Pipeline und die mentale Verschmelzung von Kunde und Verkäufer und die Sicherheit der eigenen Impulsüberzeugung vermitteln Attraktivität und Anziehungskraft. Der Kunde will das Geschäft abschließen – er fühlt sich nicht manipuliert und initiiert den Kaufsog. Im Grunde genommen ist diese Methode ein systematisches Konzept, jeden Menschen von den eigenen Ideen zu begeistern.

Das 7x-Kontaktsystem

Meine Beratungsgruppe entwickelte zur Neukundengewinnung ein einzigartiges System. Wir nennen es das 7x-Kontaktsystem.

Neukundengewinnung ist eine echte Herausforderung, da der potenzielle Kunde meist gut ausgebildet und im Umgang mit Verkäufern versiert ist. Untersuchungen bei vielen Unternehmen haben ergeben, dass ein potenzieller Kunde siebenmal kontaktiert werden muss, bevor er sich zum Kauf entschließt. Erst im Lauf eines mehrstufigen Vertrauensprozesses wächst beim Gesprächspartner die Bereitschaft, über einen neuen Lieferanten nachzudenken. Dabei ist nicht die Form des Kontaktes erstrangig, sondern die Dauerhaftigkeit. In Unkenntnis des 7x-Kontaktsystems scheitern deshalb viele Akquisitionsbemühungen gewissermaßen fünf Minuten vor dem ersehnten Ziel. Bitte beachten Sie in diesem Zusammenhang auch folgende Tatsachen:

- Der erste Kontakt bringt, von wenigen Ausnahmen abgesehen, fast immer ein Nein des potenziellen Kunden.
- Die teuerste Form der Kundenansprache ist ein persönlicher Besuch, dann folgt an zweiter Stelle das Telefongespräch und an dritter erst der schriftliche Weg. Daraus ergibt sich als logische Folgerung: Bereiten Sie einen potenziellen Interessenten zuerst geschickt per Brief vor, legen Sie dann ein zweites Mal schriftlich nach und vereinbaren Sie erst beim dritten Mal einen Termin.

Die Tendenz geht heute weg von isolierten und hin zu vernetzten Lösungen. Suchen Sie nach erfolgreichen Verknüpfungen. Kombinieren Sie zum Beispiel Telefonmarketing-Aktionen immer mit Direct-Mail-Aktionen. Das gilt insbesondere dann, wenn Sie diese Aktionen ohne professionelle Unterstützung von Direct-Marketing-Firmen durchführen wollen.

6. Die Durchsetzung Ihres Erfolges

Bei Produkten mit hohem Investitionsvolumen für den Privat- oder Geschäftskunden bietet sich ein 2 x B + 1 x T-System an. Dabei schreiben Sie einen potenziellen Kunden mit einem interessanten Erstbrief an (B = Brief), der Interesse für einen zweiten Brief weckt. Dieser kommt etwa zehn Tage später. Im zweiten Brief wecken Sie durch ein Geschenk wiederum das Interesse des Kunden und weisen auf ein nachfolgendes Telefonat (T = Telefonat) hin. Das beigefügte Geschenk soll einen kreativen Bezug zu Ihrem Produkt ermöglichen. Falls Europa im Zentrum Ihres Angebotes steht, verschenken Sie zum Beispiel einen kleinen Holzzug mit dem Motto: „Springen Sie auf den Europazug auf." Bei preiswerten Produkten sollte ein Teil der Mailing-Kosten direkt durch ein in diesem Brief befindliches Sonderangebot abgedeckt werden. Bieten Sie bei Erstkontakten mit potenziellen Interessenten auf schriftlichem Weg immer einen Sondervorteil für Erstkäufer an, wobei Sie konsequent der Linie „Erst geben, dann nehmen" folgen.

Ziel ist, einen Kunden, der zunächst zu Ihrem Produkt Nein sagt, über einen bestimmten Kontaktweg zu einem Ja zu bewegen. Wir wollen alle häufig sehr schnell – zu schnell – vom Nein zum Ja kommen. Deswegen wird die Kundengewinnung in der Regel nach zwei bis drei Versuchen gestoppt. Grundsätzlich gibt es drei Wege, den Kunden für sich zu gewinnen:

- den Kunden siebenmal zu sich kommen lassen oder siebenmal zu ihm gehen
- ihn siebenmal kontaktieren
- sieben Mailing-Aktionen durchführen

Jeder dieser Wege ist isoliert betrachtet wenig effizient. Die entscheidende Frage lautet: Wie mischen wir 7 aus 21 Möglichkeiten optimal? Wenn Sie heute eine klassische Mailing-Aktion durchführen – einen Brief, einen Prospekt, eine Antwortkarte – machen Sie genau dasselbe wie alle anderen.

Gehen Sie andere Wege. Die beiden einfachsten Wege, einen Menschen zu erreichen, gehen über das Hören und Sehen. Weitgehend ungenutzte Aufnahmekanäle sind die des Fühlens und Riechens. Alles, was ein Kunde anfassen kann – wir nennen das

Ich will nach oben

haptische Verkaufshilfe – spricht seine rechte Gehirnhälfte an. Hier liegen Ihre Chancen. Schenken Sie dem potenziellen Kunden etwas zum Anfassen.

Mischen Sie 7 aus 21 optimal! Die Reihenfolge lautet:

- Verschicken Sie zunächst einen Brief, den Sie möglichst mit einer Beipackidee versehen. Entscheidend ist nur, dass der potenzielle Kunde es als ein Geschenk empfindet. Wir haben einmal besonders erfolgreich eine Original-Euro-Münze verschickt.
- Nach einiger Zeit versenden Sie einen weiteren Brief, dem Sie nach Möglichkeit ebenfalls wieder eine Beipackidee zufügen. Wir haben zum Beispiel eine Sanduhr beigelegt und wollten damit dokumentieren, dass die Zeit davonläuft.
- Im dritten Schritt folgt das Telefonat, bei dem es ausdrücklich nicht um einen Verkaufsversuch gehen soll, sondern um die Einladung zu einer Abendveranstaltung.
- Der vierte Schritt ist die Durchführung der Abendveranstaltung.
- Der fünfte Schritt ist das anschließende Telefonat, um einen Termin zu vereinbaren.
- Die Schritte sechs und sieben sind die dann durchzuführenden Besuche.

Möglicherweise halten Sie diese Vorgehensweise für besonders aufwändig. Das mag durchaus sein, ich weise allerdings darauf hin, dass mich alle meine Erfahrungen, die ich bis heute gemacht habe, immer wieder darin bestätigen, dass ein völlig desinteressierter Neukunde sieben Kontakte auf irgendeine Art und Weise braucht, bevor er zu einem Ja bewegt werden kann. Ich weise darauf hin, dass das nur für Neukunden gilt. Dafür ist ein 7x-Kontaktsystem erforderlich. Ihren besten Kunden, quasi Ihren Freund, brauchen Sie nur einmal anzurufen und werden wahrscheinlich Ihren Auftrag sofort platzieren können. Genauso können Sie auch eine Abstufung Ihres 7x-Kontaktsystems vornehmen. Bei Ihrem besten Kunden brauchen Sie ein bis zwei Kontakte, um erfolgreich werden zu können.

6. Die Durchsetzung Ihres Erfolges

Die meist vergessene Chance ist übrigens interessanterweise der potenzielle Kunde. Der Kontakt hat stattgefunden, der Abschluss erfolgte jedoch nicht. Jedes Unternehmen hat Hunderte, wenn nicht Tausende dieser Kontakte, die unbearbeitet bleiben. Das ist in vielen Unternehmen die größte Chance – das Beziehungssystem wurde aufgebaut, aber noch nicht vollständig realisiert. Konzentrieren Sie sich auf alle potenziellen Kunden auf der Kontaktstufe drei und vier, die unbearbeitet liegen geblieben sind. Sie werden feststellen, wie schnell Sie damit wachsen können.

Sie finden auf unserer Homepage weitere Beispiele und Informationen zum 7x-Kontaktsystem.

Auf dem Weg nach oben muss sicherlich nicht jeder ein perfekter Verkäufer sein, um an die Spitze zu gelangen. Wenn Sie allerdings dabei sind, Ihr eigenes Unternehmen aufzubauen oder Ihre eigene Karriere zu starten, so ist es dringend zu empfehlen, dem Themenbereich „Verkaufen" einen hohen Stellenwert einzuräumen und die Grundprinzipien des Verkaufens zu erlernen.

Vermarkten

Wer meine Bücher kennt, weiß, wie ich zum Thema Marketing stehe. 98,2 Prozent klassischer Werbung landen heute mittlerweile ungenutzt auf dem Müll. 97 Prozent aller Kunden sind informationsüberlastet. Kritiker sagen, Marketing ist nicht gleich Werbung, womit sie natürlich Recht haben. Aber darum geht es gar nicht. Der Erfolg Ihrer Idee hängt davon ab, wie es Ihnen gelingt, in die Köpfe der potenziellen Kunden zu gelangen. Das ist unsere eigentliche Herausforderung. Der heutige Kunde ist überinformiert, kritisch und verwöhnt. Er hat so gut wie alles und zeigt deshalb kein besonders großes Interesse, sich auf jede neue Idee, auf jedes neue Produkt und auf jede neue Dienstleistung zu stürzen. Das haben die Anbieter überall zu spüren bekommen, wie zum Beispiel auch ein Wettbewerber der Deutschen Telekom, o.tel.o. Letztendlich hatte das Unternehmen einen Milliardenverlust und wurde dann an Mannesmann Mobilfunk verkauft.

98,2 Prozent der klassischen Werbung landen heute ungenutzt auf dem Müll

Den Kunden lässt so etwas kalt, für ihn wird es nur relevant, wenn er darin Vorteile sieht. Auch hier zeigt sich ein eindeutiger Trendwechsel. Wer ist Ihr eigentlicher Verkäufer? Viele denken dabei an ihre klassischen Vertriebsmannschaften, wir aber sehen jemand anderes als Verkäufer. Der einzige und beste Verkäufer, den es gibt, ist der eigene Kunde. Gelingt es uns, unseren Kunden zu aktivieren und dann zu einem aktiven Verkäufer unserer Ideen zu machen, ist der Weg nach oben offen. Der Verkäufer wird zum Beziehungsmanager und der Kunde zum Partner, der durch Empfehlungen zu einem aktiven Verkäufer wird.

Ist das zu schön, um wahr zu sein? Nachdem unser Clienting-Konzept seit nunmehr acht Jahren von Firmen und uns selbst umgesetzt wird, wissen wir, dass diese Annahmen keine Fantastereien sind, sondern real funktionieren. Die Inhalte der Clienting-Konzeption werden Ihnen anschließend im Detail vorgestellt. Irgendwann werden Sie sicherlich auch einen Prospekt drucken lassen wollen und Unterlagen herausgeben. Beachten Sie dabei, dass es bei unserer heutigen Werbeüberflutung ausgesprochen schwierig ist, Aufmerksamkeit zu erregen. Unsere Erfahrungen haben gezeigt, dass es noch am ehesten gelingt, wenn man entweder provoziert oder dramatisiert. Das Mittelmaß funktioniert nicht mehr. Ein normales Werbeversprechen geht heute einfach unter. Stellen Sie sich vor, ich hätte das Buch *Das einzige, was stört, ist der Kunde* nicht so genannt, sondern einfach ein einziges Wort ausgetauscht und den Titel entsprechend geändert in „Das einzige, was zählt, ist der Kunde". Sie geben mir sicherlich Recht, dass durch diesen undramatischen Titel das Buch trotz gleichen Inhalts erheblich weniger verkauft worden wäre. Gelingt es Ihnen allerdings, einen Standard zu setzen wie: „Nicht immer, aber immer öfter" oder „Da werden Sie geholfen", dann haben Sie es geschafft. Ihre Person ist dann zu einem Markenzeichen geworden. Brechen Sie die Regeln.

Das Mittelmaß funktioniert nicht mehr

Sie sind für Ihre Öffentlichkeitsarbeit in eigener Sache selbst verantwortlich. Gerade in der Anfangsphase einer Karriere kann und wird sie keiner tun außer Ihnen selbst. Deshalb nutzen Sie jede Gelegenheit, die Inszenierung Ihrer eigenen Person zu üben.

Sie sind für Ihre Öffentlichkeitsarbeit in eigener Sache selbst verantwortlich

6. Die Durchsetzung Ihres Erfolges

Bevor ich die Rolle als Bestseller-Autor zugesprochen bekam, war ich in meiner Schulzeit in jeder Klasse Klassensprecher und meistens Schulsprecher. Ich habe damals bereits Artikel in Schülerzeitschriften verfasst.

Sorgen Sie dafür, dass Sie in jedem Falle auffallen. Sorgen Sie dafür, dass man auf Sie aufmerksam wird. Bewerben Sie sich freiwillig um alle Posten, die mit Öffentlichkeitsarbeit zu tun haben. Wer im Rampenlicht steht, gewinnt. In der Regel werden Sie dann bevorzugt. Sie sitzen oder stehen auf der Bühne und werden im Interview zuerst gefragt. Im Zweifelsfall „mogeln" Sie sich durchaus in Pressekonferenzen. Wenn Sie die Gelegenheit haben, sollten Sie sich nicht scheuen, vor laufenden Kameras etwas zu sagen. Sobald Sie ein Stück weiter gekommen sind auf dem Weg nach oben, sollten Sie Ihren eigenen Medienberater engagieren. Ihr Medienberater ist wichtiger als ein Marketingberater, denn auf dem Weg nach oben zählt die Person, dann erst die Idee. Falls Sie sich noch keinen Medienberater leisten können, dann beschäftigen Sie sich mit den Spielregeln der Medienwelt, denn wir wissen, dass die Medien immer auf der Suche nach der nächsten Sensation sind.

Sorgen Sie dafür, dass Sie in jedem Falle auffallen. Sorgen Sie dafür, dass man auf Sie aufmerksam wird

Ihr Medienberater ist wichtiger als ein Marketingberater

stern tv lud mich zu einer Life-Sendung ein. Beim vorbereitenden Gespräch mit mir und weiteren Teilnehmern bat der Moderatoruns, um Gottes willen vor den laufenden Kameras nicht immer der gleichen Meinung zu sein. Er signalisierte uns, dass es nichts Langweiligeres gibt als Menschen, die sich bei einem kontroversen Thema völlig einig sind und keine Streitdiskussion entstehen lassen. Spannung lebt von Überraschungen, kontroversen Thesen, provokanten Statements und aus dem Rahmen fallenden Reaktionen. Nichts in der heutigen Medienwelt ist schlimmer als die Normalität. Wenn Sie in die Öffentlichkeit gehen und Ihre Person und Ihre Idee vermarkten, denken Sie bitte immer daran, provokante Statements parat zu haben. Das Statement „Verkaufen ist wichtig" interessiert keinen Menschen. Das Buch mit dem Titel *Abschied vom Verkaufen* hat zum heutigen Zeitpunkt die achte Auflage erreicht. Verändern Sie

Spannung lebt von Überraschungen

Erwartungshaltungen, tun Sie nicht das, was man von Ihnen erwartet und werden Sie zu einem Original. In der Medienwelt sind Profis wie Verona Feldbusch, Thomas Gottschalk und Günther Jauch gefragt, weil sie auf ihre Art einzigartig sind und sich selbst ihren Markt geschaffen haben.

Das ist auch Ihre Chance.

Clienting

Wie Sie vielleicht festgestellt haben, wurde der Begriff *Clienting*, dem ich ganze Bücher widmete, in diesem Buch bisher kaum genannt. Das hat nichts damit zu tun, dass die Bedeutung von Clienting abgenommen hat, eher das Gegenteil ist der Fall. Dieses vorliegende Buch hat den Zweck, ein umfassendes System auf dem Weg nach oben aufzuzeigen. Sein Leitmotiv ist, Glück als ein System handhabbar zu machen. Und zu all dem hat dieses Buch das Ziel, in einem einzigen Werk komprimiertes Know-how für den Weg nach oben vorzustellen. Vielleicht ist das ein etwas vermessener Ansatz, andererseits ist es mir in den Disziplinen „Verkauf" und „Kunde" bereits zweimal gelungen. Ob es ein drittes Mal gelingen wird, werden Sie und Ihr Empfehlungswille entscheiden.

Was heißt Clienting für mich persönlich zu Beginn des neuen Jahrhunderts? Clienting ist für mich heute ein Konzept, das den Menschen in den Mittelpunkt eines Unternehmens stellt. Ohne Zweifel können Sie daraus auch eine Karrierestrategie für sich selbst und andere ableiten, deren Inhalte mit einer kleinen Abwandlung die gleichen sind. Ich bin überzeugt davon, dass meine persönliche Karrierestrategie ebenfalls den Menschen in den Mittelpunkt der gesamten Überlegungen stellen muss.

> *Clienting ist ein Konzept, das den Menschen in den Mittelpunkt eines Unternehmens stellt*

Gewähren Sie mir einen Rückblick in die Vergangenheit: Jedes Jahrzehnt hatte eine Bedeutung für das Business. Und immer gab es mindestens eine epochale Entdeckung, die die Art, Geschäfte zu machen, völlig verändern sollte. Die besten Gelegenheiten ergaben und ergeben sich immer dadurch, dass man die Grundregeln ändert.

Henry Ford gebührt ohne Zweifel der Verdienst, revolutionär gewesen zu sein und die Grundregeln des Erfolgs dramatisch

6. Die Durchsetzung Ihres Erfolges

geändert zu haben. Nur würde sich seine Idee heute kaum noch jemand anhören. Am Anfang dieses Jahrtausends schwirren uns tagtäglich viele neue Ideen gleichzeitig um die Ohren. Einige verschwinden sehr schnell wieder, andere halten sich.

Wie immer man die letzten zehn Jahre des ausgeklungenen Jahrhunderts rückblickend betrachten wird, der Kunde wird in diesen Jahren eine wichtige Rolle gespielt haben.

Die Entdeckung des Kunden – richtigerweise die Wiederentdeckung – wurde im letzten Jahrzehnt mit System angegangen. Pioniere wie Xerox haben ihre gesamte Organisation auf den Kopf gestellt und auf den Kunden ausgerichtet. Sie veränderten die Unternehmensprioritätenliste, indem sie Profit auf Platz 3 setzten und Kundenzufriedenheit und Mitarbeiterzufriedenheit, auf den Plätzen 1 und 2 ansiedelten.

Mitte der 90er Jahre hatten 96 Prozent der befragten Unternehmen keine kundenorientierte Organisation. Ende des ausgeklungenen Jahrhunderts stellten von 100 der befragten Unternehmen bereits 98 den Kunden als wichtigste Priorität an die erste Stelle. Kundenorientierung wird auf Platz eins der Wunschliste gesetzt. Ob Post, Bahn oder Behörde, alle haben den Kunden als Erfolgsfaktor erkannt.

Allerdings bedeutet eine Erkenntnis zu haben noch keineswegs, dass sie auch umgesetzt wird. Trotzdem zeigt dieser Wandel eines deutlich: Ohne den Kunden wird in diesem Jahrtausend nichts mehr laufen. Jetzt ist es an der Zeit, die nächste Stufe einzuleiten. Denn wenn alle Kundenorientierung an die erste Stelle setzen, können Sie die Grundregeln nicht mehr ändern.

Auch die Kundenzufriedenheitsapostel merken, dass sie in eine Sackgasse geraten. Nach der 43. repräsentativen Befragung und Eintragung in ein Kundenbarometer oder in einen Kundenzufriedenheitsindex wird jedem klar, dass Kundenzufriedenheit als einziges Kriterium eine Sackgasse darstellt. Der Walkman wäre nie erfunden worden, wenn man immer nur die Kunden befragt hätte. Fast kommt es mir in vielen Fällen wie eine Alibifunktion vor.

Man fragt die Kunden, durch Marktforschung abgesichert, und hat damit sein Ranking. Interessanterweise ist bei den meisten Fragebögen nicht einmal Platz, wo man selbst etwas hineinschreiben darf. Wenn Sie es dennoch tun, wie ich es früher mit System getan habe, dann bekommen Sie nicht einmal mehr Antwort. Damit ist auch Kundenzufriedenheit an ihre Grenzen gekommen.

Trendthesen

Verabschieden Sie sich von Kundenorientierung und Kundenzufriedenheit. Das bringt Sie nicht weiter. Wenn Sie die Grundregeln Ihres Geschäftes ändern wollen, dann müssen Sie komplett umschalten.

Es gilt daher:

- das Ende der Kundenbindung einzuleiten und den Beginn einer langen Partnerschaft zu feiern;
- auf der Grundlage neuer Partnerschaften mit den Kunden gegen den Trend Aufträge zu gewinnen.

Doch dazu müssen Sie Ihre Kunden als Partner gewinnen

Das ist die Zukunft. Doch dazu müssen Sie Ihre Kunden als Partner gewinnen.

Ist Deutschland immer noch eine Service-Wüste? Auch jetzt gilt noch: Deutschland ist ein Service-Wunderland. Wenn Sie in Deutschland an der Käsetheke stehen und angelächelt werden, sind Sie bereits happy. Wenn Sie dann auch noch bedient werden, sind Sie bereits im siebten Kundenhimmel. So einfach geht es nur noch bei uns.

Behandeln Sie Ihren Kunden allerdings als Freund und Partner, können Sie Umsatzsteigerungen schon nicht mehr verhindern. Sind die Deutschen aber überhaupt in der Lage, Dienstleistungen richtig umzusetzen? Ein japanischer Kollege sagte einmal: „Deutschland ist eine kundenfeindliche Gesellschaft." Auch das ist falsch. Immer mehr Firmen haben erkannt, dass der Kunde wirklich in den Mittelpunkt gehört, und handeln auch so. Die Spreu hat sich vom Weizen getrennt. Dienstleistung und Kundenorientierung sind für einige Firmen zur Wachstumschance geworden.

6. Die Durchsetzung Ihres Erfolges

Es ist kein Zufall, dass Sie dieses Buch lesen, denn Sie sind mein wichtigstes Vermögen. Sie wollen nach oben, Sie sind mein Gedankenpartner, vielleicht eines Tages mein Kunde. Aus diesem Grund wende ich mich an Sie, denn es entsteht eine neue Elite. Sie sind die Multiplikatoren neuen Wissens. In einer kühnen neuen Welt brauchen wir Sie als Vorreiter für die neue Wirtschaftselite. Was können Sie jetzt tun, um Ihren Weg nach oben einzuleiten?

Sie wissen, ich beschäftige mich seit rund 20 Jahren damit, wie man Verkaufssteigerungsprogramme umsetzt. In den 80er Jahren ging es sehr einfach. In den 90er Jahren gab es den radikalen Umbruch. Nichts ging mehr so, wie wir es kannten. Daraufhin habe ich Clienting ins Leben gerufen, Bücher zu diesem Thema geschrieben und die Kundenorientierungswelle in Deutschland eingeleitet.

Jetzt ist der nächste Sprung fällig, denn in fünf Jahren wird nichts mehr so sein, wie wir es aus den letzten 50 Jahren kennen. Wenn Sie wirklich wollen, dass Sie mit Ihrem Geschäft in Zukunft noch mehr Erfolg haben werden, müssen Sie die Grundregeln noch einmal radikal ändern.

In fünf Jahren wird nichts mehr so sein, wie wir es aus den letzten 50 Jahren kennen

Ich habe es nicht geglaubt und bei den besten Unternehmen der Welt gelernt, aber es ist wahr: Wer gewinnen will, muss das herkömmliche Kundenverständnis und den Beginn einer langen Partnerschaft feiern – mit Ihren Partnern, nicht Kunden.

Verkaufssteigerungsprogramme werden durch Partnersysteme abgelöst oder massiv unterstützt. Kundenorientierung, Kundenzufriedenheit und Kundenbindung sind Begriffe der frühen 90er Jahre und holen keinen mehr „hinter dem Ofen hervor".

Sie können für eine neue Ära neu geschaffene Umsätze und Chancen einleiten, die Grundregeln Ihres Geschäftes neu definieren und die neuen Wirtschaftsspielregeln umsetzen lassen, bevor die Wettbewerber mitkriegen, was Sache ist. Deshalb reicht Kundenzufriedenheit nicht mehr aus. Das ist der Beginn einer neuen Wirtschaftsform und Partnerschaft.

Das ist der Beginn einer neuen Partnerschaft

Xerox hat, wie bereits erwähnt, einmal die Unternehmensprioritäten verschoben und eine neue Werteskala eingeführt. Zuerst kam Kundenzufriedenheit, dann kam Mitarbeiterzufriedenheit und erst

Ich will nach oben

Ich würde heute Wissensmanagement an die erste Stelle setzen

an dritter Stelle der Profit. Natürlich war das Ziel, mehr Profit zu machen. Das ist wohl auch gelungen.

Jetzt bin ich allerdings davon überzeugt, dass das Wertesystem noch einmal neu definiert werden muss. Ich würde heute an die ersten Stellen setzen: Wissensmanagement, gefolgt von Kundenverblüffung und an dritter Stelle Unternehmerverständnis anstelle von Arbeitnehmermentalität.

Das Wissen zu managen wird höchste Bedeutung bekommen, denn wir stecken mitten in einer Revolution. Es ist der Sprung von einer Industriegesellschaft hin zur Informationsgesellschaft. Kein Stein wird auf dem anderen bleiben. Bedenken Sie nur einmal, welche weitreichenden Veränderungen Electronic-Commerce, also das Verkaufen per Internet, in Zukunft einleiten wird. Experten gehen davon aus, dass die Steigerungsraten bei den Umsätzen des virtuellen Verkaufens innerhalb der nächsten Jahre bei 50.000 Prozent liegen werden. So schrieb es jedenfalls die Zeitschrift *impulse* in einer ihrer Titelgeschichten. Sind Sie darauf vorbereitet? Bei all diesen dramatischen Veränderungen im täglichen Geschäft wird den Kunden ein völlig neuer Stellenwert gegeben werden müssen. Sonst werden Sie bald keinen Kunden mehr haben.

Ich darf Ihnen anhand der nun folgenden sieben Trends aufzeigen, was die Gründe für die Veränderung im Kundenverständnis sind.

Trendthese 1: Revolution

Den Kunden der heutigen Zeit wird es bald nicht mehr geben. Man hat erkannt, dass er mehr sein muss. Kundenorientierung führt oft in die Sackgasse. „Das einzige, was stört, ist der Kunde" war zu wenig. Richtig ist, dass das Ende der Kundenära gekommen ist. Der Kunde der Zukunft ist Partner.

Wir leben mitten in einer Revolution. In fünf Jahren wird nichts mehr so sein, wie es in den letzten 50 Jahren war. Es ist die Wissensrevolution. Wir verabschieden uns von der Industriegesellschaft und gehen in eine Wissensgesellschaft. Allerdings ist kaum jemand darauf eingestellt.

6. Die Durchsetzung Ihres Erfolges

Virtuelle Communities, also virtuelle Gemeinschaften, werden eines Tages mächtiger sein als heutige Konzerne. Auch virtuelles Shopping, Electronic-Commerce werden das Ende des Kundenverständnisses einläuten.

Virtuelle Communities werden eines Tages mächtiger sein als heutige Konzerne

Trendthese 2: Partner

Das ist der Kern unseres Konzeptes. Wir brauchen keine Kunden im eigentlichen Sinne mehr, unsere Kunden sind unsere Partner. Mit Partnern gehen wir anders um. Unsere Art der Zusammenarbeit wird sich ändern. Unsere Partner sind unsere besten und einzigen Verkäufer.

Die Frage ist, welches Partnersystem ein Unternehmen hat. Die elektronischen Partner in einer virtuellen Community sind Mitbesitzer Ihrer eigenen Profile und erhalten dafür Geld. Partner sind beteiligt am Unternehmen, bei dem sie kaufen. Sie haben Vorzugsrechte und Boni, die andere nicht haben. Es sind die drei Cs, die das Rennen machen: Clubs, Cards und Communities. Wo kaufen Sie denn lieber? Der Kunde ist kein Kunde mehr, weil er Partner ist. Mit Partnern geht man anders um.

Mit Partnern geht man anders um

Partnerschaft wird glaubwürdig gelebt, denn der Kunde wird für seine Treue belohnt. Partnerschaft bedeutet auch nicht, dass nur der Partner etwas leistet, sondern dass man gemeinsam etwas auf die Füße stellt.

Trendthese 3: Marktplätze

Die Marktplätze der Zukunft sind die Marktplätze der Beziehungen. Wir landen alle wieder auf Marktplätzen wie vor Hunderten von Jahren. Unsere einzige Aufgabe wird darin bestehen, ein System dafür zu entwickeln, wie Kunden/Partner endlich wieder von alleine zu uns finden. Damit wird auch das Marketing uninteressant.

Wir landen alle wieder auf Marktplätzen

Wir haben die Aufgabe, eine Gemeinschaft Gleichgesinnter aufzubauen. Sie müssen sich treffen können. Interessant ist die Umkehrung. Nicht wir finden den Weg zum Kunden, sondern die

Kunden – und damit Partner – kommen zu gemeinsamen Treffpunkten. Das sind Veranstaltungen jeglicher Art, ob es Events sind oder Partys, spielt keine Rolle. Sie müssen das bringen, was Ihrem Partner gefällt. Deshalb auch Abschied vom Verkaufen, weil damit Verkaufen sinnlos und überflüssig wird.

Trendthese 4: Beziehungsmanagement

Wir brauchen keine Verkäufer mehr. Unsere Verkäufer sind unsere Kunden. Aber Verkäufer werden zu Beziehungsmanagern. Die Herausforderung wird daran liegen, wie wir Verkäufer zu Beziehungsmanagern weiterentwickeln können. Das beinhaltet viele Themen, die wir aus dem privaten Bereich kennen. Psychologen reden von einer Beziehungsebene und einer Sachebene. Auf beiden muss es funken.

Trendthese 5: Spannungsbilanzen

Alle Bilanzen sind falsch. Erstens ist der Zeitraum falsch. Wir finden in der Bilanz nur das wieder, was wir vor rund 1.000 Tagen richtig oder falsch gemacht haben. 365 Tage sind zu wenig. Zweitens sind alle Bilanzen falsch, weil wir uns auf die Zahlen konzentrieren. Zahlen sind allerdings nur das indirekte Ergebnis anderer Werte. In diesem Fall geht es um immaterielle Werte. Das sind die Werte, die man nicht sieht. Jedes Unternehmen sollte zwei Bilanzen erstellen: eine Zahlenbilanz und eine immaterielle Bilanz, die wir Spannungsbilanz oder Kundenbilanz nennen.

Zahlenbilanz und Spannungsbilanz

Wie spannend bin ich für meine Kunden? Wir betreten Niemandsland. Virtuelle Communities, virtuelles Shopping, Electronic-Commerce werden alles auf den Kopf stellen. Die soziale Anziehungskraft wird wichtiger sein als der Produktbesitz.

Wie spannend bin ich für meine Kunden?

Trendthese 6: Verblüffung

Kundenzufriedenheit bringt kein Unternehmen dazu, die Grundregeln der Branche zu verändern. Kunden sagen immer nur das, was

6. Die Durchsetzung Ihres Erfolges

sie aus der Vergangenheit heraus kennen. Sie signalisieren Probleme, die wir Kittel-Brenn-Faktoren nennen. Das Unternehmen muss weiterdenken. Die Fragen lauten: Wie begeistere ich meine Kunden? Und noch einen Schritt weiter: Wie verblüffe ich meine Kunden? Verblüffung ist alles, was der Kunde in dieser Konstellation nicht kennt. Sei es eine Produktidee, Serviceidee, Partneridee, Wissensidee oder Trendidee. Alles ist möglich, damit der Kunde „aha" sagt.

Wie verblüffe ich meine Kunden?

Trendthese 7: Fähigkeiten

Aus meiner Sicht wird hier der entscheidende Wettbewerb dieses Jahrtausends stattfinden. Kein Mensch und kein Unternehmen werden den größten Erfolg haben durch Produktdenken oder Problemlösungsdenken. Die beste Chance ist das Denken und Handeln in der dritten Dimension, die heißt: Unser Geschäft ist es, mit allen Mitteln und Möglichkeiten dafür zu sorgen, dass unsere Firmenkunden selbst bessere Geschäfte machen. Bei Privatkunden gilt: Unser Geschäft ist es, mit allen Mitteln und Möglichkeiten dafür zu sorgen, dass unsere Kunden selbst besser leben. Das ist ein Quantensprung.

Hierbei wird nicht mehr in Produkten gedacht, sondern auf die Fähigkeiten der Menschen fokussiert, das heißt, man will dem Partner und Kunden besser helfen als jeder andere. Das geht nur über die Köpfe der Mitarbeiter. Damit bekommt der Mitarbeiter in Zukunft auch einen völlig anderen Stellenwert.

Der Fokus liegt nicht mehr auf den Produkten, sondern auf den Fähigkeiten der Menschen

Das muss erst einmal durchdacht werden. Die erfolgreichsten Firmen der Zukunft können eine Machtstellung erhalten, wie sie heute Firmen wie Tengelmann, Metro, Karstadt oder Kaufhof im Einzelhandel besitzen. Allerdings handeln diese Firmen der Zukunft nur noch mit reinem Wissen, beispielsweise mit den Profilen ihrer Kunden und den daraus abzuleitenden Präferenzen. Sie haben die neue Einkaufsmacht und wissen sie auch zu nutzen – im Sinne ihrer Partner. Die Fähigkeit Ihrer Mitarbeiter wird damit zu der strategischen Chance im Umgang mit der neuen Wirtschaftselite.

Die Clienting-Philosophie

In der Wirtschaft herrscht nach wie vor weithin ein überholtes Frontendenken vor: wir hier, dort der anonyme Markt. Die Firma steht im Mittelpunkt des Denkens. Die Marketingabteilung hat alles Erforderliche zu tun, um möglichst viel zu verkaufen. Der Kunde wird dabei oft genug als notwendiges Übel betrachtet, die Beziehung zu ihm ist sehr einseitig ausgerichtet, von Partnerschaft und vertrauensvoller Zusammenarbeit ist nur selten etwas zu spüren.

Dies ist umso erstaunlicher, als die Unternehmen zunehmend mit neuen Realitäten und veränderten Spielregeln konfrontiert werden, welche einen enormen Anpassungsdruck erzeugen. Zum einen leben wir in einer digitalen Welt, die durch schnellen Wandel, Dynamik und große Komplexität geprägt ist. Zum anderen macht sich immer mehr der Einfluss der aufkommenden Wissensgesellschaft bemerkbar, in der die Welt zum so genannten globalen Dorf wird und Daten in unüberschaubarer Zahl auf den Einzelnen einstürmen.

Darüber hinaus wird der Kunde zunehmend kritischer und unberechenbarer, sodass man als Unternehmen mehr denn je darauf angewiesen ist, den Kunden nicht nur zufrieden zu stellen, sondern möglichst eng und vertrauensvoll mit ihm zusammenzuarbeiten. Ziel muss es dabei sein, so früh wie möglich über die Wünsche und Sehnsüchte des Kunden informiert zu sein, um in sich schnell verändernden Märkten als erster darauf reagieren zu können. Clienting als revolutionärer Ansatz des Aufbaus und der Pflege von Kundenbeziehungen hat zum Ziel, den oben genannten Herausforderungen zu begegnen, indem es die Bedeutung des Kunden in eine neue Dimension heben wird. Das kommt darin zum Ausdruck, dass es zunehmend zentrale Aufgabe des Unternehmens sein muss, dafür zu sorgen, dass seine Kunden selbst bessere Geschäfte machen.

Die Basis des Clienting-Konzeptes ruht dabei auf drei Säulen. Die erste Säule lässt sich als scheinbar einfache Forderung fassen:

Schaffen Sie nicht nur zufriedene, sondern verblüffte Kunden

Sorgen Sie dafür, dass Ihr Unternehmen nicht nur zufriedene Kunden schafft, sondern Kunden, die sich immer wieder von Ihnen verblüfft fühlen. Hierzu sind vor allem folgende Fragen zu klären:

6. Die Durchsetzung Ihres Erfolges

- Hat das Unternehmen überhaupt eine Kundenorientierung?
- Besteht eine am Kunden ausgerichtete Organisation?
- Wie hoch ist die Kundenzufriedenheit?

Es geht darum, analytisch zu erfassen, wie es in Ihrem Unternehmen um die Kundenorientierung bestellt ist. Dabei ist bei der Klärung der Fragen nicht allein entscheidend, wie das Unternehmen über Kundenorientierung denkt – fast alle Unternehmen glauben, sie seien kundenorientiert –, sondern wie diese in der Praxis gelebt wird. Wenn der Kunde beispielsweise am Freitag um kurz nach 17 Uhr in der Firma anruft, der Mitarbeiter aber um 17:30 Uhr einen Tennisplatz gebucht hat und darum nicht mehr ans Telefon geht, dann steht viel mehr auf dem Spiel als ein verärgerter Kunde.

Allerdings werden Kundenorientierung und daran anschließende Kundenzufriedenheit in Zukunft immer weniger ausreichen, um am Markt erfolgreich zu sein, weil die Kunden dies zunehmend als Selbstverständlichkeit ansehen. Aus diesem Grund ist es notwendig, sich noch weiter auf den Kunden hinzuzubewegen, diesen zu verblüffen, zu begeistern, Sog statt Druck zu erzeugen. Zum Beispiel mit neuen Ideen oder Konzepten, die ihm helfen, an die er aber noch nicht gedacht hat.

Hiermit wären wir bei der zweiten Säule des Clienting-Konzeptes, ohne die eine Verblüffung des Kunden kaum möglich ist, nämlich dem Aufbau von Kundenbeziehungen und Kundennetzwerken, um die Kundenbeziehungsqualität auf ein völlig neues Niveau zu heben und sich auf das einzustellen, was wir „mentale Welt" nennen.

Diese Netzwerke schaffen Kontakte und über die Anzahl an Kontakten gewinnt man wiederum neue Kunden und somit neue Kontakte. Dabei ist beabsichtigt, eine langfristige, vertrauensvolle Beziehung zum Kunden aufzubauen, womit man die Chance enorm erhöht, vom Kunden weiterempfohlen zu werden.

Voraussetzung hierfür ist, den Kunden als Individuum zu sehen, sich persönlich und emotional mit ihm auseinander zu setzen, in gemeinsamen Interessen eng zusammenzuarbeiten. Im Hinblick auf den Kunden zählen: der Kunde – die Kundenbeziehung – die Vertrauensbasis – das Wir-Gefühl. Dies setzt eine intensive Auseinandersetzung mit dem Kunden voraus, wobei die Fähigkeiten zu kommunizieren, zuhören zu können, sich in den Kunden hinein zu versetzen, eine immer größere Rolle spielen werden. Ziel muss es sein, die Situation des Kunden aus einer übergeordneten, in Richtung Ganzheitlichkeit gehenden Perspektive heraus zu betrachten, um dann in einem zweiten Schritt, angereichert durch eigene Ideen und Erfahrungen, in der Lage zu sein, eine schlüssige und konsistente Problemlösung anbieten zu können.

Daraus folgt, dass der Verkäufer der Zukunft mehr und mehr zum Produzenten von Lebenshilfekonzepten, ja zum Berater und Beziehungsmanager wird, der den Kunden in die Lage versetzt, selbst bessere Geschäfte zu machen, ihm aber auch mit Informationen, Rat und Tat zur Seite steht, wobei das eigene Produkt nicht immer im Mittelpunkt aller Bemühungen stehen muss.

Damit wären wir bei der dritten und letzten Säule des Clienting-Konzeptes, welche die logische Konsequenz aus dem bisher Gesagten ist.

Vergessen Sie Ihre Programme zur Verkaufssteigerung – konzipieren Sie Programme, mit denen Ihre Kunden erfolgreicher werden. Das ist gewissermaßen der letzte Schritt in Richtung einer wirklich umfassenden Kundenorientierung, wie wir sie verstehen. Clienting konzentriert sich auf den Menschen im Kundenunternehmen und seine Erfolgssteigerung, wobei die Realisierung von Lebenshilfekonzepten im Vordergrund steht. Dazu sucht Clienting die persönliche Nähe zum einzelnen Menschen. Die Beziehungen und der Aufbau von Netzwerken stehen an erster Stelle.

Eine weitere Konsequenz hieraus ist ebenfalls, dass im Unternehmen nicht das Streben nach Profit an erster Stelle steht, sondern die Kundenbeziehung. An zweiter Stelle kommt die Mitarbeiterbeziehung und erst an dritter Stelle der Profit. Materieller Erfolg ist dann ein Ergebnis immaterieller Umsetzung wie vorher beschrieben.

Nun haben Sie wesentliche Teile der Clienting-Philosophie kennen gelernt. Die Idee dieses Konzeptes, und darauf bin ich stolz, durfte ich bisher mehr als 1.000-mal in der Öffentlichkeit und auf der Bühne präsentieren.

Sie wollen nach oben? Sie fühlen sich als Persönlichkeit dafür prädestiniert. Sie haben eine geniale Idee, mit der Sie Ihren Weg machen werden, und es gelingt Ihnen auch, Menschen dafür zu begeistern, und Ihre Inszenierung hat Erfolg. Sie haben mit Clienting ein Instrumentarium, mit dem Sie die Umsetzung Ihres Erfolges sicherstellen können. Sie haben viele oder einige neue Begriffe gelernt oder können sie jetzt völlig anders zuordnen. Vielleicht sehen Sie jetzt auch ganze Bereiche wie Führung oder Verkaufen in einem anderen Licht. Hoffentlich ist Ihnen auch nunmehr wirklich klar, dass Glück ein System ist, dessen Organisator Sie selbst sind.

Fehlt noch etwas? Ja, eindeutig fehlt ein zentrales Erfolgselement der Zukunft: das Internet.

Internet

Ein führendes Softwareunternehmen warb vor kurzem mit dem Slogan: „In zehn Jahren findet Ihr Geschäft im Internet statt, mit oder ohne Sie". Es wird nur keine zehn Jahre mehr dauern. Ich fordere mittlerweile jeden auf, dem Internet höchste Priorität zuzuordnen. Das Internet ist die wirkliche Revolution, die unser Leben komplett verändern wird. Der einzige Unterschied zwischen den Anfängen des Internets und der Zukunft wird darin bestehen, dass wir das Internet bald genauso selbstverständlich benutzen wie ein Telefon oder unser Auto. Wir werden nicht mehr fragen müssen, ob es funktioniert oder ob es langsam funktioniert, sondern nur noch, was es uns bieten wird: schneller Zugriff 24 Stunden an 365 Tagen. Es wird künstliche Agenten geben, denen Sie einen Suchauftrag erteilen können und die für Sie das Internet durchforsten. Sie werden bald, wenn Sie nach Hamburg fahren wollen, Ihrem Agenten den Auftrag geben, Flug, Hotelzimmer, den Restaurantbesuch bei Ihrem Lieblingsitaliener in dieser Stadt und den Fahrerdienst zu organisieren, da Sie Taxi fahren hassen. Aber Ihr persönlicher digitaler Assistent wird es längst vorbereitet haben und darauf entsprechend reagieren. Heute noch müssen wir, wenn ich in Wien einen Auftritt habe, unseren dortigen Fahrer per Fax und Telefon informieren, dass er mich zum richtigen Zeitpunkt am Flughafen abholt und mich auch

In zehn Jahren findet Ihr Geschäft im Internet statt, mit Ihnen oder ohne Sie

Das Internet ist die wirkliche Revolution

nach meinem Auftritt rechtzeitig wieder zurückbringt. Wenn es besonders hektisch ist, kann es durchaus einmal passieren, dass es mit einer solchen Reservierung nicht klappt. Solche Probleme werden wir bald nicht mehr haben. Auch werden wir immer ortsunabhängiger werden, denn unser virtuelles Büro befindet sich dann längst im Internet. Wir können es überall eröffnen, wo wir Zugriff auf das Internet haben. In relativ kurzer Zeit werden wir über Satellitensysteme jederzeit und an jedem Ort den Zugriff haben. Wenn Sie Wissen gleichsetzen mit etwas kaufen oder verkaufen, dann ist klar, warum das Internet die wirkliche Revolution ist.

Es ermöglicht neue Geschäftschancen, birgt aber natürlich auch Geschäftsrisiken in unbekanntem Ausmaß. Jeder kann per Internet sein eigenes Fernsehprogramm anbieten und auf diesem Weg völlig neue Kunden gewinnen. Die Welt wird Ihr Kunde. Das war vorher nicht möglich. Alle werden ihre Bemühungen und Bestrebungen darauf ausrichten, Konzepte zu entwickeln, um das Internet für sich selbst nutzen zu können.

Die Welt wird Ihr Kunde

Welche Internet-Eroberungsstrategie haben Sie? Sind Sie bereits Internetanbieter?

Das Internet wird dafür genutzt werden, zu kaufen und zu verkaufen, Wissen auszutauschen und Spaß und Unterhaltung zu bekommen. Für Unternehmen wird aber insbesondere der Faktor Kostensenkung zu einem entscheidenden Schlüsselfaktor werden. Ich gehe davon aus, dass Unternehmen noch mehr investieren werden, um per Internet ihre Kosten zu senken, als über das Internet Einkaufs- und Verkaufstransaktionen durchzuführen. Im positiven Sinne eröffnet das ungeahnte Karrieremöglichkeiten. Denn Internet-Spezialisten sind rar und gesuchte Menschen. Noch chancenreicher sind Menschen, die es verstehen, das Internet mit einem anderen Kerngeschäft zu verbinden, also Spezialisten in den Branchen wie Spedition und Finanzdienstleistung oder in den Sparten Einzelhandel oder Großhandel. Dort entstehen Traumkarrieren.

Auch wir starten mit aller Kraft ins Internet. Ziel ist es, bis zum Jahr 2005 80 Prozent unseres Geschäfts per Internet zu realisieren.

6. Die Durchsetzung Ihres Erfolges

Beobachten Sie uns einmal auf unserer Homepage und Sie werden die Veränderungen spüren.

Die Zukunft wird nicht den Internet-Freaks gehören. Natürlich hat auch diese Spezies fantastische Wachstumschancen, solange sie als Mangelware gilt. Ich glaube vielmehr, dass auf längere Sicht gesehen die Menschen das Rennen gewinnen werden, denen es gelingt, Internet mit den Geschäften zu verbinden, die uns schon lange vertraut sind. Damit meine ich Bücher, Bankgeschäfte und Lieferungen aller Art. Schneiden Sie sich jetzt am besten ein großes Stück vom Kuchen dieses gigantischen Zukunftsmarktes ab.

Knowledge

Kennen Sie einen Knowledge-Manager? Wie haben Sie Ihr Wissen organisiert? Befindet es sich in Ihrem Kopf, auf handschriftlichen Notizen oder im Computer?

Zukünftig wird der Erfolg eines Menschen davon abhängig sein, wie es ihm gelingen wird, Wissen aufzunehmen, zu verarbeiten und zum richtigen Zeitpunkt an die richtigen Leute weiterzuleiten.

Milliardenmärkte sind um diese Notwendigkeit herum entstanden. Dazu zählen die Märkte CAS (Computer Aided Selling), SFA (Sales for Automation), CRM (Customer Relationship Management), um den kundenbezogenen Part zu nennen. Dieser softwarebezogene Markt der Kundeninformationssysteme und Kundenkontaktsysteme wird allein in Deutschland mit etwa acht Milliarden Mark Potenzial bewertet. Führungskräfte in aller Welt betrachten die Organisation des Wissens als zentralen Erfolgsfaktor eines zukunftsbezogenen Unternehmens. Ich sage bereits seit Jahren: Wissensmacht schlägt Geldmacht. Wissen ist bereits jetzt in den westlichen Ländern im Überfluss vorhanden, was fehlt, ist das richtige Wissen zum richtigen Zeitpunkt am richtigen Ort. Knowledge-Managementsysteme, die Wissen in Unternehmen organisieren, boomen. Darüber sind sich praktisch alle Unternehmen im Klaren. Fragt man allerdings nach der

Die Organisation des Wissens ist der zentrale Erfolgsfaktor eines zukunftsbezogenen Unternehmens

Wissensmacht schlägt Geldmacht

Umsetzung, stellt man fest, dass hier ein Großteil nicht einmal damit begonnen hat. Damit kann man getrost Wissensmanagement als eines der größten Defizitthemen der Zukunft bezeichnen. Und das in Kenntnis dessen, dass innerhalb der nächsten Jahre die allermeisten Menschen in der westlichen Welt auf irgendeine Art und Weise mit Wissensaufnahme und Wissensverarbeitung beschäftigt sein werden. Man kann es fast nicht glauben. Alle reden von der Wissensgesellschaft. Hinterfragen Sie allerdings, wer sein Wissen systematisiert hat, erhalten Sie eine Absage. Natürlich hat das mehrere Ursachen. Auf der einen Seite sind sie historisch bedingt, dass nämlich viele Unternehmen zwar über die Wissensgesellschaft reden, längst aber deren Auswirkungen nicht konsequent erkannt, geschweige denn umgesetzt haben. Fairerweise muss angemerkt werden, dass bei diesem Bewusstseinsbildungsprozess eine deutliche Trendwende erkennbar ist. Großunternehmen beschäftigen sich jetzt und in Zukunft sehr intensiv damit, ihr Wissen zu organisieren.

Die zögerliche Umsetzung hat natürlich auch machtbezogene Ursachen. Viele befürchten einen Machtverlust bei der Freigabe der ihnen nur persönlich bekannten Informationen. Man hat noch nicht erkannt, dass erst das Teilen von Wissen Zugewinn an Macht bedeutet. Wissen ist auch der einzige Produktivfaktor, der sich nicht abnutzt und erst durch die wiederholte Nutzung noch mehr an Wert gewinnt. Umso gefährlicher sind auch die Auswirkungen, falls Mitarbeiter das Unternehmen verlassen und wertvolles Wissen mitnehmen. Erst dann erkennt man oft die Bedeutung des Faktors Wissen. In einzelnen Fällen können Unternehmen dadurch erhebliche Schäden entstehen.

Wissen ist der einzige Produktivfaktor, der sich nicht abnutzt

Fehlendes Wissensmanagement hat somit einerseits psychologische Ursachen, andererseits aber auch fehlendes Wissen über die Richtigkeit der einzusetzenden Systeme. Allein im Bereich CRM, immerhin nur ein Teilbereich des Wissensmanagements, gibt es rund 300 Anbieter, die aus ihrer eigenen Sicht heraus betrachtet, jeweils über das beste System verfügen. Selten gab es bisher eine Marktführerschaft dieser Systeme, zum Beispiel in Branchen. Einige wenige haben sich durchgesetzt. Sie finden,

6. Die Durchsetzung Ihres Erfolges

wenn Sie häufiger in Hotels übernachten, mittlerweile ausschließlich *Fidelio* als Hotelbuchungs- und Informationssystem an der Rezeption. Dort ist offensichtlich eine Marktführerschaft gelungen.

Auf dem Markt der klassischen Knowledge-Managementsysteme etablieren sich jetzt erst führende Anbieter. Andere Anbieter sprechen vom so genannten Data-Warehouse-System, bei dem Daten wie in einem Warenhaus betrachtet werden und jeder sich die Daten zusammenstellen und aussuchen kann, die er für seinen eigenen Geschäftsbereich benötigt.

Wissen ist das entscheidende Produktivgut der Zukunft und muss von Anbeginn an organisiert werden. Überlegen Sie einmal, Sie hätten zu Beginn Ihrer Karriere bereits über das jetzt gerade vor Ihnen liegende Buch und das darin enthaltene Wissen verfügt. Ich persönlich wäre dankbar gewesen, Wissen für den Weg nach oben in einer solch komprimierten Form gehabt zu haben. Das Buch erhebt sicherlich keinen Anspruch auf Vollständigkeit, bietet aber ohne Zweifel für den Aufbau einer Karriere oder für den Aufbau eines Unternehmens eine Vielzahl hochinteressanter Anregungen. Welchen Wert hat dieses Wissen? Ist es rund 20 Euro wert oder ist die Verzinsung dieser Investition ein Vielfaches davon? Gelingt es Ihnen, mit diesem Buch ein Millionenunternehmen aufzubauen, vielleicht sogar ein Milliardenunternehmen, hat es sich vielfach bezahlt gemacht. Sie können es sogar Ihrem größten Wettbewerber schenken, denn wenn er klug ist, kommt er nicht zu den gleichen Rückschlüssen wie Sie, denn dann könnte er Ihnen immer nur folgen. Dieses Wissen verliert also nicht an Wert.

> *Wissen ist das entscheidende Produktivgut der Zukunft*

Wenn Sie dieses Wissen in Form des vorliegenden Buches an Mitarbeiter, Freunde und Kollegen verteilen, werden Sie sogar noch mehr davon profitieren, weil Sie auf der Grundlage dieses Buches eine ganze Menge Diskussionen führen können, die Sie persönlich weiter bringen. Dann wird aus dem Know-how ein Know-why. Das „gewusst wie", das Anwendungs-Know-how wird dieses Wissen vom Wert her noch mehr anreichern.

> *Dann wird aus dem Know-how ein Know-why*

Nun übertragen Sie das auf Ihre persönliche Situation und auf Ihr Unternehmen. Die gleichen Prinzipien liegen dem Wert des Firmenwissens zugrunde. Wenn es Ihnen dann noch gelingt, dieses Wissen jedem im Unternehmen elektronisch zugänglich zu machen, dann haben Sie gewonnen. Wissen ist zum Produktivgut Ihres Unternehmens geworden. Jetzt können alle auf Wissen über Ihre Kunden und auf Anwendungswissen zugreifen, um nur zwei Beispiele zu nennen. Wie viel Doppelarbeit und Missverständnisse werden dadurch vermieden!

Der zukünftige Aufsteiger wird ein Wissensbroker sein müssen.

Der Kreis ist nunmehr komplett geschlossen. Von der Psychologie des Erfolges als Startvoraussetzung über die Strategie des Erfolges zur notwendigen Positionierung bis zur Umsetzung Ihres Erfolges zur notwendigen Durchsetzung, halten Sie nunmehr konkrete Ideen in Ihren Händen. Ich habe dieses Buch als Handbuch für neue Eliten konzipiert, denn die vor uns liegenden Jahre werden ein Jahrzehnt werden, in dem die Menschen für sich selbst Verantwortung übernehmen werden müssen.

Ein entscheidendes Kapitel bleibt aus meiner Sicht noch übrig.

7. Kapitel
Das Geheimnis Ihres Lebenserfolges

Alle bisherigen Konzepte haben ein Ziel: Sie nach oben zu bringen. Dabei ist erkennbar, dass Erfolg ein feststehendes System ist und erkennbare und nachvollziehbare Strukturen hat. Glück ist ein System. Natürlich hängt es von der Bereitschaft ab, die Gunst des Augenblicks zu erkennen. Es hängt von dem Willen ab, wirklich reich durch Beziehungen werden zu wollen. Es hängt davon ab, den richtigen Coach und die richtigen Wegbegleiter zu haben, die Sie auf dem Weg nach oben unterstützen. Glück ist kein Zufall und damit organisierbar. Auch Zufälle gibt es nicht, denn durch die Summe an Aktivitäten fällt Ihnen mehr zu.

Glück ist kein Zufall und damit organisierbar

Wir befinden uns gerade auf einer Gratwanderung. Nehmen Sie als Beispiel die Einordnung dieses Buches. Ist dieses Buch ein Business-Buch? Dann gehört es in einen Wirtschaftsverlag. Oder ist dieses Buch ein Lebenshilfebuch? Dann gehört es in einen solchen Verlag. Ist es ein Sachbuch oder ist es ein Fachbuch? Ist es ein Buch für den privaten Karrierebereich oder ein Wirtschaftsbuch? Das interessiert die Verlage und die Presse.

Ich vermute, Ihnen wird das ziemlich egal sein, denn Sie wollen ein Buch, mit dem Sie erfolgreicher werden – beruflich und unternehmerisch. Wenn Sie ein Unternehmen zu leiten haben, wollen Sie wissen, wie es besser und schneller wachsen kann. Wenn Sie Angestellter sind, wollen Sie wissen, wie Sie eine Shootingstar-Karriere machen können. Dabei interessieren Sie die Hilfsmittel, die Voraussetzungen und Konzepte, um an die Spitze zu gelangen.

Dieser letzte Abschnitt ist der Spitze gewidmet. Angenommen, Sie sind zur Nummer eins geworden und haben Ihre hoch gesteckten Aufstiegsziele erreicht. Was passiert jetzt?

Spätestens zu diesem Zeitpunkt hinterfragen viele Erfolgreiche das, was sie erreicht haben. Sicher wird es Menschen geben, die immer weiter gehen werden und das gerade erreichte Ziel nur als einen Zwischenschritt auf dem Weg zum nächsten großen Ziel ansehen. Diese Menschen werden erwartungsgemäß bis zum letzten Tag ihres Lebens so weitermachen.

Der Rest der Erfolgreichen stellt, an der Spitze angelangt, einige Fragen. Denn allen ist bewusst, dass man einen Preis zu zahlen hatte. Für manche war es ein einfacher Preis: der Preis fehlender Freizeit. Für manche war es sogar der Preis der zerbrochenen Familie oder ruinierten Gesundheit. Das hätte vermieden werden können.

Manche stellen auch in dieser Phase fest, dass Reichtum allein auch kein Schlüsselfaktor ist. Andere ziehen daraus den vorschnellen Schluss, dass es sich nicht lohnt, reich zu werden, da auch diese Menschen offensichtlich nicht glücklicher sind.

Reichtum allein ist kein Schlüsselfaktor

Nach meiner Überzeugung ist das der Wechsel vom Glück zum Glücklichsein. Glück, nicht geschenkt, schafft man sich selbst. Mir gefällt in diesem Zusammenhang ein Satz des Designers Joop sehr gut. Er antwortete einmal auf die Frage, ob Geld glücklich macht: „Geld ist nicht der Schlüssel zum Glück, man kann sich allerdings eine ganze Menge Schlüssel damit kaufen." Treffender habe ich selten den Zusammenhang zwischen Glück und Geld geschildert bekommen.

Geld ist nicht der Schlüssel zum Glück, man kann sich allerdings eine ganze Menge Schlüssel damit kaufen

Bekannt ist auch, dass Reichtum ein relativer Begriff ist. In diesem Zusammenhang ist in der letzten Zeit der Begriff „finanzielle Freiheit" geprägt worden. Bodo Schäfer, der diesen Begriff mit seinem Buch *Der Weg zur finanziellen Freiheit – die erste Million in sieben Jahren* prägte, hat einige sehr entscheidende Grundsatzaussagen getroffen. Finanzielle Freiheit ist dann erreicht, wenn die Zinseinnahmen eine lebenswerte Welt nach eigenen Vorstellungen schaffen. Er hat dafür ein regelrechtes System entwickelt, das dieses Ziel anstrebt und umsetzt. Die Grundidee lautet jedoch, dass das angesammelte Kapital in den meisten Fällen nicht angerührt wird, denn nur so ist über Jahre hinweg eine finanzielle Freiheit möglich. Das ist übrigens auch der Grund, weshalb ein Großteil der Lottomillionäre auf absehbare Zeit soziale Probleme bekommt. Um ein sorgenfreies Leben zu ermöglichen, dürfte die Million beispielsweise nicht angerührt werden. Geht man durch professionelle Anlagemethoden von einem Zinssatz von zehn Prozent pro Jahr aus, so ergeben sich Einnahmen von 100.000 Mark (vor Steuern) pro Jahr, ohne die Million angerührt zu haben. Um es ganz einfach zu machen und einmal angenommen, dass durchaus auch zwölf Prozent pro Jahr als Rendite möglich sind, ergeben sich dann 10.000 Mark pro Monat. Damit wäre ein Großteil bereits sehr zufrieden. Die Crux liegt allerdings in der Tatsache, dass beispielsweise bei einem Lottogewinn die Million natürlich nicht liegen bleibt, sondern ganz im Gegenteil verteilt wird. Es wird ein neues Haus gekauft, neue Autos, Freunde und Bekannte werden beschenkt, und damit ist der Abstieg bereits vorprogrammiert.

Selbst eine Million ist also nicht der Schlüssel zum Erfolg, sie kann allerdings ein wichtiger Beitrag sein. Um der Kritik vorzubeugen, ist sicherlich „erfolgreich" nicht gleichzusetzen mit Reichtum. „Erfolgreich" sein hat viele Definitionen. Ich darf auflisten.

Was ist Erfolg?

- Oft und viel zu lachen;
- den Respekt intelligenter Menschen und die Zuneigung der Kinder zu gewinnen und den Betrug falscher Freunde zu erdulden;
- Schönheit zu schätzen;
- das Beste in anderen zu finden;
- die Welt ein wenig besser zurückzulassen, ob durch ein gesundes Kind, einen kleinen Garten oder einen verbesserten gesellschaftlichen Zustand;
- zu wissen, dass nur ein Leben leichter war, weil du lebtest.

Das bedeutet Erfolg.

In diesem Zusammenhang erinnere ich mich immer an eine Szene mit meinem Partner Hias Oechsler. Wir saßen beide zusammen in seinem schneeweißen Porsche 928 S4 und warteten an einer roten Ampel auf die nächste Phase. Hias, von Geburt Millionär, philosophierte darüber, ob unser Leben und unser Dauerstress so richtig wären. Er erzählte mir seinen Traum, dass er gerne mit einem Schafhirten tauschen würde, der seine Schafe auf die Wiese treibt und den ganzen Tag über den Sinn des Lebens nachdenken kann. Er begeisterte sich regelrecht für diese Situation und malte dieses Bild in immer schöneren Farben aus. Am Ende sagte ich ihm trocken, dass er jetzt bitte Gas geben sollte, weil die Ampel auf Grün umgeschaltet hatte. Ich habe ihm anschließend versucht zu erklären, dass solche philosophischen Gedanken, in einem Porsche sitzend, durchaus reizvoll seien, man allerdings erst dann darüber nachdenken könne, wenn man es geschafft hat und oben ist. Ohne eine Automarke präferieren zu wollen, vermute ich, die gleichen Gedanken wären in einem Fiat Panda nicht entstanden.

Um die drei entscheidenden Worte „Erfolg", „Reichtum" und „Glück" ranken sich Assoziationen von Zufriedenheit und Freiheit. Jeder hat eine andere Definition der eigenen Wirklichkeit und der eigenen Werte. Ich möchte Erfolg demokratisieren und abrufbar für jeden Einzelnen machen. Gleichzeitig ist es mir aber wichtig, jede Einseitigkeit zu vermeiden, die ich allerdings im Umfeld der erfolgreichen Menschen, die ich kenne, persönlich sehr häufig erlebe.

Welche Konsequenzen können wir daraus ziehen, um einen ganzheitlichen Erfolg im Beruf wie im Leben zu erreichen? Wir wissen heute, dass jede Einseitigkeit dauerhaft nicht funktioniert. Das erleben wir bei Sportlern genauso wie bei Karriereleuten. Sie müssen die Definition Ihres Erfolges erweitern, um neben dem System Glück auch glücklich zu sein und zu werden.

In der Psychologie geht man heute von fünf sich ergänzenden Wertesystemen aus. Erst bei Erreichung aller fünf Werte spricht man von einer Harmonie. Diese fünf lauten: Ich-Du-Beziehung, Berufserfolg, Gemeinschaft, Vermächtnis und Sinn des Lebens. Wenn Sie am Gipfel angelangt sind, werden diese fünf Werte für Sie wie für jeden Menschen eine entscheidende Rolle spielen.

Ich-Du-Beziehung

Die Ich-Du-Beziehung drückt die Notwendigkeit einer Partnerschaft aus, wie es in diesem Buch auch schon mehrmals beschrieben worden ist. Sie kennen sicherlich ebenfalls Menschen, die an der Spitze eines Konzerns oder einer Firma stehen, oberflächlich betrachtet damit Erfolg haben, aber von denen auch jeder weiß, dass sie einsam sind. Sie haben oft Freunde und den Lebenspartner verloren. Kinder haben sich abgewandt, weil sie ihren Vater nie richtig kennen gelernt haben – dazu war er auf seinem Weg nach oben viel zu beschäftigt. Ganz oben spürt man dann allerdings, dass doch eine ganze Menge fehlt, dass die Menschen, die uns umgeben, im Grunde genommen doch nur ein Interesse daran haben, selbst weiter nach vorne zu kommen.

Wer jetzt ohne Partnerschaft und damit ohne Beziehung ist, wird seinen Erfolg nicht richtig genießen können. Es steht fest, dass die Ich-Du-Beziehung sehr stark davon abhängig ist, dass es Menschen gibt, die eine Ergänzung für einen selbst darstellen, mit denen man sich austauschen kann, mit denen man diskutieren kann – der Partner wird mitwachsen. Wenn einer wächst auf dem Weg nach oben, der andere allerdings stehen bleibt, wird ein Scheitern vorprogrammiert sein. Das Geheimnis Ihres Lebenserfolges wird also darin bestehen, ihn mit anderen Menschen teilen zu können.

Das Geheimnis Ihres Lebenserfolges wird also darin bestehen, ihn mit anderen Menschen teilen zu können

Berufserfolg

Der zweite entscheidende Wert auf dem Gipfel ist der Berufserfolg, dem ohne Zweifel ein Großteil dieses Buches – wenn nicht das ganze – gewidmet ist. Die Psychologie geht davon aus, dass jeder Mensch einen Beruf braucht. Optimal ist es, wenn es gelingt, den Beruf zur Berufung zu machen. Diese drei Buchstaben machen den phänomenalen Unterschied deutlich. Menschen, die eine Berufung haben, sind Spaßarbeiter. Sie vergessen Zeit und Raum, manchmal sicherlich zu sehr, und gehen ganz in ihrem Beruf auf. Sie wollen Anerkennung und bekommen sie auch.

Optimal ist es, wenn es gelingt, den Beruf zur Berufung zu machen

Ich habe bereits geschrieben, dass eine Karriere nicht ausschließlich damit zu tun haben muss, sehr schnell erfolgreich zu sein, wobei ich grundsätzlich auch Herrn Joop Recht gebe, der

Ich will nach oben

Geld durchaus als einen Schlüssel zum Erlangen des Glücks betrachtet. Ich sehe den Berufserfolg in erster Linie unter dem entscheidenden Gesichtspunkt des Selbstwertes. Ich kenne Multimillionäre als Aussteiger, die sich miserabel fühlen, weil sie ihr Selbstwertgefühl verloren haben. Am Anfang riefen noch viele an und erkundigten sich, wie es geht, und baten dann „um einen Gefallen" – eine Verbindung herzustellen oder zu vermitteln. Im Laufe der Zeit wurden die Anrufe weniger und weniger, Einladungen wurden nicht mehr so zahlreich ausgesprochen. Den Macher beschleicht als Aussteiger ein bitteres Gefühl.

Was ist jetzt anders? Es fehlt die tägliche Anerkennung. So verrückt es klingen mag, aber es hilft auch alles Geld der Welt nicht, wenn man morgens in den Spiegel schaut und plötzlich feststellen muss, dass man genauso gut liegen bleiben könnte.

Das Geheimnis des Lebenserfolges liegt darin, dass es ein Aussteigen nicht gibt. Sie können aus Ihrem jetzigen Job aussteigen, das sollten Sie sogar tun, denn es Sie reizen neue berufliche Herausforderungen. Es müssen nicht unbedingt 100-Stunden-Woche-Jobs sein. Man kann und sollte festlegen, wann man aus dem operativen Geschäft aussteigt. Eine berufliche Herausforderung sollte jedoch bleiben. Sicher werden Sie auch eine berufliche Aufgabe zum Beispiel in eine soziale ummünzen können. Darauf werde ich gleich noch einmal zu sprechen kommen. Entscheidend wird es sein, das Selbstwertgefühl morgens vor dem Spiegel stets neu bestätigt zu bekommen.

Das Geheimnis des Lebenserfolges liegt darin, dass es kein Aussteigen gibt

Gemeinschaft

Der dritte Wert ist die Gemeinschaft. Menschen sind – ich habe es bereits an anderer Stelle in diesem Buch beschrieben – Gemeinschaftswesen. Wir brauchen Freunde für unsere Karriere, auch Ehe-Freundschaften. Wir leben tendenziell in einer Single-Gesellschaft, aber fragen Sie einen Single, werden Sie feststellen, dass die meisten, die länger alleine sind, gegen ihren Willen ein Single-Leben führen und sich schon länger wieder nach einer Beziehung sehnen. Aber es ist offensichtlich nicht mehr so einfach, die

Ansprüche sind ins Unermessliche gewachsen. Freunde sagen salopp: „Die Frau für dich muss erst noch gebacken werden."

Gerade aus diesem Grund bin ich auch überzeugt, dass das vor uns liegende Jahrzehnt wieder das Jahrzehnt des Menschen sein wird. Viele haben sich selbst aus der Gemeinschaft ausgegrenzt und mimen den menschenverachtenden Vollprofi. Wir brauchen allerdings nicht aus der Gemeinschaft herauszugehen, um Anerkennung zu bekommen. Stellen Sie sich einmal vor, welche Macht ein heutiger Vorstandsvorsitzender hat. Seine Gemeinschaft sind die Mitarbeiter. Im schlechtesten Fall sind diese allerdings zu einer Zwangsgemeinschaft verdonnert. Erfolg ist auch in der Gemeinschaft und durch die Gemeinschaft möglich. Das halte ich für eine entscheidende Schlüsselaussage. Ich bin davon überzeugt, dass es zu einem sinnerfüllten Leben gehört, mit Menschen erfolgreich zu sein und nicht trotz der Menschen.

Das vor uns liegende Jahrzehnt wird wieder das Jahrzehnt des Menschen sein

Die entscheidenden Fragen werden lauten: Was kann ich beitragen zur Gemeinschaft? und: Wie kann ich einen wertvollen Beitrag für andere leisten? Erst durch das Geben werden wir einen Teil des Geheimnisses unseres Lebenserfolges erfahren.

Vermächtnis

Der vierte Wert ist das Vermächtnis. Das ist ein höchst interessanter Aspekt, der natürlich erst dann zum Tragen kommt, wenn man oben angelangt ist. Bis dahin ist es pure Theorie. Plötzlich stellen wir fest, dass sich erfolgreiche Menschen dann eine andere Frage stellen: Was bleibt übrig, wenn man nicht mehr in dieser Welt lebt? Diese Frage wird für erfolgreiche Menschen zur zentralen Frage, sie hat in den meisten Fällen ihr ganzes Leben bestimmt. Das ist der Grund, weshalb viele Menschen wie Rockefeller, Bill Gates, Steffi Graf, Boris Becker – um nur einige zu nennen – eine Stiftung gründen: um Menschen in dieser Welt zu helfen.

Eine Stiftung gründen, um Menschen in dieser Welt zu helfen

In dieser Phase schreiben Menschen Bücher, die als ein Vermächtnis gelten können. Wiederum andere bauen ein Denkmal, im wahrsten wie im übertragenen Sinne des Wortes. Eine Statue wird gestiftet, eine Straße wird nach der eigenen Person benannt. Man erkennt jetzt, dass es mehr gibt als Erfolg und Reichtum. Es muss etwas für die Ewigkeit übrig bleiben. Wenn dieses Bewusstsein überhand nimmt, fangen Menschen oft wieder bei Null an, andere werden Missionare und kümmern sich um andere Menschen, die in Not sind. Unterschätzen Sie bitte nicht die Bedeutung dieses Wertes. Am Anfang der Karriere wird es keine Rolle spielen, dafür liegen noch zu viele Herausforderungen auf dem Weg nach oben vor Ihnen. Man sollte jedoch frühzeitig genug erkennen, dass es offensichtlich mehr gibt, als nur nach den klassischen Regeln des Erfolges zu trachten.

Sinn des Lebens

Der fünfte Wert ist der Sinn des Lebens. Mein Partner Hias Oechsler sagte bereits in den 80er Jahren, dass in Zukunft immer mehr Menschen die Sinnfrage stellen würden. Die Frage lautet: Was für einen Sinn hat es für mich, auf der Welt zu sein? Menschen fangen an, sich zu hinterfragen, ihr Tun in Frage zu stellen. In dieser Phase wird den Menschen auch bewusst, dass ihr Leben eigentlich gar keinen oder viel zu wenig Sinn gemacht hat. Sie haben vielleicht sogar ein Leben für andere gelebt. Das ist sicherlich die existenzielle Frage. Jeder Mensch wird sich, wenn er zu Ende denkt, die Schlüsselfrage stellen: Was ist meine Aufgabe in dieser Welt?

In Zukunft werden sich immer mehr Menschen die Sinnfrage stellen

Wir erkennen, dass dies elementare Fragen sind, die letztlich jeder für sich selbst beantworten muss. Kein Mensch wird einem anderen diese Frage schlüssig beantworten können, das muss jeder für sich selbst tun.

Beobachten Sie Menschen und Sie werden feststellen, dass glückliche Menschen intuitiv nach diesen fünf Werten gelebt haben.

Was ist das Geheimnis Ihres Lebenserfolges?

Was ist das Geheimnis Ihres Lebenserfolges? Es sind die vorgenannten Werte, die bei einer Bilanz des Lebens auf dem Prüfstand stehen werden.

Damit schließt sich der Kreis der Ideen und Konzepte dieses Buches. Es ist ein umfassender Ratgeber geworden, mit dem Menschen erfolgreicher werden können. Mittlerweile kennen Sie auch meine persönliche Definition von „erfolgreich". Möge dieses Buch es Menschen jeden Alters und jenseits der klassischen Ausbildung ermöglichen, mehr aus ihrem eigenen Leben zu machen.

Viele werden mir schreiben und meine Aussagen bestätigen. Kommen Sie in unsere Community und geben Sie dieses Wissen weiter. Lassen Sie uns gemeinsam daran arbeiten, Systeme zu schaffen, die Glück nicht als Zufall betrachten und Glücklichsein nicht als Geburtsvorteil.

Möge dieses Buch seinen Beitrag dazu leisten.

Der Autor Edgar K. Geffroy

Edgar K. Geffroy ist französischer Abstammung und in Duisburg geboren. Heute leitet er mehrere Unternehmen von Düsseldorf aus. Bis zu 200 Mal pro Jahr sitzt er im Flugzeug und bis zu 238 Termine sind sein Jahrespensum. In den 80er Jahren baute er eine Vertriebsberatungsfirma auf und wurde zum Verkaufsguru. In den 90er Jahren entwickelte er sich zum Clienting-Papst und machte das Thema „Kunde" populär. In diesem Jahrzehnt, mittlerweile zum Business-Champion geworden, will er neue Wachstumshorizonte erobern. Dabei spielt das Internet eine wichtige Rolle.

Hunderte Unternehmen wurden von ihm in den letzten 20 Jahren persönlich beraten. Mehrere erzielten außergewöhnliche Umsatzsteigerungen, manche erzielten Umsatzverdoppelungen in kürzester Zeit. Das brachte ihm den Ruf des „Königsmachers".

Damit aber nicht genug. Edgar K. Geffroy ist auch Unternehmer. Seine Unternehmen sind mit den Markennamen Clienting, Geffroy und anderen ausgestattet. Mittlerweile erreichen die vier Firmen, an denen er beteiligt ist, einen Jahresumsatz von über 200 Millionen DM, was ihn als Reformer der neuen Wirtschaftselite auszeichnet.

Der Autor erreichte mit Büchern wie „Ich will nach oben", „Das einzige, was stört, ist der Kunde" und „Abschied vom Verkaufen", um nur drei seiner neun Bücher zu nennen, mit über 45 Auflagen eine Leserschaft von mehr als 400.000 Menschen. Seine Bücher wurden in mehr als 25 Ländern übersetzt, darunter China und Russland. Alleine das Buch „Das einzige, was stört, ist der Kunde" wurde über 100 Wochen auf der Bestsellerliste geführt.

Edgar K. Geffroy gilt laut Zeitschrift GQ als einer der 25 führenden Redner der deutschen Wirtschaft und erreichte in mehr als 1.000 Auftritten über 200.000 Menschen. Auf Grund vieler Presseberichte, Fernsehauftritte und Rundfunkinterviews finden immer wieder neue Zuhörer Zugang zu seinen provokanten Thesen.

Edgar K. Geffroy ist Unternehmer und Herausforderer. Business ist sein Leben.

Dieses Buch soll die Grundlagen für eine neue Kultur in Deutschland schaffen. Eine Unternehmerkultur, die neue Wachstumshorizonte schafft.

Neue Ideen brauchen Mitstreiter. Menschen wollen sich austauschen, Erfahrungen sammeln, Erlebnisse teilen und gemeinsam nach vorne gehen.

Sie haben jetzt die Gelegenheit, Ihr eigenes Chancenpotenzial auszuschöpfen.

Die Homepage

www.ichwillnachoben.de

wurde dafür geschaffen. Willkommen bei allen Herausforderern!

Kontaktadresse

Wenn Sie Fragen bzw. Anregungen haben oder nur eine Information wünschen, nehmen Sie bitte Kontakt zu uns auf:

Geffroy InformationsAgentur GmbH

Arnheimer Str. 142
40489 Düsseldorf
Telefon (0211) 4080970
Fax: (0211) 4790357
e-mail: team@geffroy.de
http://www.geffroy.de

Adresse: Firma: _____
Name: _____
Straße: _____
Ort: _____
Telefon: _____
E-Mail: _____
Fax: _____

Ich will nach oben

Für alle, die sich für die von mir erwähnte engpasskonzentrierte Strategie interessieren, ist hier die Kontaktadresse:

**EKS Die Strategie
Wolfgang Mewes GmbH**

Herrn Michael Lammersdorf
Gutenbergstraße 2
64319 Pfungstadt

Literaturverzeichnis

Asgodom, Sabine: Eigenlob stimmt. Erfolg durch Selbst-PR. Düsseldorf, 1999

Boyett, Joseph H., Boyett, Jimmie T.: Management Guide. Die Top-Ideen der Management-Gurus. Düsseldorf, 1999

Geffroy, Edgar K.: Verkaufserfolge auf Abruf. Landsberg, 1997

Geffroy, Edgar K.: Abschied vom Verkaufen. Wie Kunden endlich wieder alleine den Weg zu Ihnen finden. Frankfurt (Main), 1997

Geffroy, Edgar K.: Das einzige was stört ist der Kunde. Landsberg, 1998

Geffroy, Edgar K.: Das einzige, was immer noch stört, ist der Kunde. Landsberg, 1999

Geffroy, Edgar K.: Clienting. Kundenerfolge auf Abruf jenseits des Egoismus. Landsberg, 1997

Goeudevert, Daniel: Mit Träumen beginnt die Realität. Aus dem Leben eines Europäers. Berlin, 1999

Kremer, Alfred J.: Reich durch Beziehungen. Landsberg, 2000

Schäfer, Bodo: Der Weg zur finanziellen Freiheit. Frankfurt (Main), 1999

Seiwert, Lothar: Mehr Zeit für das Wesentliche. Besseres Zeitmanagement mit der Seiwert-Methode. Landsberg, 1997

Toffler, Alvin: Machtbeben. Düsseldorf, 1990

Vester, Frederic: Leitmotiv vernetztes Denken. München, 1990

Meine persönliche Top-Ten-Buchliste

1. *Reich durch Beziehungen*
   Alfred J. Kremer
   Landsberg, 2000

2. *Der Weg zur finanziellen Freiheit*
   Bodo Schäfer
   Frankfurt, 1997

3. *Denke nach und werde reich*
   Napoleon Hill
   Kreuzlingen, 1998

4. *Machtbeben*
   Alvin Toffler
   Düsseldorf, 1990

5. *Die sieben Wege zur Effektivität*
   Stephen R. Covey
   Frankfurt, 2000

6. *Flow – Das Geheimnis des Glücks*
   Mihaly Csikszentmihalyi
   Köln, 1999

7. *koenig.kunde.com*
   Patricia Seybold
   München, 1999

8. *NetEconomy*
   Kevin Kelly
   München, 1999

9. *Wenn Du es eilig hast, gehe langsam*
   Lothar J. Seiwert
   Frankfurt, 1999

10. *Wer führt, muß nicht managen*
    Jack Welch
    Landsberg, 1998

Stichwortverzeichnis

Numerics

1.000-Tage-Rhythmus 92
35-Stunden-Woche 42
7x-Kontaktsystem 164

A

Abschlussphase 163
Absichtslosigkeit 107
Allianzen 133
Alliierte 133
Anerkennung 65
Anschauen 44
Anziehungskraft 120, 127
Arbeiten, ortsunabhängig 105
Arbeiten, zeitunabhängig 105
Authentizität 53

B

Bedeutungslosigkeit 16
Berufserfolg 191
Berufung 191
Beziehung 106, 127
Beziehungskompetenz 155
Beziehungsmanagement 176
Beziehungsmanager 160
Beziehungsmarketing 47
Bild, individuelles 80
Blockade 44
Boyett, Jimmie T.
 und Joseph H. 136
Brain-Trust 34
Business-Denken 149
Business-Planungssitzung 141

C

Chance Ihres Erfolges 21
Chancen,
 Mittelpunkt Ihrer eigenen 33
Chancengleichheit 32
Clienting 36, 170
Clienting-Konzept 29, 127
Clienting-Philosophie 178
Coach 84, 134
Coach, eigener 34
Communities, virtuelle 175
Community 93, 175

D

Daimler-Chrysler-Fusion 112
Degenerationsphase 92
Denkaufgabe, konkrete 103
Denken, anderes 54
Denkfabrik 59
Denkfabrik, individuelle 62
Diener 140
Durchsetzung 91
Durchsetzung Ihres Erfolges 129

E

Egoismus 39, 131
Ehrlichkeit 152
Eigeninszenierung 127
Eigenlob 67
Einseiten-Methode 40, 115
Einzigartigkeit 113, 114, 127
EKS (engpasskonzentrierte
 Strategie) 55
Elite 21

Ellbogenprinzip 45
Empfehlungsgeschäft 98
Engagement 157
Engpass 117
Entlernen 127
Entscheidungsphase 156
Erfahrung 44
Erfolg 20
Erfolg ist ein vernetztes Sytem 25
Erfolg, Idee für Ihren 15
Erfolg, Schlüssel zum 22
Erfolges, Chance Ihres 21
Erfolges, Durchsetzung Ihres 129
Erfolges, Grundlage des 40
Erfolges, Inszenierung Ihres 53
Erfolges, Konzeption Ihres 87
Erfolges, sieben ewige
    Gesetze des 18, 27
Erfolges, Strategie des 27
Erfolges, Umsetzung Ihres 29
Erfolgsbausteine 33
Erfolgsblocker 45, 48, 50
Erfolgschance,
    die achtzigprozentige 110
Erfolgscoach 159
Erfolgsformel 151
Erfolgsregeln 26
Erfolgssystem, ultimatives 25
Erziehung 33
Existenzangst 50

F

Fähigkeit, einzigartige 89
Fähigkeiten 87, 127, 177
Familie 33
Fazit 172
Firmensituation, spezielle 138
Firmenübernahme 51
Ford, Henry 170

Frequenz 95
Frustrationsphase 156
Führung 134
Führung, Sucht nach 139
Führungsarbeit 141
Führungskonzept 142
Führungsprinzipien 142
Führungsqualitäten 142, 150
Führungsstil 141
Führungsstrukturen 146
Führungsteam 142

G

Gates, Bill 61
Geben 81
Geburtsrecht 32
Gefolgsleute 138
Gefolgsleute, freiwillige 136
Geheimnis Ihres
    Lebenserfolges 187
Geheimnis Ihres
    unvorstellbaren Wachstums 33
Geldmacht 29, 183
Gemeinschaft 192
Gesetze des Erfolges,
    die sieben ewigen 18, 27
Gesetze des Reichtums,
    die ewigen 27
Glauben 17
Gleichgesinnte 93
Global brain 28
Glück 187
Glück ist ein System 15, 126
Grundbedürfnis der Menschen 28
Grundlage des Erfolges 40
Grundprinzipien
    des Verkaufens 167
Grundregeln 53, 170
Gunst des Augenblicks 124

H

Handlungen 54
Helfen 37, 39, 120
Helfer 31
Hollweg, Uwe 36

I

Ich-Du-Beziehung 190
Idee für Ihren Erfolg 15
Idee, geniale 129
Improvisation 58
Impulsphase 163
Innovation 30, 95
Inszenierung 67
Inszenierung Ihres Erfolges 26, 53
Internet 127, 181
Internet-Eroberungsstrategie 182

J

Jahresumsatz 76
Jasagertum 136

K

Kerngeschäft der Zukunft 118
Kittel-Brenn-Faktor 100, 101, 103
Know-how, komprimiertes 170
Knowledge 183
Kommunikation 28
Kompetenz 44, 87, 157
Kompetenz, einzigartige 91
Konsequenz 45, 46
Kontakte 95
Kontaktversuche 102
Kontrolle 48
Konzentration 47, 113
Konzentrationsgesetz 116
Konzeption Ihres Erfolges 87

Kopf 59
Kopplungen 124
Krise 82
Kunden, zufriedene 178
Kunden-Erfolgssteigerungspartner 120
Kunden-Erfolgssteigerungsprogramme 127

L

Lebensbegleiter 134
Lebensbilanz 79
Lebenserfolg 69
Lebenserfolges,
 Geheimnis Ihres 187
Lebenshilfe, aktive 120
Lebensplan 49, 70
Lebensplanung 79
Lebensschicksal, eigenes 35
Lebensskript 49
Lebensspiel 51
Lebenszyklus 92
Leistungswille 41
Life-planning 70

M

Macht 65
Magnet 121
Man on the moon 56
Management-Crew 138
Marketing 36
Marketingberater 169
Marktlücke 116
Marktplätze 175
Medienberater 169
Menschen, Grundbedürfnis der 28
Menschlichkeit,
 Wiederentdeckung der 39

Millionär 59
Minimum-Faktoren 117
Mitarbeiter-Führungskraft-
    Beziehungen 159
Mittelmaß 168
Mittelpunkt
    Ihrer eigenen Chancen 33
Motivationsfaktor 148
Motivationsrolle 152
Motivationsschlüssel 146
Mund-zu-Mund-Propaganda 98

N

Naturgesetze 18
Negativkreis 56
Nehmen 81
Neukundengewinnungs-
    aktionen 101
Neurose 64

O

Oechsler, Hias 35, 137, 194
Offenheit 152
Öffentlichkeitsarbeit 168
One-to-one-Marketing 87
Optimisten 60
Orientierungsphase 156
Ortsunabhängiges Arbeiten 105

P

Panik-Pegel-Wert 78
Pareto-Gesetz 115
Partner 35, 44, 175
Partnerschaft 106
Partnerschaft, neue 173
Partnersysteme 173
Persönlichkeit 63
Persönlichkeitsprofil 66

Pessimisten 60
Positionierung 120
Positionierung, einzigartige 87
Positionierung, herausragende 127
Präsentieren 160
Prioritäten 70
Privatzeit, Verlust von 41
Produktionsphase 156
Produktivfaktor 184
Produktivgut der Zukunft 185
Profiling 120
Psychologie 57

R

Ratschläge 44
Regeln brechen 16, 67, 91
Reichtum 188
Reichtums,
    die ewigen Gesetze des 27
Reifephase 92
Revolution 174
Risiken 33
Rücksichtslosigkeit 45

S

Scheitern 82
Schlüssel zum Erfolg 22
Seiwert, Lothar 30
Selbstüberschätzung 159
Selbstvertrauen 158
Selfmademan 42
Selfmadewoman 42
Service-Wunderland 97
Sinn des Lebens 194
Skrupellosigkeit 45
Spannung 169
Spannungsbilanzen 176
Spitzenleistungen 90

Stichwortverzeichnis

Starrsinnigkeit 46
Startphase 92
Stiftung 193
Strategie 55
Strategie des Erfolges 27
Sucht nach Führung 139
Sympathiephase 163

T

Talent, hervorragendes 90
Timing 123, 127
Toffler, Alvin 61
Traum 56
Trugschlüsse 72

U

Überlebensprinzip 131
Überraschungen 169
Umgebung, unmittelbare 44
Umsetzung 48
Umsetzung Ihres Erfolges 29
Umwelt 33

V

Verblüffung 30, 95, 127, 176
Vergleichbarkeit 113
Verhalten, partnerschaftliches 45
Verkaufen 160
Verkaufen,
 Grundprinzipien des 167
Verkaufssteigerungs-
 programme 173
Verlust von Privatzeit 41
Vermächtnis 193

Vermarkten 167
Vernetzung 104, 127
Verschmelzung 104
Vertrauensphase 163
Vertriebswege,
 unkonventionelle 161
Virtuelle Communities 175

W

Wachstums, Geheimnis Ihres
 unvorstellbaren 33
Wandlung 123
Wandlungsfähigkeit,
 andere Form der 124
Werbung, klassische 167
Wettbewerbsdruck 28
Widerstände 129
Wiederentdeckung
 der Menschlichkeit 39
Wissensgesellschaft 62
Wissensmacht 29, 183
Wissensmanagement 174

Z

Zeiteinheit 74
Zeitfaktor 123
Zeitunabhängiges Arbeiten 105
Ziele, qualitative 77
Ziele, quantitative 77
Zufall 125
Zufriedenheit 95
Zukunft, Kerngeschäft der 118
Zukunft, Produktivgut der 185
Zünglein an der Waage 77

So verblüffen Sie Ihre Kunden

14,5 x 21,5 cm, Hardcover, mattkaschiert, ca. 260 Seiten
DM 59,-/öS 431,-/sFr. 56,-
ISBN 3-478-24600-8

Produkte und Preise entscheiden den Wettbewerb schon heute nicht mehr, einzig und allein der Kunde zählt.
In Zukunft werden nur die Unternehmen erfolgreich sein, die ihre Verkäufer zu Beziehungsmanagern ausbilden.

Edgar K. Geffroy zeigt in seinem überarbeiteten Bestseller neue Wege, Kunden langfristig für sich zu gewinnen.

mattkaschiert, 361 Seiten
DM 59,-/öS 431,-/sFr. 56,-
ISBN 3-478-24380-7

Weiteres zum Thema Kundenmanagement erfahren Sie von dem Spitzenautor Edgar K. Geffroy in den bereits erschienenen Titel „Das einzige, was immer noch stört, ist der Kunde" und „Clienting".

mattkaschiert, 257 Seiten
DM 59,-/öS 431,-/sFr. 56,-
ISBN 3-478-23674-6